첫 호주인 선교사
헨리 데이비스와 그의 조카들

진주교회 창립 115주년 기념도서
첫 호주인 선교사 헨리 데이비스와 그의 조카들

2020년 10월 6일 초판 1쇄 인쇄
2020년 10월 12일 초판 1쇄 발행

저   자 | 존 톰슨-그레이
번역자 | 양명득
발행인 | 송영의
발행처 | 진주교회
펴낸곳 | 도서출판 동연
주   소 | 서울시 마포구 월드컵로 163-3
전   화 | (02)335-2630
전   송 | (02)335-2640
이메일 | yh4321@gmail.com
블로그 | https://blog.naver.com/dong-yeon-press

Original English Title: *How Great Thine Aunt*
Korean Edition Title: The First Australian Missionary in Korea Henry Davies and His Nieces
Author & Editor: John Thompson-Gray
Translator: Myong Duk Yang
Publication: Jinju Church
Korean Edition Copyright: John Thompson-Gray & Myong Duk Yang

ISBN 978-89-6447-619-2 03200

첫 호주인 선교사
헨리 데이비스와
그의 조카들

The First Australian Missionary in Korea
Henry Davies and His Nieces

존 **톰슨-그레이** 지음 | 양명득 옮김

동연

축 하 의 글

『첫 호주인 선교사 헨리 데이비스와 그의 조카들』한국어판이 한국 독자들을 위하여 번역 출판되어 매우 기쁘게 생각합니다. 본 도서는 호주 작가 존 톰슨-그레이가 쓴 책으로 2018년 호주에서 출간된 바 있습니다. 이 책은 헨리 데이비스, 마가렛 데이비스 그리고 진 데이비스에 대한 이야기입니다. 이 세 명의 헌신적이고 용감한 호주인들은 1889년부터 1941년까지 특히 부산과 경남의 교육 및 의료 발전에 많은 기여를 하였습니다.

헨리 데이비스는 1889년 한국에 온 첫 호주인 선교사였습니다. 마가렛 데이비스는 1910년부터 1940년까지 진주 시원여학교, 부산 일신여학교 그리고 하퍼기념여학교 교장을 지냈으며, 진 데이비스는 1918년부터 1941년까지 진주 배돈병원의 의사와 원장으로 일하였습니다.

이런 뜻깊은 내용을 한국어로 번역하신 양명득 박사께 진심으로 축하의 말씀을 드립니다. 양명득 박사는 한국과 호주 관계에 관련된 여러 권의 책을 출판한 바 있습니다. 『첫 호주인 선교사 헨리 데이비스와 그의 조카들』을 통해 한국 독자들이 130년 동안 이어져 온 한국과 호주의 긴밀한 인적교류에 대해 더 나은 이해를 할 수 있기를 바랍니다. 이 책을 통해 양국의 문화 교류뿐만 아니라 양국 관계에 대한 연구가 더욱 활발히 이루어지기를 바랍니다.

제임스 최(주한 호주 대사)

James Choi(Australian Ambassador to the Republic of Korea)

축 하 의 글

호주 멜버른에 있는 프레스비테리안 레이디스 칼리지 교장으로서 우리 학교 졸업생에 관한 글이 담긴 존 톰슨 그레이 씨의 특별한 책을 추천합니다. 그들은 선교사 자매 마가렛 데이비스(문학석사와 교육학 디플로마)와 진 데이비스 박사(의학과 이학사)입니다.

마가렛과 진은 둘 다 1902년부터 당시 다른 개척적인 여성들과 함께 우리 학교에서 공부를 시작하였고, 그들의 훌륭한 교육적 바탕으로 실질적인 경력을 쌓았고, 다른 사람들의 삶을 크게 발전시키었습니다. 그들과 함께 필자가 언급한 우리 학교의 다른 학생들과 교원들은 기독교적인 삶과 증언에 그들의 흔적을 남기었습니다.

한국의 불안정한 상황과 극한의 어려움 속에서 믿음과 용기를 가지고 일하였던 이 희생적인 자매의 이야기를 읽는 것은 매혹적이고 영감적입니다. 또한 진의 호주 원주민 선교와 바누아투 선교도 기록되어 있습니다. 이 두 명의 여성은 그들의 전문적인 교육적이고 의료적인 기술을 여러 문화와 종교에서 소외된 사람들을 돕기 위하여 사용하였습니다.

이 두 명의 여성에 관계된 자료들을 필자가 멜버른의 우리 학교 고문서실에서 찾을 수 있어 기쁘게 생각합니다. 마가렛과 진의 훌륭한 학업 성적과 더불어, 마가렛의 음악사랑은 그녀의 삶을 지탱하게 하였고, 진의 프랑스어와 독일어 재능은 그녀의 미래의 사역과 학업에 큰 도움이 되었습니다.

호주와 한국 간의 역사적인 관계의 특별한 시각을 제공하는 이 책의 저자 톰슨 그레이 씨와 한국어 번역자께 축하를 드립니다.

호주 멜버른에서

셰릴 펜버티(프레스비테리안 레이디스 칼리지 교장)

Cheryl Penberthy(Principal, Presbyterian Ladies' College)

격 려 의 글

이 책의 저자 존이 나에게 격려사를 요청하여 이 글을 쓰게 된 것을 영광으로 생각한다. 나는 여러분에게 매우 비범한 이 책에 대하여 짧게나마 언급하기 원한다. 우리가 잘 모르는 역사에 관한 한 부분이다. 한국이란 나라에서 호주 여성들에 의하여 이루어진 선교내용이다. 당시 호주의 사회 역사에 관한 배경도 읽을 수 있다. 이 책의 저자 존은 자신의 아들 조단이 시작한 종증조 할머니 두 명에 관한 전기를 저술하였다. 그의 가족에 관한 기억인데, 이 부분은 조금 후에 언급하겠다.

이 책은 여러 곳에서 찾은 일기, 기록, 잡지, 고문서 그리고 자료들을 기반으로 쓰인 결과물이다. 이 모든 자료를 바탕으로 필자는 비범하고 매력적인 우리의 이야기꾼이 되었다. 왜냐하면 그는 호주뿐만 아니라 한국 상황에서의 이 두 여인의 삶을 잘 정리하였기 때문이다. 마가렛 샌드먼 데이비스와 엘리스 진 데이비스 박사는 지난 세기말 태어났고, 이 도서에 그들의 생애가 온전히 기록되어 있다.

그들은 강인하였고, 그들은 독신이었다. 종교적인 상황 외에는 다른 어떤 남성과의 관계도 지적되지 않았다. 그들은 타협하지 않는 기독교인이었고, 장로교인이었다. 그들은 건장하였고, 자력이 있었고, 동정심이 있었고, 독실하였고, 헌신적이었다.

그들은 또한 흥미로운 의미에서 기업가였다. 그들은 자신들이 하는 일을 위하여 적극적으로 나가 모금을 하여야 하였고, 호주 사람들에게 자신들이 하는 일을 설득해야 하였다. 아직 기독교를 모르는 당시 한국에서는 사람들을 지원자로 만들어야 하였다.

그들은 봉사와 선교밖에 몰랐다. 주인을 섬기는 것에 충성하였고, 자신들의 주인을 훌륭히 섬겼다. 만약에 누가 기독교인이라면 다른 사람도 그 진리를 알 수 있도록 메시지를 전하여야 하는 의무가 있다는 것이었다.

마가렛과 진은 종교적인 배경이 있었다. 그들의 아버지는 기록을 하였고, 필자 존은 그 기록들을 인용하였다. 존이 그 자료를 보았을 때, 그가 기뻐하였을 것이 분명하다. 이것이 그들이 자란 환경을 말하여주고 있다. 다음이 마가렛과 진의 아버지 말이다.

시장, 복권 그리고 다른 끔직한 도박의 가증스러운 행위에 대하여 우리는 무엇이라고 말하겠는가? 나그네들을 유혹하는 야하게 장식된 극장의 육체적인 여흥에 대하여 무엇이라고 말하겠는가? 단순한 여흥을 위하여 온 그리스도와 그의 교회에 대하여 관심 없는 사람에게서 돈을 빼앗으려는 지속적인 노력이 있다. 나는 시장과 극장을 창녀의 방 대기실로 유죄 판결을 한다.

그리고 그들은 '더 이상' 그렇게 쓰지 않는다. 요즘의 교회 잡지에서 이러한 내용은 볼 수 없다. 그러나 이렇게 깊고도 의심 없는 기독교 가치의 환경에서 마가렛과 진은 성장하였다.

마가렛과 진은 어떠한 이유로 중요한가? 그들은 왜 이 책에 기억되어야 하는가?

그들은 필자 존의 아들 조단의 종증조 할머니이다. 그리고 그들은

'남성 삼촌이 아니고, 여성 이모이다'라는 분별이다. 당시 선교사들의 세계는 다분히 남성들의 세계였다. 그러나 이 여성들은 앞으로 나아갔고, 남성들에게 속한 세상에서 특히 아시아에서 할 일을 하였다. 그리고 모든 기록의 증거 속에, 또한 그들과 비교되는 남성들보다 그들은 더 많은 것을 성취하였다.

마가렛과 진은 훌륭하였다. 이타적이었고, 자신을 낮추었다. 그러나 자신들 스스로는 분명 그렇게 생각하지 않았다. "이것은 기독 여성으로 우리가 당연히 해야 할 일입니다. 우리의 의무입니다." 그들은 유쾌한 목소리로 이렇게 말할 것이다. 마가렛은 교육 분야에서, 진은 의료분야에서 자신들의 전문성을 한국인들과 나누었고, 진은 후에 호주와 남태평양에서도 공헌하였다.

이 책에는 '소명'이란 단어가 종종 등장한다. 이들은 한국으로 '부르심'을 받았고, 진은 후에 남태평양까지 가게 된다. '선교사'라는 단어는 16세기 라틴어 '미테레'에서 왔는데, '성령을 세상으로 보낸다'라는 의미이다. 그리고 이것이 이 여인들이 한 일이고, 서양식 호주의 교육을 그곳에서 실현하였다.

그들은 어떤 경우에도 존재가 드러났다. 진이 한국으로 갔을 때, 당시 한국을 통치하던 일본 당국이 병원의 차를 징발하였다. 진은 다음과 같이 반응하였다.

나는 나귀를 타고 갇혀있는 우리의 친구들을 방문할 것이다. 우리는 아마 그들 가족이 주는 음식과 담요를 그들에게 가져가야 할 것이다. 감옥의 바닥은 차갑다. 그들은 그곳에 벌써 네 달간 갇혀있다. 미션 박스에 다른 옷들이 있는지 궁금하다.

더 인상적인 것은 병원에 세 명의 의사가 있었는데, 이들은 휴가를 가기 위하여 서로 교대하였다. 진은 당대의 가장 유명한 시그몬드 프로이드가 있는 곳으로 가기 원하였다. 그래서 그녀는 비엔나로 갔고, 정신의학 자격증을 받았다.

한국에서 비엔나까지 어떻게 갈 수 있는가? 기차를 탈 수 있지 않을까? 그래서 진은 다음의 경로로 여행하였다.

그녀는 서울의 동료 이 박사를 만나 평양과 목단까지 갔다. 목단에서 그들은 남만주 기차로 환승하여 하얼빈까지 갔다. 그리고 그곳에서 블라디보스토크로 가는 기차로 갈아탔고, 그곳에서 몇 날 며칠이 걸리는 대륙횡단 열차를 탔다. 그리고 부다페스트에서 환승하여 파리로 가는 오리엔탈 특급열차를 탔다. 그리고 비엔나 시내의 역 칼스 플랏츠에서 하차하였다.

필자는 마치 누구나 매일 이렇게 여행하는 것처럼 적고 있으나, 이 여인들은 당시 알려지지 않은 먼 길을 간 것이다. 진은 독일어와 프랑스어 학자였고, 마가렛과 함께 한국어도 능통하였다.

언니인 마가렛은 1887년 태어났다. 그녀는 76살을 살고 1963년 멜버른에서 사망하였다. 둘 다 멜버른의 프레스비테리안 레이디스 칼리지를 졸업하였고, 멜버른대학교에 입학하였다. 마가렛은 1910년 문학 석사와 교육학 디플로마를 취득하였고, 23세의 나이로 그녀는 한국으로 떠났다. 그곳에서 그녀는 1940년까지 일하였던 것이다.

마가렛은 한국어를 배우고, 당시 한국을 통치하던 일본 당국의 정책 속에서 일하게 된다. 그녀는 교육 선교사였고, 진주에서는 진주 시원여학교, 부산에서는 부산일신여학교 그리고 동래에서는 제인하퍼 기념학교의 교장이 되었다. 그녀는 멜버른의 프레스비테리안 레이디스 칼리지를 본뜬 학교를 동래에 세웠다. 하퍼기념학교의 여학생들 유니폼이 레이디스 칼리지 학교의 유니폼과 꼭 닮아 있었다. 물론 멜버른에서 이 학교가 가지고 있던 기독교적 가치도 한국에 그대로 옮겨졌다.

진과 데이비스는 일본 관리들과 많은 긴장 관계에 있었는데, 종종 관리들은 기독교인들이 지역 신사에 가 참배를 하도록 강요하였기 때문이다. 성경은 '나 외에 다른 신을 섬기지 말라'라고 가르치고 있다. 이 여성들은 그러므로 그 강요에 항거하였고, 한편 자신의 학교가 지정학교가 되기 위하여 교섭하였다. 지정학교에서는 종교 교육을 할 수 있었던 것이다. 당시 한국은 거의 비기독교 국가였다.

마가렛은 교육가였다. 1940년 한국을 강제로 떠나게 되었을 때, 그녀는 멜버른으로 돌아왔고, 빅토리아 지역 교회의 일에 뛰어들었다. 그녀는 「더 미셔너리 크로니클」 선교지의 편집인으로 오랫동안 일하였고, 멜버른의 교회 기둥이 되었다.

진의 일생은 더 자세히 기록되었는데, 그녀는 한국에서 떠나 호주의 여러 지역과 남태평양에까지 간 내용이 남아있다. 그녀는 1917년 한국으로 파송되었고, 진주의 병원에서 일하였다. 한국에서 그녀가 동경을 방문한 이유는 일본 정부의 시험에 통과해야 의술을 행할 수 있었기 때문이다. 그래서 그녀는 일본에 갔고, 후에는 북경에 가 그곳에서 과정을 밟기도 하였다. 진과 마가렛은 이방 땅에서 이러한 힘든 절차에도 특별한 어려움을 느끼지 않은 것 같다.

진은 경외심을 불러일으키는 성격이었고, 그녀의 장례식 때 읽혀진 추모사에는 그녀를 조금이나마 알 수 있는 내용이 있다.

진 박사는 강한 심성을 지닌 여성이었다. 그녀 자신에는 매우 엄격하였고, 종종 자신을 비평하는 말을 하였다. 그녀의 동료들은 최소한 처음에는 그녀에게 경외감을 느꼈다. 한 친척은 '그녀는 일찍부터 자신의 생활에 관하여 규칙을 정하였고, 단 한치도 바꾸지 않았다'고 말하였다. 예를 들어 그녀는 아무리 맛있는 프랑스 겨자 소스라도 사용하지 않았는데, 그 이유는 그 겨자에 샴페인이 가미되었기 때문이다. 조금 광신적인 것처럼 느껴지지만, 그렇지는 않았다. 그녀는 동료들을 친구로 만들었다.

진은 본질적으로 지도자였고, 훌륭한 의사였고, 수술하는 외과 의사였고, 따뜻한 사람이었다. 그녀는 진주만 공격 바로 전인 1941년까지 한국에서 일하였는데, 모든 외국인이 추방되고 있었다. 그녀는 서부 호주로 갔고 그곳에서 소외된 지역의 플라잉 닥터, 지역 의사, 나귀 타고 다니는 의사 그리고 낙타 타고 왕진하는 의사가 되었다.

그녀는 팔이 부러지면 스스로 치료하고 고쳤다. 내 말은 그녀가 정말 용감하였다는 것이다! 그녀는 또한 남호주와 북호주의 원주민들에게도 의료선교 사역을 이어갔다.

1944년 진은 뉴헤브리디스의 나병에 관한 조사 의뢰를 받았다. 그래서 그녀는 나병에 관한 조사뿐만 아니라 더 광범위한 전염병, 결핵, 상피병, 말라리아를 포함한 공중 보건 연구차 그곳으로 떠났다. 진은 그 나라의 45개 섬 중 41개를 방문하였고, 마치 버스를 타고 슈퍼마켓에 가는 것처럼 전쟁 통의 남태평양 섬들을 다녔다. 이 질병의 잠재적 환자가 215,000명으로 보았고, 나병치료원과 공중 보건 발전의 기지 설립을 돕는 주요 보고서를 제출하였다.

1950년대 중반에 진은 호주로 돌아왔고, 호주 북부 지역의 말라링 가 사태에 관여하였다. 1951년부터 1957년까지 영국은 말라링가에 서 12번의 핵 실험을 하였다. 그 지역에는 원주민이 살고 있었는데 그 들의 생활과 건강은 도외시된 채 말이다.

진은 그곳의 핵 실험이 원주민들에게 어떤 영향을 미치는지 연구 하였다. 그곳에는 군인들이 주둔하고 있어서, 이 모든 상황을 지켜보 고 있었다. 필자 존은 호주의 말라링가와 영국인들이 핵 원료를 발전 시키던 영국의 윈스케일은 충격적일 정도로 우연과 같이 같은 재난인 것을 발견하였다. 이 이야기를 알기 위해서는 이 책을 읽어야 하는데, 내가 그 내용을 말하지는 않겠다.

이 책에는 많은 보물이 담겨 있다. 먼저는 여러 곳에 흩어져 있는 자료를 근거로 쓰인 연구결과라는 사실이다. 교회의 기록, 일기, 편지 그리고 여러 나라 지인들의 기록이다. 이들의 이야기는 한 번도 공개 되지 않은 내용이다. 필자는 이들에 관한 문서들을 찾기 위하여 여러 곳을 방문하였고, 이 모든 자료를 하나로 엮었다.

필자 존은 우리가 사랑하는 특별한 이야기꾼 중 한 명이다. 그는 또한 주목할 만한 산문가이기도 하다. 나는 '하나의 나무'라고 불리는 말라링가의 핵폭탄 시험에 관한 다음의 부분을 좋아한다.

조류 애호가들은 이 지역의 독특한 새를 수집하는 데 시간을 보낸 다. 그러나 '하나의 나무'는 캥거루는 뛰어오르기로 인하여, 타조 는 큰 보폭으로 인하여, 새들은 비행으로 인하여 그리고 멧돼지는 불타는 나무들에 의하여 전멸될 것이다. 그리고 가장 강력한 가뭄 은 약한 것들을 모두 집어삼킬 것이다.

본 도서의 내용은 매우 사적인 이야기이다. 필자는 이 책을 쓰는 동안 자신의 가문에 관하여 매우 깊게 알게 된다. 또한 그의 아들 조단 존 그레이가 2012년 8월 3일 다윈 근처에서 차 사고로 사망한 것을 기억하는 내용인데, 에필로그는 마무리 짓는 매우 중요한 한 방법이다.

조단에 대한 추모사는 메릴린 워런이 하였고, 그녀는 빅토리아 대법원의 첫 여성 대법관이었다. 추모사에서 그녀는 조단은 탁월한 지능, 지각, 이해 그리고 위트가 있는 젊은이라고 하였다. 조단은 그 아버지의 그 아들이었다. 그는 프랑스와 스위스에서 학위를 하였고, 그의 프랑스어는 모국어 수준이었다. 그는 장래가 기대되는 젊은 지식인이었던 것이다.

다른 나라를 방문할 때 사람들은 어디에서 왔느냐고 나에게 묻는다. 호주라고 내가 대답하면, '호주 사람은 우리들의 언어를 말하지 않는다'고 그들은 반응한다. 그러나 조단은 그들의 언어를 하였다.

대법관 워런은 말하기를 조단이 다른 사람에게 전하고자 하였던 메시지가 세 개 있었다고 한다. 웃음의 메시지, 지도력의 메시지 그리고 마지막으로는 만나는 사람들의 인권을 공정하게 보호한다는 메시지다. 대법관 워런이 빅토리아에서 실행에 옮기고자 계획하였던 것이 바로 이것이었다고 한다. 조단이 그것을 드러내 주었고, 대법관의 동료로 그는 자기 시대에 공헌하였다. 이것들이 가치이고, 기독교 가치이고, 지각과 지적인 가치이고 그리고 도덕적 원칙의 가치이다. 선교의 이해와 헌신의 가치이다.

필자 존은 우리에게 이 책을 선물하면서 이 세 사람의 이야기를 통하여 이들이 우리 삶과 어떤 관계가 있는지, 우리가 성취하고자 노력하는 것과 어떤 상관이 있는지 잘 보여주고 있다.

로란드 서섹스 박사(퀸즐랜드대학교 원로 교수)
Roland Sussex MA PhD.(Emeritus Professor, University of Queensland)

끝사랑, 첫사랑

데이비스 일가의 한국사랑 중 특히 진주사랑은 이렇게 말할 수 있을 것 같습니다. 헨리 데이비스 선교사는 부산으로 가기 전 마지막으로 진주에 들렀습니다. 아쉽게도, 그동안 경남지방 지명에 대한 미숙과 번역상의 착오로 데이비스의 진주 방문이 알려지지 않았습니다. 그러나 그의 일기 마지막 부분을 경남 진주 사람들이 아는 지명으로 정리해 보면, 데이비스 선교사는 부산으로 가기 전 마지막으로 진주에 들러 하룻밤 여관에 묵었습니다. 헨리 데이비스 선교사의 일기 마지막 날(1889년 8월 21일~1990년 3월 31일)의 내용은 이렇습니다.

점심을 완사에서 먹고 수천으로 와서 아주 큰 마을에서 여관을 알아보다.

이 지역 출신으로 지리를 잘 아는 조헌국 장로의 해석은 이렇습니다.

점심을 완사(사천시 곤명면 소재)에서 먹고 수천[진주시 문산읍의 옛 이름 소촌(召村)을 잘못 이해]으로 와서 아주 큰 마을(진주)에서 여관을 알아보다.

그 후 마산을 거쳐 부산으로 갔습니다. 그래서 진주는 어떤 의미에서 헨리 데이비스의 '끝사랑'이라 할 수 있습니다.

그렇지만 그의 조카딸들인 마가렛이나 진에게는 '첫사랑'이라 할 수 있습니다. 마가렛이 언어를 배우고 처음 사역 발령을 받은 곳이 진주이고, 진이 처음부터 마지막까지 계속 사역했던 곳이 진주이기 때문입니다.

그래서 더 가깝게 느껴져서 그런지, 특히 저희 진주교회에서는 이 책 중간 중간에서 진주에 대한 얘기가 나올 때면 가슴이 두근거립니다. 이번에 진주교회에서 중심이 되어 이 책을 발행하게 된 것에 대해 하나님께 크게 감사드립니다.

이 책을 재미있게 읽어나가노라면, 몇 부분에서 빙그레 웃게 됩니다. 예를 들어, '냄새가 코를 찌르는 생선'이라는 표현이 두어 번 나오는데, 선교사님들은 그것만은 도저히 먹지 못하겠더라고 표현합니다. 남부지방에서 잘 먹는 젓갈이지요.

그리고 1940년대 중반까지도 호주인들에게 영국시민권이 주어졌다고 합니다. 저희 진주교회 역사관에는 설립자인 거열휴(휴 커를) 선교사님의 외손자에게서 기증받은 선교사님 가족의 당시 여권이 소장되어 있습니다. 그것이 호주가 아니라 영국 여권이라서 왜 그랬을까 했었는데, 바로 그런 이유 때문이었다는 것을 이번에 알게 되었습니다. 이런 대목에서 저희 진주교회 교인들은 빙그레 웃을 수밖에 없습니다.

재미도 있지만 그보다 중요하게, 이 책에서는 여러 곳에서 중요한 역사적 자료가 소개되고 있습니다. 부산역에서 이뤄졌던 여러 '노예장사'들로부터의 젊은 여성들과 아이들 구출 작전들은 손에 땀을 쥐게 합니다. 그러면서 한편으로는 너무나 험악했던 우리나라의 그 어렵던 시절 때문에 가슴이 먹먹해집니다.

1940년 9월 20일에 일제에 의해 전국적으로 일제히 천 명이 검거

되었는데, 진주에서 배돈병원 소속의 3명이 검거되었다고 합니다. 실제로「매일신보」1940년 9월 22일자에 따르면, 신사참배 거부 항쟁자들에 대해서 1940년 9월 20일 새벽 미명에 함경도를 제외한 전국에서 일제 검거를 단행하였다고 합니다. 그 외에도 신사참배에 대한 여러 가지 중요한 역사적 사실들이 많이 소개되어 있습니다.

또 일본의 대동아 전쟁 때 배돈병원에서 사용하던 차량도 강제 징발해 갔다고 합니다. 게다가 1938년 2,946명의 한국인들이 일본의 군대에 자원하였고, 그중 406명이 합격하였으며, 1939년, 1940년, 1941년 그리고 1942년에는 각각 613명, 3,060명, 3,208명 그리고 4,077명이 입대하였다는 보고가 있습니다. 1939년에는 67만 명의 한국인이 전쟁 산업의 노동자로 일본으로 이주되었다고 합니다. 1942년에 이르러 20만 명으로 추산되는 한국 여성이 간호사와 회사원으로 기록되었지만, 실제로는 일본제국의 위안부로 매일 한 명이 20명에서 40명 사이의 남성을 성적으로 상대해야 하였다는 보고도 있습니다. 이런 것들은 정말 소중한 유산들입니다.

이 책에서는 한 일가가 어떻게 여러 선교에 헌신했는지 자세하게 기록하고 있습니다. 특히 헨리 데이비스의 동생 존 데이비스 목사는 아내 애니와 함께 1923년과 1924년에 한국으로 와서 1년간 지내고 갔다고 합니다. 진주에서 진과 함께 6개월, 그리고 부산에서 마가렛과 함께 6개월. 그때 한국어와 문화를 충분히 배웠다고 합니다. 그런데 놀라운 것은, 그때 익혔던 언어와 문화를 배경으로 다시 1931~33년에 2년간 한국으로 와서 성경공부반을 인도하거나 순회전도를 하였다고 합니다.

지금까지 호주 선교 사역에서 잘 알려지지 않은 것은 바로 이러한 단기 선교 사역들입니다. 그중 일부가 소중하게 여기서 구체적으로 밝혀지게 된 것입니다. 존과 애니 데이비스 목사 부부는 정말 놀랍게 그 시대에 한국을 사랑해서 두 번이나(합 3년) 귀한 단기선교 사역을 온 것입니다. 당시 호주에서 한국으로 오는 데 보통 한 달이나 걸리고, 또 선박 사고가 나서 호주 장로교의 총회장이 하나님의 부르심을 받은 적도 있는데, 정말 대단한 열정이 아닐 수 없습니다.

제가 알기로, 몇몇 사례가 있었지만 그동안 호주 선교 연구자들의 연구서에서 단기 선교 사역들이 제대로 밝혀지지 않았습니다. 파송되었던 선교사 명단에도 그들의 이름이 없을 정도입니다. 그들 중 어떤 단기선교사는 1년 동안 선교사 자녀들(MK) 사역을 했고, 어떤 단기 선교사들은 몇 달 동안 외로운 선교사들의 말벗이 되어주며 큰 힘을 불어넣어주고 갔습니다. 지금 선교계에서 MK 사역은 조금 하지만, 선교사들의 영적인 벗이 되어 선교 현장에 따라가 함께 있어 주고 말벗이 되며 힘이 되어 줬던 그 놀라운 선교 사역은 그 어디서도 찾아볼 수 없는 것 같습니다. 이번 일을 계기로, 빛을 보지 못하고 숨겨져 있는 호주 장로교의 한국 단기 선교사들에 대한 활발한 연구가 이루어지기를 소망해 봅니다.

마지막으로, 특히 인간적으로 볼 때는 부끄러워서, 진주교회와 관련된 숨기고 싶은 가슴 아픈 사실이 이 책에서 소개되기도 했습니다. 1939년 2월에 당시 경남에서 교인이 가장 많은 교회라고 하면서 (1,000명 교인) 저희 진주교회에서는 하나님 앞에 큰 죄를 지었습니다. 일제 총칼의 강압에 의한 것이기는 했지만, 무장경찰이 투입된 살벌한 분위기 속에서 진주교회 제직회가 결의하고 전국 모든 교회와 경찰서로 '선언문'을 보냈습니다. (이 책에서 밝히지는 않았지만, 당시 한 기독교계 신문에 그 내용 전체를 크게 광고도 냈습니다.) 호주선교회에는 따로 비슷한 내용의 절연 선언문을 보냈습니다. 그 모든 비용은 진주경찰서에서 댔습니다.

충격적이게도, 그것은 진주교회 당회에서 신사참배 반대 결의를 하고 교회당 문에 못을 박고 폐문했던 것을 반성한다고 하면서, 이제 신사참배에 기꺼이 동의한다는 선언이었습니다. 전국 교회에 장려했습니다. 그리고 일본인으로서 일본인이 아닌 외국 세력(당시 호주 선교부)의 물심양면 원조나 지도를 배척한다는 선언이었습니다.

물론 저희 교회에서는 이미 수년 전에 저희가 입수한 호주 선교사들의 선교 보고서를 통해 그런 치욕스런 과거가 있다는 것을 깨달았습니다. 그래서 2009년 3월 7일부터 4월 4일까지 4주간 동안 다니엘과 에스라와 느헤미야를 본받아 자숙하며 조상들의 죄를 회개하는 엄숙한 기간을 가졌습니다. 다시는 그런 부끄러운 역사를 반복하지 말자고 하나님 앞에 다짐했습니다.

이 책은 데이비스 일가의 한국 선교에 대한 이야기이지만, 저희 진주교회에도 너무나 귀중한 많은 역사 자료를 담고 있는 기독교계의 소중한 자산입니다. 그래서 이번에 진주교회 설립 115주년인 2010년 10월 22일에 즈음하여 이 책을 발행하게 되었습니다. 읽으시는 많은 분들에게 한 일가를 통한 생생한 선교행전이 뚜렷하게 담겨 하나님 나라 확장에 대한 큰 비전이 선명하게 새겨지기를 간절히 소망합니다.

송영의
(진주교회 담임목사)

번 역 자 의 글

칭찬으로 완성된 작품

그날, 필자는 멜버른에서 시드니로 가는 비행기 위에서 잠깐 그 책을 펼쳤었다. 'How Great Thine Aunt' 위트 있는 제목이지만 한국어로는 그 느낌이 어떻게 전달될까. 한장 한장 대충 훑어 내려가는데 갑자기 전율이 왔다. 평소 필자가 관심 가지고 있던 내용이었던 것이다. 그후 필자는 시드니의 바쁜 여정 속에서도 이 책을 단숨에 읽었다.

처음에 존 톰슨-그레이 씨는 나의 이메일에 대답을 하지 않았다. 아마 자신의 책을 한국어로 번역하는 것에 관심이 없는 것 같았다. 아니면 혹시 그는 내가 번역을 할 만한 사람인지 알아보고 있었던 것일까. 잊어버리고 있을 즈음 그에게 연락이 왔다. 한국어판을 내자는 흔쾌한 응답이었다.

그리고 그와 연락을 주고받으며 번역 작업에 들어갔다. 그러나 필자에게 한 가지 아쉬움이 있었다. 헨리 데이비스의 두 명의 조카 이야기인데, 정작 헨리의 이야기는 없었다. 나는 톰슨-그레이 씨에게 제안을 하였다. 기왕이면 헨리 데이비스의 이야기도 실어 호주교회의 초창기 한국 선교 주역인 '트리오 데이비스'로 책을 구성하면 좋겠다고 하였다. 그는 응답하기를 나의 제안을 받아들일 수 있지만 시간이 좀 걸릴 것인데 괜찮은지 되물어 왔다.

그 후 몇 개월이 더 지나고 드디어 원고가 완성되고 번역도 완성되었다. 번역의 작업은 대부분 지루하고 압박의 시간이지만, 이번 작업은 그렇지 않았다. 톰슨-그레이 씨가 계속하여 나에게 영감을 주고 격려해 주었기 때문이다. 아마 내 인생에서 짧은 기간에 가장 많이 나를 칭찬해준 사람인 것 같다. 그리고 데이비스 가문의 사람에게 'exhibitor in the hearts of men'이라고 불림을 받는다는 것은 참 기분 좋은 일이다!

감사를 전하고 싶은 사람이 한 분 더 계신데 진주교회의 조헌국 장로이시다. 조 장로께서는 호주선교와 진주 관련 수권의 책을 펴낸 교육가이자 역사가이다. 세심하고 깊은 그의 지식은 용어 사용과 역사적 사실의 정확성을 높여 주었다.

그동안 호주 선교사 관련 도서 몇 권을 어떤 사명감으로 출판하였지만 이제 좀 지치는 느낌이다. 책이 출판될 때 중요한 것은 다음에 또 책을 내려는 용기를 잃지 않는 것이라고 하는데 말이다. 독자들의 아낌없는 격려와 조언이 필요한 시점이다.

양명득

(호주선교동역자)

서 문

필자는 본 도서를 한국의 호주인 첫 선교사인 조셉 헨리 데이비스와 그의 누나 메리 타보 데이비스를 기념하며 그들에게 헌정한다. 또한 그들을 영광스럽게 한 조카딸 마가렛 샌드먼 데이비스와 엘리스 진 데이비스 박사도 추억하며 기념한다.

마가렛과 진은 변호사 조단 그레이의 종증조 할머니들이다. 조단은 자신의 종증조 할머니들의 밝혀지지 않은 이야기를 위하여 그들의 사진과 글을 수집하기 시작하였다. 조단은 31살에 마약에 취한 운전자가 그가 타고 있던 차로 돌진하여 충돌하였고, 그는 그 자리에서 사망하였다.

필자는 후에 조단이 연구하고 있던 내용을 알게 되었고, 그가 하던 작업을 완성해야 한다는 의무감을 가졌다. 왜냐하면 그들은 조단의 종증조 할머니이기 때문이다. 결국 책은 완성되었고, 제목은 호주의 유머를 섞어 *How Great Thine Aunt* 즉 '그대의 이모들은 얼마나 위대한가'이었다.

양명득 박사와 상의를 거쳐서 영문 원본 내용을 한국어판에 맞추어 조정하였다. 그의 제안에 따라 필자는 두 개의 글을 보충하였는데, 로란드 서섹스 명예 교수의 '격려의 글'과 가문의 입장에서 새로이 쓴 '헨리 데이비스의 생애와 유산'을 더하였다. 한국어판에서는 뉴헤브리데스와 호주선교 부분을 삭제하였고, 원 도서에서 영문으로 읽을 수 있다.

한국어판에는 새 제목을 달았는데, 영어 원본과 구별하기 위해서이다.

문헌

영어 원문에 필자는 마가렛 데이비스 시절의 1907년의 킹 제임스판 성경을 사용하였다. 그 이유는 19세기와 20세기 초 성경의 시적인 문체를 보여주기 위함이다. 같은 이유로 예를 들면 지명의 이름도 옛 이름을 고수하였는데, 한국어로는 부산이지만 영어로는 Fusan에서 Pusan으로 그리고 Busan으로 바뀌었다. 여기서는 Fusan을 그대로 사용한 것이다.

이 책에는 데이비스 가문의 여섯 세대 이야기를 담고 있는바, 증조나 고조 등을 표현할 때는 'Great'를 표현하는 'G'를 사용하였다. 예를 들자면 헨리 데이비스의 어머니는 조단 그레이의 현조 할머니로 'GGG-Grandmother'로 표기하였고, 헨리는 종고조 할아버지로 'GGG-Uncle' 그리고 헨리의 동생 존은 조단의 고조할아버지로 'GG-Grand-father'이다.

본 도서는 양명득 박사에 의하여 영어에서 한글로 번역되었다. 번역을 위한 영문 원본은 세 부분으로 나뉘어져 있다.

첫째 부분은 한국 도서의 관례대로 축하의 글이나 격려의 글이 담겼는데, 한국주재 호주대사관의 제임스 최 대사의 축하의 글, 호주 빅토리아 멜버른의 장로교 레이디스 칼리지 교장 셔릴 펜버티의 축하의 글, 퀸즐랜드대학 언어학과의 은퇴교수 로랜드 서섹스 교수의 격려의 글 그리고 호주 선교사 휴 커를이 그 옛날 설립한 진주교회의 송영의 담임 목사 발행의 글이 포함되었다. 진주교회가 본 도서 출판을 위하여 재정지원을 하였다.

두 번째 부분은 조셉 헨리 데이비스의 생애 첫 번째 부분으로 한국에 관한 그의 약속과 코필드 그래머 학교에서의 활약을 담았다.

세 번째 부분은 필자가 2018년 골드 코스트의 한 출판사에서 영문으로 출판한 *How Great Thine Aunt*의 내용 중에 1장부터 4장까지를 담았다.

이 책의 새로운 내용인 헨리 데이비스 부분도 물론 케임브리지대학교에서 가르치는 논픽션 기준에 의하여 쓰였다. 이야기 자체가 엄격하게 사실적인 내용이다. 그러나 일정한 이야기를 대화체로 서술할 때에는 시적인 방법을 도입하였다. 독자들에게는 삼인칭의 단조로운 서술보다는 대화체가 더 흥미롭고, 진실하고, 현장감이 있을 수 있기 때문이다. 아무튼 어떤 목소리든 논픽션 이야기임을 말할 수 있다.

이 책의 내용은 가족의 이야기이다. 헨리의 누나 메리는 헨리의 평생을 함께 하였는데, 그의 인도와 한국 선교에까지 함께 하였다. 그러므로 메리의 이야기는 매우 중요한 증언이다. 다른 목소리는 헨리의 고조 조카인 변호사 조단 그레이의 목소리이다. 메리와 조단의 목소리를 직접 서술하므로 이 이야기는 가문의 입장에서 재탄생하게 된 것이다.

조단의 가문 연구는 2012년 진행 중이었다. 그의 마음은 '말하는 바' 샌킬다 해변가를 자신의 애완견과 함께 산책을 하거나, 빅토리아 대법원에서의 일을 마치고 휴식을 취하거나, 철인 3종 경기에 참여하거나 아니면 사망한 날 아침 여행을 기다릴 때이다.

메리의 이야기는 1890년 헨리가 사망한 후 서울에서부터 호주 시드니로 돌아올 때 그녀의 회고를 통하여 이야기되었다. 메리가 당시 탔던 배 이름은 물론 상관없지만, 여기서는 당시 부산과 호주 동해안을 항해하였던 증기선 에스에스 넬로라로 명명해 보았다.

여기에서 메리와 조단의 이야기를 연결하는 문학의 기술은 네 세대를 거친 함축적인 대화와, 서태평양의 한편에서 다른 편까지의 이야기가 포함되고 있다. 이것은 모든 세대의 한국인과 빅토리아인의 영적인 관계를 상징적으로 말하고 있는 것이다.

*How Great Thine Aunt*에서 옮긴 글은 헨리의 조카이고, 출생부터 시작하여 한국을 떠나는 1941년까지의 마가렛과 진의 생애를 담고 있다. 영문의 도서에는 그들의 사망에까지 이야기가 전개되었다. 진의 경우에는 호주와 뉴헤브리데스(1986년 독립이 되어 바누아투가 됨)의 사역까지 포함되어 있다. 이번 연구의 일정 부분은 헨리에 관한 새 연구와 관계되어 있는데, 이 부분을 계속 읽기 원하는 독자는 영문 원본을 참고하기 바란다.

양명득 박사와 함께 일하는 것은 영적인 경험이었다. 내 인생의 현 단계에서 이러한 친구를 만나리라고는 기대하지 못하였다. 이 도서의 출판에 공헌한 많은 사람들은 책 마지막 부분에 감사를 표하였다.

2020년 8월

존 톰슨-그레이
(콤프톤 가든스, 호주)

First Missionary of the Presbyterian Church of Victoria, to Korea.

조셉 헨리 데이비스(가족 앨범에서)

메리 타보 데이비스(가족 앨범에서)

코필드 그래머스쿨 교장 헨리와 사감 메리 데이비스(호레스 웨버의 책에서)

존 조지 데이비스 목사(헨리의 남동생-가족앨범에서)

바바라 애니(존의 아내)와 앤지스(가족 앨범에서)

진과 마가렛 데이비스, 발라렛, 1882년(가족 앨범에서)

마가렛 샌드먼 데이비스(동래학원 백년사에서)

동래일신여학교(동래학원 백년사에서)

호주여자전도부의 머릿돌 일신관 앞(동래학원 백년사에서)

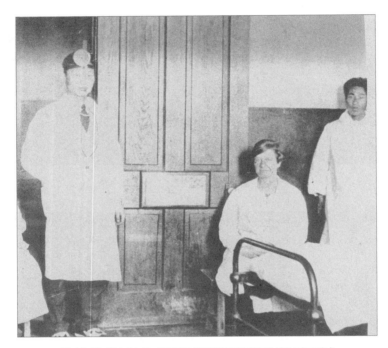

엘리스 진 데이비스와 배돈병원 직원들(진주교회 역사관 자료에서)

배돈병원(빅토리아장로교회 고문서관 제공)

엘리스 진 데이비스 90세(가족 앨범에서)

현 진주교회당과 커를 메모리얼 비전센터(진주교회 역사관 자료에서)

헨리 데이비스의 가계도

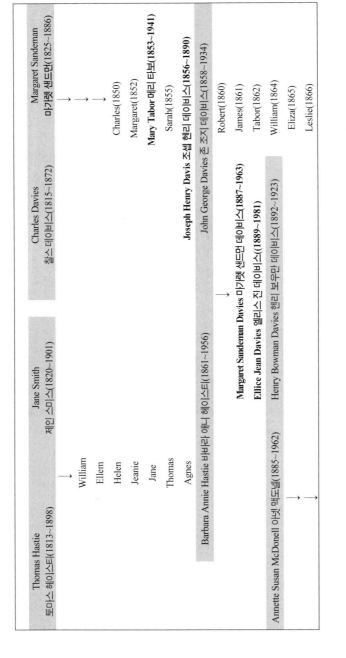

Thomas Hastie
토마스 헤이스티((1813~1898)

Jane Smith
제인 스미스(1820~1901)

Charles Davies
챨스 데이비스(1815~1872)

Margaret Sandeman
마가렛 샌드먼(1825~1886)

William
Ellem
Helen
Jeanie
Jane
Thomas
Agnes

Charles(1850)
Margaret(1852)
Mary Tabor 메리 타뷰(1853~1941)
Sarah(1855)

Joseph Henry Davis 조셉 헨리 데이비스(1856~1890)

John George Davies 존 조지 데이비스(1858~1934)

Robert(1860)
James(1861)
Tabor(1862)
William(1864)
Eliza(1865)
Leslie(1866)

Barbara Annie Hastie 바버라 애니 헤이스티(1861~1956)

Margaret Sandeman Davies 마가렛 샌드먼 데이비스(1887~1963)

Ellice Jean Davies 엘리스 진 데이비스((1889~1981)

Henry Bowman Davies 헨리 보우만 데이비스(1892~1923)

Annette Susan McDonell 아넷 맥도넬(1885~1962)

Margaret Jean
Lawrence Henry

Annette Hastie 애닛 헤이스티((1919~1978)　　　　Frank Arthur Moore 프랭크 무어 (1918-1985)

Gervase Anne 저바스 앤(1945~현재)　　　John Thompson-Gray 존 톰슨 그레이((1942~현재)

Jordan John Gray 조단 존 그레이((1981-2012)
David Frank Gray(1984~현재)

Herbert(1869)

한국의 첫 호주 선교사	
조셉 헨리 데이비스	1889~1890
메리 티보 데이비스	1889~1890
호주 선교사	
마가렛 샌드먼 데이비스	1910~1940
엘리스 진 데이비스	1917~1941
바바라 애니 데이비스	1929~1930
존 조지 데이비스	1929~1930
저자	
존 톰슨 그레이	
조단 존 그레이	

차 례

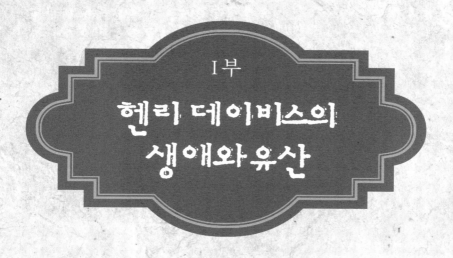

1부

헨리 데이비스의
생애와 유산

1장

한국에 남긴 유산

1. 서울, 한국. 1890년 4월 6일 부활절 아침
헨리 데이비스가 부산에서 사망하다

4월 7일 월요일, 헨리 데이비스의 누나 메리는 이 전보를 서울에서 받았다. 그녀는 헨리로부터의 소식을 기다리고 있었는데, 헨리가 서울과 부산 어디쯤에 그들이 거점을 세울 수 있는 새 선교지를 찾으면 그녀도 합류할 계획이었기 때문이다. 메리는 청천벽력과 같은 그의 사망 소식에 충격을 받았고, 혼란스러워하였다.

호레스 언더우드 부부와 엘사 아펜젤라 부인은 위안의 기도로 위로하였으나, 메리의 귀에 들리는 것은 오직 그들의 미국 악센트뿐이었다. 그녀도 눈을 감고 기도하려고 고개를 숙였으나, 그것은 습관적인 행동이었을 뿐이다.

메리의 머릿속에는 온통 멜버른의 샌킬다 마리나 빌라의 집에 있는 그녀의 동생들과 곧 지롱으로 옮겨갈 버닝옹교회의 남동생 존 목사 생각뿐이었다. 그녀는 전보를 썼고 주소를 적었다. 서울에서 전보를 치는 것도 쉽지 않은 일이었고, 부활절 휴가 기간인 멜버른으로 전보를 보내는 것도 불확실하였다. 존은 전보를 4월 10일 목요일까지 못 받을 것이었다. 서울의 미국대표부에서 보내면 아마 더 일찍 도착하겠지만 말이다.

메리는 잠을 못 이루고 있었다. 헤론 박사는 로얄 병원으로부터 올리버 아비슨 박사에게 연락하여 그녀를 방문하도록 하였다. 그는 미국 악센트를 부드럽게 말하는 캐나다인이었고, 짐 게일과 같이 다정한 말투를 가지고 있었다. 그는 메리를 만나 그녀에게 수면 물약을 주었다. 그녀는 잠을 잘 수도, 또 깨어 있을 수도 없는 상태였다. 그녀는 자신의 침대 옆에 앉아 있었고, 수면제가 자신을 돕도록 몸을 맡기었다.

다음 날 아침, 그녀는 여전히 자신의 동생 헨리가 사망하였다는 사실을 믿을 수 없었다. 믿음의 영 안에서 아침마다 기도를 나누어야 할 동생이 죽었다니 믿겨지지 않는 것이다.

메리는 몇 가지 결단을 하면서 자신의 슬픔을 극복하려 하였다. 그녀의 고향 빅토리아는 서울에 외교 대표부가 없었으나, 그녀의 미국 친구들은 있었다. 그들이 그녀가 필요한 것을 준비하도록 도왔고, 여권도 요청하였다.

며칠이 지났다. 그녀는 짐을 쌀 시간이 필요하였으나, 그들의 꿈을 뒤로하고 떠난다는 것은 마냥 힘든 일이었다. 헨리의 꿈이었지만, 그 꿈이 메리의 꿈이기도 하였다.

이때 제임스 게일로부터 편지가 도착하였다.

데이비스 양에게

당신에게 가장 소중한 이의 병환과 죽음에 관하여 직접 소상히 듣기를
원한다는 것을 내가 알기에 나에게는 가장 슬픈 작업이지만 이 편지를
씁니다. 비가 억수로 쏟아졌던 그저께 누가 우리 집 문을 두드려 나갔습
니다. 한 한국인이 서 있었는데 말하기를 데이비스 씨가 지금 도착하여
얼마 떨어져 있는 한 호텔에 있는데 많이 아프다고 하였습니다. 나는 황
급히 그와 함께 1마일 정도 거리에 있는 일본인 호텔로 갔습니다. 거기
에서 당신의 동생과 나는 처음으로 만났습니다. 그는 햇빛으로 인하여
많이 그을려 있었으며, 그가 많이 아프다고 나는 생각하지는 못하였습니
다. 그를 기다리고 있었다고 나는 말하였고, 아픈 모습으로 지금 만나게
되어 매우 미안하다고 하였습니다.

"오, 당신이 와 주어서 매우 감사합니다"라고 데이비스는 대답하였습니
다. 그리고 그는 나의 팔을 붙잡고 "즉시 갑시다"라고 하였습니다. 그러
나 나는 "당신은 지금 멀리 걸을 수 없습니다"라고 하였습니다. "오 아니
요, 당신에 기대어 나는 걸을 수 있습니다"라고 그는 대답하였습니다.
그래서 나는 그를 나의 방으로 데리고 왔고, 기타무라 일본인 의사를 불
렀습니다(그는 독일 교수 하에 모든 훈련을 받은 기술 있는 의사였습니
다). 의사가 도착하기 전 나는 그에게 차와 토스트를 주었습니다. 그는
조금 먹었고 쉬고 나면 괜찮을 것이라고 하였습니다. 나는 그의 여행에
관하여 물었고, 그는 대답하기를 첫 두 주는 좋은 여정이었으나 그 후부
터는 어려웠다고 하였습니다. 한 동네에서는 그곳 관리들에 의하여 무례
하게 취급받았으나, 이것을 제외하고 그의 여정은 '넘치는 축복'이었다
고 하였습니다.

지난 열흘 동안 비록 그의 건강은 좋은 편이 아니었지만, 크게 불평할

일도 없었다고 하였습니다. 그때 의사가 도착하였고 그를 검진하였습니다. 의사는 즉시 천연두라고 하였고, 그가 이곳에 있을지 아니면 병원으로 갈지를 물었습니다. 당신의 동생은 병원으로 가겠다고 하였고, 병원이 가까웠던 고로 금방 그곳으로 이동하였습니다.

비록 나는 간호사는 아니었지만 그가 편할 수 있도록 최선을 다하였습니다. 그는 더 쉬기를 원하였고, 자기를 원하였습니다. 그때 나는 집으로 돌아왔습니다. 6시 정도였고, 한 시간 후에 그가 필요로 할 것이라는 어떤 것을 가지고 다시 갔습니다. 내가 없었을 때 의사가 다시 왔었다고 하였습니다. 나는 늦게까지 그곳에 있었습니다. 그는 이야기하기에는 너무 지쳐 있었고, 그래서 우리는 함께 기도하기를 건강하거나 약하거나, 살거나 죽거나 하나님의 영광을 위함이며 그 구원자에게 맡긴다고 기도하였습니다.

지난 이틀을 되돌아보건대 모든 것이 나에게는 꿈만 같은 시간이었습니다. 만약 이것이 우리 주님 예수를 위한 것이 아니라면 정말 어두운 이틀이었을 것입니다. 그러나 이 순간에 읽기를 "지금 그리스도께서 살아나셨다"이며 그리고 우리도 다시 살 것입니다. 나는 나의 가장 신실한 한국어 교사를 보내어 그 날 밤 그를 돌게 하였고, 만약 더 악화되면 나에게 연락하도록 하였습니다. 나는 다음 날 아침 7시에 다시 가보았습니다. 그는 유쾌하게 말하기를 지난 밤 조금 잘 수 있었다고 하였고, 그러나 목이 붓고 아프다고 하였습니다.

그는 먼저 "지난 밤 당신의 교사는 나에게 참 친절하게 하였습니다"라고 말하였습니다. 그러나 의사는 데이비스가 피를 토하는 사실을 매우 심각하게 생각하고 있었습니다. 의사는 말하기를 여행 중에 감기가 폐렴으로 진행되었고, 회복할 기미가 없다고 하였습니다. 일본인 의사가 매우 염려하므로 그가 가지고 있는 것을 잃어버리면 안 되었기에 나는 그의 것들을 점검하였고, 이것을 헤론 박사의 편지에 남기겠습니다. 그의 먹을 것을 가지고 오기 위하여 나는 9시쯤에 떠났습니다. 10시에서 11시 사이에 돌아가 보았고, 또 잠시 떠나야 했습니다. 그때 의사의 사환이 나에게 와 빨리 와 달라고 하였습니다. 다시 가보니 의사는 "그는 곧 사망할 것입니다"라고 하였습니다. 그는 아직 의식이 있었고, 그는 나에게 죽을 것 같다고 하였습니다. 그는 1시경에 예수님의 이름을 언급하며 무엇인가 혼잣말을 하면서 참 평화롭게 사망하였습니다.

오후에는 일본 영사와 직원들이 모두 참석하였고, 거주지의 법에 따라 그러나 매우 친절하고 예의 바르게 장례를 준비하였습니다.

오늘 아침 항구가 내려다보이는 산기슭의 작은 외국인 무덤 구역에 그의 시신이 안치되었는데, 그는 우리 주 구원자 예수 그리스도가 다시 오실 때까지 잠든 것입니다.

내가 말하기 원하는 것을 잘 표현하지 못하였으나, 그러나 하나님은 내가 얼마나 당신의 이 슬픔을 깊게 애도하는지 아실 것입니다. 그는 내가 그토록 만나기 원했던 나의 형제였습니다.

더 이상 쓸 수가 없군요.

그리스도 안에서 형제 된 제임스 게일

부산, 1890년 4월 6일.

편지를 읽는 메리의 슬픔은 스코트의 슬픔이었다: '비수가 그녀의 심장을 빠르게 찌르는 것 같았다.'

다음 날, 한국의 봄기운과 떠오르는 태양이 기다리고 있는 그녀와 언더우드 부인을 감쌌다. 호레스 언더우드가 이윽고 도착하여 또 다른 호레스를 소개하였는데, 그는 호레스 알렌 박사로 서울 주재 미국공사관이다. 그는 매우 멋지게 생겼고, 메리는 무례하지 않았지만 그를 자꾸 쳐다보았다. 그의 손에는 여행일정표, 배표 그리고 여권이 든 손가방이 들려 있었다. 그는 돈도 제공하려 했지만, 메리에게도 돈은 있었다.

그는 메리의 손을 잡고 눈을 들여다보며, 그녀의 동생은 순교자라고 말하였다. 그리고 많은 사람이 그를 따라 그의 꿈을 이룰 것이라고 말하였다. 그는 계속하여 말하기를 그녀의 역할은 이제 그 꿈을 따르는 사람들을 돕는 것이라고 하였다. 메리는 그의 신시내티 눈을 보면서 예수의 눈을 보는 듯한 착각에 빠졌다. 그녀의 슬픔이 위로를 받는 것 같았다.

마침내, 메리는 집에 또 다른 전보를 보내기보다 편지를 썼다.

> … 해리(헨리)의 직접적인 사망 원인은 폐렴이었다. 그들은 그가 천연두도 걸렸다고 하였다. 그의 몸에는 천연두가 돋아있었으나, 얼굴에는 전혀 없었다. 3월 31일 월요일까지의 그의 일기를 나는 가지고 있다. 그는 4월 4일 금요일 부산에 도착하였다. 그는 자신이 아프다는 말을 전혀 하고 있지 않다. 그러나 교사는 그가 5일 동안 먹지 못하였다고 말하고 있다.
> 보통 이상의 비가 당시 내렸고, 그는 감기에도 걸렸다. 그가 여기에 있다면 천연두는 결정적인 사인이 될 수 없었을 것이다. 그 교사는 나를 보러 방문하였다. 그들에게는 어두운 여행길이었고, 측은한 모습이었다. 사람들은 해리를 천당에서 온 천사로 환영하였다고 한다. 다른 외국인들도 그 지역에 왔었지만, 해리 같지는 않

았다고 그들은 말하였다. 그 교사는 말하기를 숙소였던 여관들은 상태가 나빴고, 음식도 안 좋았다고 하였다. 그러나 쪽 복음을 팔 수 있었고, 구세주에 대하여 말할 수 있다면 아무것도 아니었다고 하였다….

어느 날, 내가 아플 때에 가문이(나의 소년)가 말하기를 이 나라에 나쁜 사람들이 많은 고로, 그 교사와도 문제가 있었다고 하였다. 나는 말하기를 하나님이 그를 돌볼 것이라고 하고, 하나님이 그렇게 하지 않으실지 되물었다. 그러나 그들이 이해하기에는 매우 어려운 일이었다….

나는 이제 거의 괜찮아졌다. 헤론 박사가 나를 잘 돌보고 있다. 장로교인들, 혹은 선교사 연합회가 여기서 추모예배를 드렸다. 그들은 교회 강단을 흰 꽃과 소나무로 장식을 하였고, 여성들은 우리의 학교 모토인 'Labora ut requiescas'(최선을 다하고 만족하라)를 하얀 바탕에 바이올렛으로 아름답게 썼다.

서울, 한국. 1890년 4월 22일

호레스 알렌 박사는 메리를 위하여 서울에서 부산과 나가사키를 거쳐 시드니로 가는 증기선을 예약하였다. 제임스 게일 박사는 부산항에서 그녀를 만났다. 그는 항구 옆의 부산역을 가리켰고, 역 위편에 있는 언덕으로 가는 길로 그녀를 안내하였다. 그 언덕에 외국인을 위한 작은 묘지가 있었는데, 그곳에 헨리의 무덤이 항구로 들어오는 뱃길과, 드넓은 바다와 그 너머의 세상을 굽어보고 있었다. 게일은 메리에게 말하였다.

"이 산은 복병산이라고 하는데, '주전자 언덕'이라는 뜻입니다. 이

길은 부산항의 모지 페리로부터 옛 성곽 도시인 부산진이라는 곳까지 연결됩니다. 메리 양, 이곳보다 더 좋은 위치는 없습니다. 헨리 데이비스를 따르려는 미래의 선교사들을 나는 지금 보는 것 같습니다. 그들은 여기서 배에서 내릴 것이고, 헨리와 함께 그들의 선교지로 들어갈 것입니다."

메리의 엷은 미소는 짧은 위안의 표현이었다.

샌킬다 해변 산책길의 조단 그레이
　멜버른, 2012년 4월 6일

2. 전설

헨리 종고조 할아버지도 이 산책길을 몇 번 걸었을 것을 나는 확신한다. 그는 빅토리아 전역의 많은 길을 걸었고, 한국까지 갔다. 그는 전설이다!

전설이 진실이 될 때, 그 전설은 기록되어야 한다. 무엇이 헨리 데이비스를 전설로 만들었을까? 그는 33살의 나이에 한국으로 간 첫 선교사였다. 호주의 장로교 청년친교연합회에서 그를 지원하였지만, 빅토리아장로교 해외 선교위원회는 그의 선교에 권위를 부여하지 않았다. 최소한 호주 문화에서는 이 사실 자체가 그를 영웅으로 만든다.

한국에 도착한 지 6개월 후, 서울과 부산 사이에서 선교지를 찾고 있던 중에 헨리는 폐렴으로 악화된 천연두에 걸려 사망하였다. 자신의 하나님과 하나님의 구원을 한국인들과 나누기 위하여 그는 자신의 생명을 '드렸다'고 말할 수 있다. 그는 그리스도의 대리자였고, 그의 순교는 한국 민간전승의 전설이 되었다.

종증조 할머니 마가렛의 에세이 '한국의 호주 선교사 개척자'는 그녀의 삼촌인 헨리 데이비스에 관한 짧은 전기이다. 헨리는 서울에서 미국 선교사들에게 그들이 나누어주는 전도지에 대하여 문의하였다.

나는 (한국어를) 말할 수 없지만, 내가 다닐 때 그것(전도지)을 나누어 줄 수 있습니다.

헨리가 한국어를 말하기 시작하는 즉시부터 그의 한국 전도 여행은 '답사를 위한 광범위한 여정'이었다고 미국 선교사들은 증언하고 있다. 수원에 도착한 헨리는 다음과 같이 쓰고 있다.

나는 서울에서 부산으로 가는 길 300마일을 걸어서 가기 시작하였다. 우리의 문제점 중 하나는 돈을 운반해야 한다는 것이다. … 현금으로 바꾸어야 했기 때문이다. 1달러에 반 페니 정도의 크기 동전이 500개 이상이 된다. 나는 판매를 위한 쿼닌을 가지고 왔고, 얼마간의 은 달러는 지방 도시에서 환전하기를 희망하고 있다.
돈을 포함하여 나의 모든 짐을 한 마리의 작은 나귀가 지고 있고, 나귀를 돌보는 마부는 그 일로 바쁘다. 나의 한국어 선생이 나를 돌본다. … 쪽복음이 잘 팔리고 있어 큰 격려가 된다.

한국어 선생이 후에 증언하기를 마부는 말 한 마리를 구하여 헨리를 태우고 하루종일 눈보라 속을 걸었는데, 이것이 헨리가 폐렴을 동반한 감기에 걸리게 된 것이라고 말하였다. 헨리의 건강은 악화되었고, 부산에 도착하기 1마일 전에 그들은 여관에 투숙하였다. 그리고 헨리는 교사를 통하여 게일 박사를 부른 것이다.

헨리가 한국을 향하여 항해할 때, 세상의 보건 단체들은 이 지상에서 천연두를 박멸할 노력을 하고 있었다. 이 노력의 일환으로 호주도 교회가 격려하여 제너 접종 캠페인을 왕성하게 시행하고 있었다. 교회의 감독 하에서는 여행 전에 천연두 접종을 하였을 것이다. 이것은 후에 총회의 해외 선교위원회가 헨리를 지원하였다면 그는 살 수 있었을 것이라는 논쟁을 불러 일으켰다. 그렇게 죄의식의 씨앗은 심어졌다.

헨리 할아버지는 폐렴으로 사망하였지만, 천연두가 그의 몸에 퍼져있었고, 이 상황에서 그는 어쨌든 사망하였을 것이다.

이렇게 헨리 데이비스의 전설은 시작되었다.

3. 도보자와 등산가

헨리 할아버지의 도보 전도에 관하여 더 많은 이야기가 있지만, 사실 모든 데이비스 집안의 사람들은 도보자이자 등산가이다. 이들은 시내와 지방에서 자라면서 기차를 타고 유칼립투스 숲의 산들을 취미로 등반하였다. 그 길에는 고사리나무 산책로도 있고, 리라새가 놀라게 하기도 하고, 호숫가에는 찻집도 있었다. 나의 고조 할아버지이자 헨리의 동생인 존은 등산에 심취해 있었고, 한번은 헨리가 즐겨 산책하던 한 금광의 자리에서 길을 잃어버리기도 하였다.

길 잃은 목사 발견되다

더 벤디고 신문, 1909년 6월 19일, 9쪽

엘스턴위크의 장로교 목사 존 데이비스의 건강과 안전이 염려되고 있다. 그는 월요일 멜버른을 떠나 와락나빌로 향하였다. 그날 밤 그는 발라렛에 도착하였고, 솔저스 힐의 무어 목사 집에서 숙박하였다. 데이비스 목사는 건강을 위하여 등산을 하는데, 큰 비가 내려 홍수가 난 린튼 부근에서 화요일부터 그의 연락이 없어 안전에 대한 염려의 목소리가 높아졌다. 수색 팀이 꾸려졌다. 그러나 곧 모든 염려는 사라졌는데, 데이비스는 로케우드에서 발견되었다.

여선교연합회가 화요일 주정부 홀에서 모이다

우동가와 투웅 센티넬, 1933년 4월 13일, 2쪽.

연설자는 애니 데이비스 부인으로, 그녀는 딸들과 함께 3년간 한국에서 거주하였다. 그녀는 장로교의 한국 선교 중 전략적인 5개 도시에 관하여 연설하였다.

애니 데이비스

나의 남편 존 데이비스 목사와 나는 한국의 경상도에서 2년을 지내다가 딸들과 함께 막 돌아왔다. 1924년 우리가 그곳에 갔던 초기에 한국어와 한국 문화를 충분히 배워 이번에는 2년 동안 순회할 수 있었다. 존과 나는 성경공부반을 인도하였고, 존의 반은 그를 '젊은 영성'으로 기억하였다.

존은 70세가 넘었지만 한 명의 한국 청년 친구와 함께 동해안을 따라 순회전도 하였다. 그들은 금강산도 등반하였고, 그의 '진실한 얼굴과 강한 심장'을 확인하였다. 그들은 얼음처럼 차가운 물에서 목욕도 하였고, 존은 1,600미터의 정상에 오르는 것도 문제가 없었다.

그의 딸 진은 그의 뒤를 이었다. 그녀도 항상 등산을 하였고, 진주에서 80km 정도 떨어진 하동에서 등산을 즐기었다.

4. 헨리, 한국으로 가다

헨리 종고조 할아버지가 어떤 이유로 한국으로 갔을까 스스로 질문을 한다. 우리 가족의 흥미를 유발하는 그 어떤 이유를 나는 알 수 있을 것 같은데, 특별히 헨리 할아버지의 어머니인 나의 현조 할머니 마가렛이 있다.

헨리가 한국으로 간 이유는 1860년대 칼톤의 세인트 앤드류교회가 설교를 갈릭어로 하였기 때문이다. 그러나 1870년대에는 갈릭어로 설교하지 않았다. 이렇게 일이 시작되었다.

헨리에게는 8명의 형제와 3명의 생존한 자매가 있었다. 1869년 8월, 그가 13살이 될 무렵, 멜버른의 변호사인 아버지 찰스가 사망하였다. 헨리의 큰 형 19세의 찰스와 큰 누나인 18세의 마가렛은 세상으로 개척 길을 떠나야 하였다. 44세였던 헨리의 어머니 마가렛 샌드먼은 12살의 헨리를 집안의 남성으로 의지하여야 했고, 그의 누나 16세의 메리와 14세의 사라도 도와 7명의 남동생들을 돌보아야 했다. 그들은 11세의 존, 9세의 로버트, 8세의 제임스, 6세의 타보, 5세의 윌리엄, 3세의 레슬리 그리고 5개월의 허버트였다.

헨리는 일해야 하였고, 메리는 요리하고, 청소하고, 어린 남동생들을 매일 밤 잠자리에 들게 하는 모습을 상상할 수 있다. 헨리는 밤에 공부도 하였고, 식사시간에 가족들을 보았다. 이 가족의 슬픈 날들에 교회가 그들을 도왔다. 그러므로 데이비스 가족이 함께한 당시 교회의 상황을 알아보자.

헨리의 어머니 마가렛 샌드먼 데이비스는 1825년 4월 27일 스코틀랜드교회 안에 태어났다. 그의 부친 찰스 데이비스는 1815년 영국의 플리머스 형제교회 안에 태어났다. 그들은 1849년 3월 27일 스코틀랜드 글라스고우에서 결혼하였고, 두 명의 자녀를 두었다. 건강의 이유로 그들은 뉴질랜드 왕가라이로 이민하였고, 그곳에서 5명의 아이들을 더 가졌다.

헨리가 4살일 때에, 그의 가족은 호주 남 멜버른의 에메랄드힐로 이주하였다. 일 년 후에 그들은 멜버른의 한 지역인 피츠로이로 이사하였고, 그 근처 세인트 앤드류장로교회에 출석하였다. 그 교회는 칼톤의 라스다운 가의 '갈릭교회'로 알려졌다. 이 교회에서 설교는 갈릭어로 선포되었으며, 헨리 가족은 설교를 거의 알아듣지 못하였다.

1866년 헨리 가족은 엘스톤위크로 이사하였다. 그들은 빅토리아 장로교회와 갈릭어의 설교를 포기하였다. 그 대신에 그들은 코필드의 글렌 에이라 가의 성공회 소속 세인트 메리교회에 출석하였다. 1866년 데이비스 가족의 어린아이들이 세인트 메리 주일학교에 등록하였는데, 메리 타보, 사라, 10세의 조셉 헨리, 8세의 존 조지 그리고 5세의 타보였다.

그들은 헌신적인 주일학교 교사 조지 스티븐 경의 영향을 받았는데, 스티븐경은 그의 삼촌 윌리엄 윌버포스처럼 대영제국의 노예제도 철폐를 주장하던 사람이었다. 헨리와 그의 형제자매들에게 끼친 스티

븐 경의 영향은 기독교 신앙, 세상과 함께하는 에큐메니칼하고 복음적인 관계, 즉 지구촌의 시민이 되는 것이었다.

1874년 세인트 메리교회는 호주에서 첫 번째로 에큐메니칼 기독교대회의 첫 시리즈를 주관하였다. 일 년 후인 1875년, 두 번째 대회에서 헨리의 누나인 20세의 사라는 인도로 부름을 받았다.

헨리와 메리는 교사였다. 1876년 8월 27일 세인트 메리교회의 매카트니 신부는 조셉 헨리를 사라가 있는 남인도 고다베리 지역 엘로어의 성공회 선교부로 파송하였고, 그의 누나 메리도 동행하도록 하였다. 그들은 그곳에서 학교를 책임 맡았고, 헨리는 교회에서 설교를 하였다.

12개월 후 헨리의 건강은 나빠졌고, 그것으로 인하여 헨리와 메리는 인도에서 철수하여야 하였다. 그러나 후에 남동생 타보는 그들의 선교를 이어받았고, 1888년 그는 엘로어의 남학교 교장이 되었다.

메리 데이비스, 에스에스 넬로라호에 승선하여 라운지에 홀로 앉아 있음. 배는 동중국해로 입도하기 시작함.
1890년 5월

5. 어린 시절

해리와 나는 한국과 인도에서 함께 하였으나, 그 전의 장소들은 그와 나의 어릴 적 행복한 시간을 기억나게 하였다. 엄마와 아버지는 '건강상의 이유로' 영국의 쉬레스비 집을 떠나 뉴질랜드의 와이탕이로 간다고 이웃들에게 지혜롭게 말하였다. 그것은 개인적인 이유이기 때문에 이웃들은 더 이상 묻지 않았다. 엄마에게 후에 13명의 아이들이 있었던 것을 보면 그때 엄마한테 무슨 건강상의 이유는 없었다. 아버지도 건강하였다. 그렇게 우리 부모는 뉴질랜드로 이민을 떠났다.

와이탕이는 뉴질랜드 북섬 동쪽 해변의 섬 항구에 있었다. 엄마와 아버지는 1853년 찰스와 마가렛을 데리고 그곳으로 이사한 것이다. 그곳에는 1840년부터 마오리 전쟁이 있었는데, 염려되는 일이었다. 1860년의 와이타라 전투는 심각하였으며, 아버지는 그 영향이 우리가 살고 있던 동쪽 해변에까지 미치는 것을 보았다. 그는 집을 팔았고, 오클랜드에서 세를 주고 임시로 살았다. 그러다가 1861년 우리는 오스트레일리아 빅토리아로 이주를 한 것이다.

그 후 1863년~1864년의 와이타라 전투는 1865년 동쪽 해변 전체로 확대되었기에 이사는 잘한 것이었다. 그 마오리 전쟁에서 3천 명이상이 사망하였고, 희생자의 대부분이 민간인이었다. '건강상의 이유'가 맞기는 맞는 것 같았다.

빅토리아 멜버른으로 이사한 우리는 에메랄드 힐에 세를 내고 살기 시작하였다. 이곳은 남멜버른의 필립 베이 항구가 있는 곳이다. 아버지는 우리를 데리고 필립 베이부터 샌킬다까지 산책을 하곤 하였다. 샌킬다에서 온 다음의 이민자의 거주지는 코필드보다 엘스턴위크였다. 샌킬다에서 시내 쪽으로 향하면 프라한이라는 거주지가 있다. 나는 당시 7살이었지만, 이러한 이름들은 후에 우리의 세계가 되었다: 코필드, 엘스턴위크, 샌킬다 그리고 프라한.

마오리 전쟁으로 인하여 아버지는 뉴질랜드에서 우리 집을 매매한 돈을 잃어버렸다. 아버지가 멜버른에서 아내와 8명의 아이들을 위한 집을 구할 때, 저렴한 비용의 집들은 야라 강 북쪽 노동자 계급의 지역에 있었다. 역사적으로 수백 년 오래된 화산 용액이 야라 북쪽에서 흘러내려 오다가 야라의 남쪽 퇴적된 사암과 만났고, 비가 내려 그 경계에 강이 생긴 것이다. 당시 발전하던 중공업은 사암보다 현무암 기초를 요구하였다. 그 이유로 노동자들은 그들이 일하던 북쪽에 거주하게 된 것이다. 아버지는 시내에서 성공적으로 변호사 일을 보고 있었지만, 우리는 피츠로이로 이사를 하였는데 그곳은 시내의 북쪽 끝에 있었다. 아버지는 사무실까지 걸어 다녔지만 비가 오면 전차를 타기도 하였다.

생각해 보면 우습다. 우리의 이웃은 우리가 1866년 성앤드류교회의 갈릭어 예배를 피하여 엘스톤위크로 이사한 줄 알고 있다. 우리는 이것에 대하여 충분히 농담을 하였다. 여기에는 진실도 어느 정도 있지만, 우리는 칼톤에 있는 세인트 쥬드스 성공회교회로 옮기지는 않았다.

일주일에 한 번씩 아버지는 피츠로이에서 프라한까지 먼 거리를 걸었다. 그곳에는 '콜로세움의 형제단교회'가 있었다. 아버지는 평생 동안 플리머스 형제단원이었다. 그는 프라한과 가까운 남쪽으로 이사하기를 바랐는데, 자신의 어린 자식들과 형제단 모임에 참석할 수 있는 가까운 거리였기 때문이다.

우리는 샌킬다의 '마리나 빌라'로 불리는 집으로 이사를 하였다. 어떤 거리는 우리 집과 같이 주택 번지수가 없었다. 대신에 집 이름을 가지고 있었다. 대가족을 위한 큰 집이었다. 이웃들은 코필드의 글렌아이라 가에 있는 성메리성공회에 다녔다. 우리도 그곳에 다니기 시작하였다. 아름다운 교회였고, 매카트니 신부는 유쾌하였다. 그는 H.B. 매카트니였고, 항상 머리 글자 H.B.를 사용하였다. 후에 나는 그의 전체 이름이 후세이 바인 것을 알았다.

해리도 우리와 함께 성메리교회로 왔는데, 매카트니 신부를 신뢰하였기 때문이었다. 그는 또한 아버지와 함께 프라한의 형제단 모임에도 다녔고, 형제단 믿음이 해리의 기독교 신앙 중심이 되었다. 한 가족으로서 아버지는 형제단의 신앙으로 우리의 행실을 형성하게 하였다.

아버지가 돌아가신 후, 나는 가정에서 가장 나이가 많았다. 해리는 거의 13살이 되었다. 아버지는 엄마에게 불충분한 연금만 남기었지만, 해리에게는 아버지의 변호사 사무실 '제닝스 앤 쿠트'에서 많은 보수를 받으며 일할 수 있는 유산을 남기었다. 해리의 월급으로 가족의 음식을 구입하였고, 나는 엄마를 도와 아이들을 돌보았다.

1876년에는 여동생 사라가 인도로 선교사로 떠났다. 그녀는 해리에게 편지를 쓰기를 그곳에 일꾼이 필요하다고 하였고, 도와달라고 호소하였다. 해리는 그때 멜버른대학교에서 1학년 시험을 막 통과하였다. 사라가 요청한 시기는 해리가 법학을 포기할 생각을 하던 때였고, 해리는 사라의 메시지가 그를 인도로 보내는 하나님의 계시라고 생각하였다. 매카트니 신부가 해리를 인도로 파송하였다.

해리는 우리가 인도에 가면 필요한 것을 하나님이 충당해 주실 것이라고 굳게 믿었다. 그리고 프라한의 형제단교회도 지원해 줄 것을 내심 기대하고 있었다. 그는 21살이 채 못 되었기에, 성인과 함께 여행을 해야 하였다. 그 이유로 나도 인도로 동행한 것이다.

6. 마크 두리 신부의 설교
  - 코필드의 성메리교회, 2008년

1876년 8월 27일 월요일은 기억할 만한 날입니다. 한 젊은 학교 교사가 코필드의 성메리교회당에서 파송을 받았습니다. 그의 이름은 조셉 헨리 데이비스였고, 사람들은 그를 헨리라고 불렀습니다. 그는 인도로 떠나기 직전이었는데, 그의 선교를 도와 줄 누이와 합류할 계획이었습니다.

그는 왜 그곳으로 갑니까? 하나는 그곳의 필요가 급박하기 때문일 것입니다. 코필드에 들어오는 보고서를 보면 수많은 인도인들이 기독교인이 되고 있습니다. 그들은 도움과 지도가 필요합니다. 헨리는 그들에게 관심이 있었습니다. 그는 그날 밤 이렇게 설명하였습니다.

"… 내가 주님의 사랑을 생각하면, 그리고 깊은 필요성… 그들에게 가서 예수님의 사랑을 말하고 싶은 강한 욕망이 내 안에 깊이 있습니다."

이날 저녁 성메리교회의 매카트니 신부는 헨리에게 거룩한 위탁과 앞날에 놓여있는 도전적인 사역에 파송의 말씀을 하였습니다. 이 젊은 이를 보내면서, 매카트니는 코필드에서 그를 그리워할 것이라고 하였습니다. 그는 말하였습니다.

"헨리의 성격과 은혜는 말씀을 전하기에 특별한 자격이 있고, 그리스도의 십자가로 많은 사람을 불러들일 것입니다."

의심할 여지 없이 헨리는 멜버른에서 매우 활동적이었습니다. 성메리교회의 지역 선교 채플에서 설교도 하였고, YMCA의 활동적인 회원이었으며, 팍빌의 대학생이었고, 투락칼리지의 교사였습니다. 이모든 것을 행할 때 그는 아직 10대였습니다. 인도로 항해를 떠나는 날, 그는 19살에 불과하였습니다.

이 젊은이의 용기를 지금 생각해 보면 상상하기 어렵습니다. 헨리는 외교적인 수사로 '정해진 봉급 없이' 떠난 것입니다. 다른 말로 말하면 그는 생활비 없이 파송된 것입니다. 그의 주머니 안에는 믿음과 하나님의 사랑이 전부였습니다.

그러나 헨리는 당시 모인 청중에게 자신은 13살부터 선교사로 파송되기를 6년 동안 기다렸다고 하였습니다. 그는 이미 준비되어 있었던 것입니다!

과거는 현재에 신비한 방법으로 영향을 끼칩니다. 나는 내가 현재 섬기고 있는 성메리교회 역사를 지난 몇 년 동안 연구하여 왔습니다. 여러 가지 분야 중에 교회의 부지와 계약에 대하여도 알아보았습니다. 부지에 대한 계약은 미래의 부지사용에 대한 조건이 있었습니다. 이 부지는 교회나 사택의 용도로만 쓰이게 되어있습니다. 그 외의 어떤 용도도 허락되지 않습니다.

지난 몇 년 동안 알게 된 사실은 계약이 달린 것은 부지만이 아니었습니다. 또한 모든 계약이 법률적인 것도 아니었습니다. 어떤 것은 영적인 계약입니다. 나는 믿기를 모든 기관이나 가족이나 심지어 국가에도 영적인 계약이 있다고 생각합니다.

코필드 그래머 학교의 예를 들면, 창시자의 기도가 그 운명을 형성하는 영적인 계약을 생각할 수 있습니다. 오늘 우리는 창시자의 기도와 목적 위에 서 있고, 그것에 의하여 만들어졌습니다. 이것은 심각하고 중요한 일입니다. 나는 하나님은 신실하고, 우리가 기도할 때 들으신다는 것을 압니다. 나는 코필드 그래머 학교가 오래전 창시자가 쏟은 비전에 의하여 형성되었다는 것을 확신합니다. 그 창시자는 물론 우리의 헨리 데이비스입니다. 인도로 가는 젊은 선교사입니다.

이 위대한 학교를 세우는 데 그는 어떤 기도를 하나님께 하였을까요? 그의 가치는 무엇이었고, 그가 꿈꾸던 것은 무엇이었을까요?

헨리는 역사상 가장 흥미로운 기간에 코필드의 성메리교회에서 젊은 기독교인으로 자라고 형성되었습니다. 이것이 그에게 큰 영향이었음을 부인하지 못합니다. 나는 그에게 영향을 미친 시간과 장소의 세 가지 가치에 대하여 초점을 맞추려고 합니다.

첫째로는 헨리의 복음적인 기독교 신앙입니다. 둘째 핵심 가치로는 에큐메니즘입니다. 이것은 기독교인이라면 다른 교단들과도 연합하여 함께 일해야 한다는 생각입니다. 그리고 셋째로는 글로벌리즘입니다. 헨리는 세계적인 사람이었습니다. 인도와 후에 한국의 개척자적인 선교사였습니다. 그의 비전에는 호주도 포함되어 있지만, 그것보다 훨 넓었던 것입니다.

우리는 이미 젊은 헨리가 복음적인 신앙을 가지고 있다는 것을 보았습니다. 그는 그리스도의 사랑을 세상으로 가지고 나갈 정열이 있었습니다. 그런데 그가 에큐메니칼하다고 하였는데 어떤 이유일까요? 우리는 종종 호주의 과거가 분파주의에 의하여 시달렸다고 생각합니다.

1870년대의 코필드는 그렇지 않았습니다. 어느 날 나는 교회 회관에 있던 오래된 상자와 종이들을 치우고 있었습니다. 그때 나는 1874

년 성메리교회에서 열렸던 호주의 첫 에큐메니칼 대회 회의록을 보았습니다. 주목할 만한 것이 회의록에 남아있었는데, 연설하는 회원들의 이름에 교단이 명시되지 않았다는 것입니다. 회원들이 어느 교단 소속이라는 것은 중요하지 않았다는 겁니다. 130년이 지난 지금 그들이 어느 교단에서 왔다는 것을 알지 못합니다. 이 대회에서 중요한 연합사업이 결정되는 바, 그중 하나가 멜버른에서 YMCA가 시작된 것입니다.

헨리를 비롯하여 데이비스 가의 어린아이들은 성 메리에서 열린 초기 대회에 참석한 듯합니다. 1875년에 두 번째 대회가 있었는데, 이 대회에서 헨리의 누이 사라가 인도로 가는 소명을 받았던 것입니다.

이 대회의 연합 정신은 헨리가 인도로 갔던 그 정신이었습니다. 그는 파송 받던 경사스러운 저녁에 이렇게 말하였습니다.

"나는 모든 교단의 사람을 만났고 함께 일하였습니다. 장로교, 감리교, 회중교 교회에서 연설하였습니다. 그리고⋯ 나는 주님의 사람들은 지금까지보다 더 위대하게 함께 화목하게 일할 수 있다고 확신하였습니다."

사실 헨리는 십대 청년으로 성공회의 성메리교회에서 성장하고 신앙을 형성하였습니다. 그리고 성공회에 의하여 인도로 파송되었습니다. 그러나 그는 후에 첫 한국 선교사로 파송되는데 성공회의 파송이 아닌 장로교의 파송이었습니다. 비록 그는 한국에 도착하고 얼마 안 되어 폐렴으로 사망하지만, 그는 그곳 장로교회 창시자 중의 한 명으로 이름을 남기게 되었습니다. 그에게 영감을 받은 빅토리아의 젊은 장로교 사람 6명이 그의 사역을 계속하기 위하여 뒤를 이었습니다.

이런 내용을 언급하는 것은 그가 분파주의자가 아니라는 것을 말

하기 위함입니다. 그는 또한 성공회의 중요한 교육기관이 되는 학교를
창시하였습니다.

우리는 우리 데이비스 가족에게 이러한 기록을 남겨준 두리 신부에
게 매우 감사한다. 나는 두리가 언급한 그 6명 선교사들의 명단을 밝히
기 원한다: 벨레 멘지스(발라렛 에베네저, 로버트 멘지스 경의 이모),
사라 맥케이(원래 성은 앤더슨), 메리 파셋(발라렛 세인트 존스교회),
베시 무어(발라렛을 통한 데이레스포드, 후에 라벤더 부인), 진 페리(퀸
즐랜드) 그리고 제임스 맥케이(발라렛 세인트 존스교회).

메리 데이비스가 에스에스 넬로라호 갑판에서 차를 마시다.
동중국해를 지나다.
1890년 5월

7. 청년 헨리와 그의 이상

해리는 인도의 고전 문화를 전혀 모른다. 인도에서의 기독교 선교
는 힌두교와 그 예술의 중심에서 진행되었다. 형제단의 신조를 따르자
면 그는 그들과 차도 함께 마시지 말아야 한다. 그들의 이야기나 종교
관도 들어서는 안 되었는데, 그들의 종교는 신약에 없으므로 허구로
생각하였다. 그는 인도인들이 그가 회심을 설교하는 교회로 몰려오기
를 기대하였다.

해리는 아직 20살이었고, 형제단의 교리가 그의 머릿속에 있었다.

그의 신학과 교회 행정은 형제단 교회에 기반을 두고 있었기에, 성공회의 가르침과는 완전히 달랐다.

또한 해리는 그곳에서 건강상의 문제가 있었다. 복통의 문제도 심각하였는데, 더구나 말라리아까지 걸렸다.

결국 그의 동료들은 그에게 그의 병은 위험할 수 있고, 그가 죽는 것을 보기 원치 않는다고 공손하게 말하였다. 만약에 해리가 돌아오기 원한다면 완쾌될 때까지 기다리고, 또한 온전히 자격을 갖추어 오기를 바랐다.

그리고 프라한의 형제단교회에서는 무엇을 지원하겠다고 약속하였던가? 지원은 오지 않았고, 사라와 나는 창피하였고, 해리가 죽을까 봐 두려워 거의 울 뻔하였다. 동생 존과 매카트니 신부의 도움으로 나는 해리를 집으로 데리고 돌아올 수 있었다. 1878년 5월 27일 우리는 멜버른의 '빌라 마리나'로 돌아왔다.

우리가 집에 도착하였을 때 우리는 돈이 한 푼도 없었다. 해리는 프라한의 '친구'들을 심하게 꾸짖었으나, 형제단 신앙에는 변함없었다.

해리는 아버지의 오랜 변호사 사무실 일을 사직하였을 때 연설을 하였다. 정확하게 무슨 말을 하였는지 나는 모르지만, 법률의 일과는 단절을 한다는 내용이었다.

해리는 학문적 자격을 획득하여 인도로 돌아가는 것이 그의 일이라고 생각을 하였고, 상황을 이해하고 통제할 수 있는 형제단이 되기를 바랐다. 해리는 자신의 건강이 만성적인 말라리아로부터 자유롭지 못하다는 것은 생각하지 못하였다.

수입을 위하여 그는 학생들에게 대학 공부를 코치하기 시작하였다. 학생들의 수는 늘었고, 그는 자신의 문학 학사 과정도 시작하였다.

인도로 다시 돌아가고자 하는 그의 신념은 이후 11년간 지속되었다.

옛일을 회고하는 것은 좋으나, 서울을 떠난 후 처음으로 시장기를 느끼었다. 배의 식당에서는 저녁 식사시간을 알리는 에스에스 넬로라 종이 울렸다.

샌킬다 부두의 조단 그레이
    2012년 5월

8. 종고조 할아버지 해리는 20살밖에 되지 않았다

샌킬다 해변에서부터 프라한까지는 짧은 도보거리이다. 그곳은 해리가 자신의 아버지와 함께 형제단교회에 갔던 곳이다. 이 교회는 어린 해리의 마음과 영혼을 사로잡았고, 아버지가 사망한 후에도 계속 다녔다.

지역교회로서 프라한 형제단은 청교도적인 가르침이 있었고, 완전한 자치 그리고 비조직화된 목회가 있었다. '목회자'는 신약성서였다. 설교는 개인의 기도에 대한 하나님의 응답이었고, 응답의 진위는 신약성서로 가려졌다. 이런 이유로 세상의 직업은 신약의 가르침과 일관되어야 하였다.

해리 할아버지는 항상 헌신적이었고, 고귀한 목적 하나가 있었고, 특별한 목표를 가지고 있었고, 고도로 집중적이었으나, 그러나 고집이 있는 괴벽스러운 사람이기도 하였다. 그는 춤추는 곳이나 단순히 즐기는 곳에도 가지 않았는데, 이것들이 그를 부도덕하거나 죄를 짓게

할 수 있기 때문이었다.

해리는 조나스 호스폴학교에서 잠깐이나마 정식 초등학교 교육을 받은 후, 그의 아버지 찰스 데이비스가 파트너였던 제닝스 앤 쿠트 변호사 사무실에 11살의 나이로 취업을 하였다. 상대방 파트너는 찰스가 은퇴를 10년이나 앞두고 사망하였을 때, 아내 마가렛에게 10명의 자녀를 돌볼 수 있는 충분한 유산을 남겨주지 못한 것을 알고 있었다. 그들은 12살의 해리에게 이제 그는 가족을 대표하고 있고, 그들을 위한 수입이 있어야 한다고 말하였다. 그들은 지혜롭게 해리에게 사무실에서 법률 사원으로 일하면서 경력을 쌓도록 하였고, 대학교에 입학할 준비를 하도록 하였다. 그들은 직원에게 공정하게 대하므로 그들 사무실 전문직업의 명성을 보호하려 한 것이다. 해리는 그곳에서 일하면서 15세의 나이로 대학교에 입학할 준비를 하였다.

그 사무실은 해리에게 안전한 자리인 법률 서기직을 제의하였고, 대학에서 법률을 공부하도록 하였으며, 돈을 많이 벌 수 있는 변호사로서의 길을 준비하도록 도왔다. 그리고 때가 되면 사무실의 파트너가 될 것이었다. 그들의 주요 관심은 해리의 학습 능력이었다. 해리는 공부를 월등히 잘하였고, 21살 이전에 졸업할 수 있을 것으로 생각되었다. 그 나이에 그는 등록을 하고 법조계에서 일을 시작할 수 있을 것이다.

변호사 사무실은 해리가 그들의 제안을 받아들이도록 격려하였다. 그러므로 가족을 가난에서 구할 것이고, 장차 자신과 가족에게 멋있는 삶을 제공할 수 있기 때문이었다. 아버지 찰스도 자신의 파트너 사무실 일과 형제단 신앙을 동시에 성공적으로 할 수 있었다.

그러나 15세의 해리는 부모의 도움 없이 사춘기를 지내고 있었고, 형제단 교회 친구들과의 결심을 시행할 생각을 하고 있었다. 지난 세대의 발자취를 따르는 일이었다.

나는 변호사이다. 그리고 신약성서에는 율사에 대한 긍정적인 내용이 없는 것을 알고 있다. 마가복음 7장이 그 한 예이다.

1절: 바리새인들과 또 서기관 중 몇이 예루살렘에서 와서 예수께 모여들었다가

5절-7절: 이에 바리새인들과 서기관들이 예수께 묻되 어찌하여 당신의 제자들은 장로들의 전통을 준행하지 아니하고 부정한 손으로 떡을 먹나이까. 이르시되 이사야가 너희 외식하는 자에 대하여 잘 예언하였도다 기록하였으되 이 백성이 입술로는 나를 공경하되 마음은 내게서 멀도다. 사람의 계명으로 교훈을 삼아 가르치니 나를 헛되이 경배하는도다 하였느니라.

9절: 또 이르시되 너희가 너희 전통을 지키려고 하나님의 계명을 잘 저버리는 도다.

18절-23절: 예수께서 이르시되 너희도 이렇게 깨달음이 없느냐 무엇이든지 밖에서 들어가는 것이 능히 사람을 더럽게 하지 못함을 알지 못하느냐. 이는 마음으로 들어가지 아니하고 배로 들어가 뒤로 나감이라. 이러므로 모든 음식물을 깨끗하다 하시니라. 또 이르시되 사람에게서 나오는 그것이 사람을 더럽게 하느니라. 속에서 곧 사람의 마음에서 나오는 것은 악한 생각 곧 음란과 도둑질과 살인과 간음과 탐욕과 악독과 속임과 음탕과 질투와 비방과 교만과 우매함이니 이 모든 악한 것이 다 속에서 나와서 사람을 더럽게 하느니라.

젊은 해리는 그 사무실의 제안을 받아들였으나, 법률가가 되기 위

한 큰 동기는 없었다. 그의 발전은 멜버른대학교에서 1학년을 통과하는 것으로 충분하였다.

형제단은 개개인을 거룩함으로 인도하는 것 외에 어디서나 언제든지 복음을 전하는 신성한 의무를 믿고 있었다. 아마 선교사로서, 학자로서, 선생으로서, 교장으로서, 안수받은 목회자로서, 해리는 모든 일에 노력하였다.

형제단의 감춰진 가족 생활과, 불신자와 가까이하지 않는 것과, 형제단이 아닌 사람들과 함께 먹지 않는 것은, 결론적으로 좁은 시야와 소외 그리고 비인간화로 비추어질 수 있었다. 그러나 동시에 하나님의 뜻에 대한 완전한 복종, 인간의 생각에 대한 완전한 경멸감 그리고 허구를 만들거나 이야기하는 것은 죄악이라는 의미였다.

이런 신앙은 해리가 대학 시험에서 셰익스피어의 '한여름밤의 꿈'을 다루는 데 문제가 되었다. 코필드 그래머 스쿨 역사를 쓴 호레스 웨버는 이렇게 보고 있다.

"이 결과로 조셉 헨리 데이비스는 병적으로 내성적이 되었고, 실제적이기보다 이상적이 되었고, 거룩한 손가락이 그를 인도한다고 믿기 원하는 방향에 따라 충동적이고 외고집이 되었다. 그는 온화하고 친절하였지만, 동시에 재치가 없었고 둔감하였다."

조단 그레이 변호사, 프레그스타프
  빅토리아 대법원, 도서관, 책상 위에 문서들, 저녁 불빛
  멜버른, 2012년 5월

9. 신문에 싣다

멜버른으로 돌아온 헨리와 메리는 그들의 7명 남동생들을 포함한 남학생들을 위한 학교를 열었다. 자신들의 취업도 필요하였고, 2명의 남동생도 교사로 채용할 수 있었다. 헨리의 막내동생 15세의 레슬리와 12세의 허버트가 첫 입학생이 되었다.

「더 아르거스」라는 잡지에 실린 당시의 학교 광고는 다음과 같다.

코필드 그래머 스쿨
엘스톤위크 역과 인접함.
교장 조셉 헨리 데이비스,
멜버른대학교 문학사, 고전학 우등 졸업자이며 자연과학 학자.
본 학교는 기차역과 가까우며, 시골 지역의 모든 장점을 가지고 있고,
제한된 인원의 훌륭한 기숙사 구비되어 있음.
학기 시작 1881년 4월 25일.

거친 남학생들이 거주하는 기숙사의 사감은 메리였는데, 그녀에게 새로운 것은 아니었다. 헨리는 자신의 학업을 이어갔는데, 멜버른신학교에서 신학사를 받은 후, 1883년 멜버른대학교에서 문학 석사 과정을 졸업하였다.

호주의 성공회는 당시 인도와 중국에 집중하는 자신들의 정책을 실행하고 있었다. 한국 선교를 시작할 때는 수도 서울에만 집중하였고, 다른 지역은 제외되었다. 만약 헨리가 성공회 신부로 안수를 받는다면 그도 이 정책을 따라야만 했을 것이다.

그러나 한국에 다른 사건들이 일어나고 있었다. 중국의 성공회 선교사 울프 주교는 푸저우의 중국인 전도인을 동원하여 경상남도에 복음을 전하고자 부산에 선교부를 세우려고 하고 있었다. 울프의 자금 신청은 성공적이지 못하였는데, 복음전도회의 코페 주교가 재정을 다시 서울로 돌렸던 것이다.

헨리의 조카딸 마가렛 샌드먼 데이비스는 이에 대해 1921년에 다음과 같이 쓰고 있다.

> 울프 주교가 복음전도회에서 재정을 확보하지 못하자 그는 호주에 웅변 같은 편지를 보냈다. 이 편지는 빅토리아 코필드의 성메리교회 매카트니 목사에 의하여 조그만 선교소식지에 실렸다. 이 호소에 응답하여 1889년 10월 헨리와 메리 데이비스가 한국으로 갔다. 빅토리아장로교 선교 기지를 한국에 세우기 위함이었다.

성공회가 헨리에게 동기를 부여하였고, 부산에서의 선교 기회를 보여주었다. 그가 이 부름에 응답할 수 있었던 것은 그의 동생 존이 그를 성공회 신부로 안수받는 것에서 탈피시켜주었기 때문이다. 일은 이렇게 이루어졌다.

에큐메니즘은 헨리의 동생 존 조지에게 영감을 주어 자신들의 옛 교회인 칼톤의 세인트 앤드류교회에 참석하게 하였다. 세인트 앤드류교회는 1855년 라스다운과 퀸스베리 가의 북서쪽 모퉁이에 세워졌고, 멜버른대학교 문과에 입학한 존에게 접근하기 쉬운 위치에 있었다. 1868년 11월 29일 스코틀랜드에서 온 던컨 맥키란이 갈릭어가 아닌 영어로 첫 설교를 시작하면서 이 교회는 전환점을 맞이하였다. 그의 명확한 영어 설교는 많은 사람들을 교회로 불렀고, 사람들은 강단 계단에까지 앉아 그의 설교를 들었다.

존은 계속하여 세인트 앤드류교회에 다녔고, 맥키란은 그의 멘토가 되었다. 맥키란은 그를 멜버른대학교의 오몬드신학교로 인도하였고, 졸업 후에 존은 빅토리아장로교회의 존 조지 데이비스 목사가 되었다. 헨리의 동생 존이 세인트 앤드류교회에 계속 다닌 이유는 설교를 갈릭어가 아닌 영어로 듣기 위함이었다.

헨리가 부산에서의 부름을 느끼기도 전에, 그는 존과 같이 성공회보다는 빅토리아장로교회에서 안수받기를 선택하였다. 세인트 앤드류교회의 갈릭어는 그를 성공회로 바꾸게 하여 선교의 열정을 깨달아 부산으로의 소명을 갖게 하였다. 또한 세인트 앤드류교회의 영어는 존과 헨리를 장로교로 다시 돌아오게 하여 안수를 받게 하였고, 그 부름에 응답하여 한국으로 가는 방법을 찾게 하였다. 스코틀랜드인인 그들의 어머니 마가렛은 자신의 아들들이 장로교 목사가 되었다는 사실에 기뻐했음은 의심할 나위가 없다.

칼톤의 세인트 앤드류교회는 1938년 문을 닫았다. 이 교회의 돌 하나하나는 1940년 5월 4일 멜버른의 가디너로 옮겨져 세인트 앤드류교회로 다시 세워졌다.

메리와 헨리는 가족을 부양해야 하는 의무에서 벗어났다. 그들의 막내 허버트는 이제 20살이 되어 독립한 것이다. 애니 헤이스티와 결혼한 존은 1887년 1월 딸을 낳았다. 그들은 그 아이의 이름을 마가렛 샌드먼으로 지었는데, 1년 전에 사망한 존 자신과 헨리의 어머니 이름을 딴 것이다. 존과 애니의 두 번째 딸은 1989년 3월에 출생한 엘리스 진 데이비스이다. 메리는 가족을 단체로 버닌용으로 데려가 그곳에서 이 아기들이 세례를 받게 하였다.

헨리는 이제 두 살 반이 된 조카딸 마가렛과 함께하는 시간을 즐겼다. 이 둘은 나중에 자신들이 한국을 중심으로 서로 연결될 것이라는 것을 꿈에도 몰랐다. 애니의 아버지 토마스 헤이스티는 버닌용의 목사였다. 그는 스코틀랜드자유교회에서 선교사로 빅토리아로 와 학교를 세웠다. 기록은 없지만 헨리가 한국으로 가는 것을 그가 격려를 해주었을 것이라고 상상할 수 있다. 헤이스티는 글라스고우로부터 반 디멘스 랜드를 순회 전도한 경험도 있었다.

빅토리아장로교회와 해외 선교위원회는 뉴헤브리데스에 이미 많은 선교를 하고 있었다. 한국을 향한 정책은 없었고, 그곳에 새 선교부를 설립한다는 계획도 없었다. 장로교 청년친교연합회가 메리와 헨리와 가까운 투락의 존 퍼거슨 어윙의 목회에 영감을 받아 선교 자금을 모금하였고, 메리와 헨리는 자신들의 학교를 팔았다. 다음의 학교 소유자는 성공회의 보호를 받는 코필드 그래머 학교 위원회가 되었다.

학교는 놀랍도록 성장하였다. 1981년 정부의 동반 교육기관이 되었고, 대학교 입학을 위한 중고등학교로 3,315명의 학생이 재적하고 있다.

메리 데이비스, 에스에스 넬로라, 대만 해협

안개 경고 종이 울리다.

다른 손님을 피하기 위하여 메리는 방에서 휴식하다.

10. 인도 그러나 갑자기 한국으로

엄마의 말은 감상적이었다. 자기 동생과 같이 해리가 장로교에서 목사가 되어 얼마나 좋은지 모르겠다고 하셨다. 그녀는 두 아들에 대하여 큰 자부심을 가졌다. 가족들도 엄마의 그런 해석을 좋아하였고, 아마도 엄마의 바람은 해리의 장로교 안수에도 한 몫 하였을 것이다.

그러나 해리의 목사 안수 배경에는 이보다 더 큰 이야기가 있다. 해리는 인도로 돌아가려는 급한 마음이 있었다. 그는 학문적 자격이 필요하다고 여겼고, 자발적으로 안수받기에 이제 충분하다고 여겼다. 그러나 사실과는 거리가 멀었다. 학문적 자격이 충분치 않았던 것이다. 성공회에서 안수받기 위해서는 먼저 디컨이 되어 6개월 동안 실습을 해야 하였다. 해리는 그렇게 오래 기다릴 마음의 여유가 없었다.

절박한 심정으로 그는 동생 존과 투락장로교회의 존 어윙에게 해결을 위한 도움을 청하였다. 학교를 매매한 돈으로 빌라 마리나 집 대부금도 청산하였고 그리고 천 파운드를 동생 존에게 주어 나를 위하여 적금하도록 하였는데, 8년 동안이나 봉급을 받지 못한 그의 파트너인 나에게도 돈을 투자한 것이다. 우리 가족은 이제 우리들의 안전에 적게 염려를 하였고, 엄마도 안심하였다. 그리고 해리는 7개월 후가 아닌 당장 현금을 가지고 인도로 돌아갈 방법을 찾고 있었다.

그러나 모두들 해리의 건강을 염려하고 있었다. 만성 말라리아에 대한 확실한 치료법도 없었는데, 열대지방인 남인도로 간다고 하니 말이다.

해리는 매카트니 신부에게 자신의 계획을 말하였다. 그때 그 신부는 출판하기 위한 작은 선교지를 만들고 있었는데, 1887년 10월에 쓴 울프 주교의 편지를 선교지에 실으려고 준비하고 있던 참이었다. 해리가 마침 '울프 주교로부터 온 중요한 편지'라는 제목의 그 내용을 접하고 읽었다. 마치 하나님이 자신의 기도에 응답하는 것 같이 해리의 눈이 크게 열리는 것을 그 신부는 보았다.

"그곳은 기후 또한 온난합니다."

신부는 계속 말하였다.

"그러나 수도인 서울에 적은 일꾼들만 있을 뿐입니다. 아마 그것이 당신이 필요한 전부일 수 있고, 언어는 배우면 됩니다. 서울에서 선교의 주도는 미국장로교가 하고 있습니다. 그러나 장로교에서 안수를 받는 것도 성공회처럼 6개월은 걸릴 것입니다."

이렇게 해리는 한국으로 갈 결심을 하게 되었다. 그의 건강으로 인하여 열대성 인도에서 온난한 한국으로 바꾸게 되는 자발적인 마음의 변화였다. 그리고 그 넓은 땅에 사는 이방인들이 복음을 듣기를 기다리고 있으나, 세상의 그 지역에는 선교사들이 가지 않고 있다는 내용에 마음이 움직였다. 해리는 미국 장로교회가 그곳의 주요 도시에 선교를 시작하고 있다는 것을 알았고, 그들이 자신의 선교도 도울 것이라고 믿었다.

그러나 목사 안수는 즉시 받을 수 없었다. 장로교회에는 안수 시험이 있었기 때문이었다. 이 시험을 준비하는 한 방법은 오몬드 신학교에서 6개월 동안 공부하는 것이었다.

그러나 최근에 투락장로교회의 목사로 스코틀랜드의 어윙이 청빙을 받았다. 그는 자신이 아는 몇 학생이 영국 에든버러대학의 뉴칼리지 신학부에서 공부한 것을 알고 있었고, 그것은 교수의 지도 하에 3개월 동안의 집중 과정이었다. 해리가 수학한 과정이 바로 이것이었고, 그가 장로교 목사가 된 것도 속히 한국에 가려는 주요 동기가 있었다. 떠날 수 있는 현금도 있었고, 에든버러에서 공부도 하였고, 엄마의 체면도 살리고 그리고 친절하게 도움을 주는 사람들도 장로교 목사들이었다. 그가 사랑하는 동생 존도 그렇고, 가장 친한 친구 어윙도 장로교였다.

해리는 연수를 마치고 스코틀랜드에서 돌아왔는데, 뉴칼리지가 위치해 있는 에든버러 성 위쪽 '동산 위'에 웅장하게 서 있는 모습을 설명하는 얼굴에 빛이 났다. 그곳에서 아래로 직진해 있는 프린세스 가의 풍경은 스코틀랜드에서 가장 아름다운 풍경 중의 하나였다.

일주일 후, 멜버른 항의 역 항구에 술렁이는 일이 일어나고 있었다. 뜻밖에 큰 무리의 코필드 그래머 학생들이 한국으로 떠나는 해리를 환송하러 나온 것이다.

모두들 해리가 자신의 건강을 돌보지 못할 때 도울 수 있는 누군가가 같이 동행하기를 바랐다. 바로 사라였다. 그러나 인도는 해리에게 이제 잊힌 나라가 되었다. 한국으로 가는 것이다. 나는 가장 마지막에 생각나는 사람이었다. 그리고 급박하게 일이 진행되었다. 나와 교회 친구들은 선교를 위하여 모금을 하였었고, 해리가 인도로 갈 때 지원할 생각이었다. 그 대신에 그들은 내가 배표를 사도록 지원하였다. 나는 빠르게 짐을 챙겼고, 해리와 함께 떠날 준비가 되었다. 시간에 맞추어 배를 타야 하였다.

해리가 엘레노의 남학교 교장으로 생각하였던 선교 활동을 동생 타보가 할 수 있다고 여긴 것이 이 상황에 도움이 되었다고 나는 생각한다.

조단 그레이가 전차를 타고 샌킬다 집으로 오다.
2012년 6월

11. 호주인의 첫 한국 선교

헨리와 메리 데이비스의 한국 선교에 관하여 잘 모르는 사람들을 위하여, 요약한 이야기는 다음과 같다.

메리 할머니와 헨리 할아버지는 1889년 8월 21일 한국을 향하여 출발하였다. 메리는 바다 위에서 대부분 시간 뱃멀미를 하였다. 그들은 같은 해 10월 2일 나가사키를 통하여 부산에 도착하였다. 그리고 제물포로 계속 항해하여 10월 4일 도착하였다. 아침 8시 말을 타고 떠나 서울에 오후 4시경 도착하였다.

헨리는 머무를 숙소를 즉시 찾았고, 조선어를 배우기 시작하였다. 그들은 '영어예배'에 참석하였고, 전도원의 도움을 받아 서울의 주변 마을을 정기적으로 방문하기 시작하였다.

헨리는 곧 한국인들의 하루하루 생활에 젖어 들었는데, 그가 집에 쓴 다음의 편지가 그 모습을 잘 보여주고 있다.

  1890년 5월 1일, 171쪽
  고 헨리 데이비스의 편지
  1890년 1월 31일, 서울, 한국

나의 친애하는 친구들에게,

우리는 이곳에 신나는 일이 있습니다. 조선 상인들이 '파업'을 하고 있습니다. 일본 상인들, 특히 중국 상인들이 큰 부분의 상권을 소유하기 시작하였습니다. 이웃 강대국들이 조선인들에게 강요한 조약에 따르면, 강대국 대표부를 제외하고는 아무 외국인도 서울에 살 수 없도록 하고 있습니다. 그러나 왕은 다른 외국인들도 서울에 들어오기를 원하고 있고, 거부하지도 않고 있습니다.

지금은 그러나 조선 상인들이 조합을 만들어 6명 지도자의 지시대로 방을 게시하였는데, 일본과 중국 상인들이 떠날 때까지 상점의 문을 닫으라는 것과 세 가지 조약 중 하나를 말하는 내용입니다. 우리는 상인들보다 이곳에 있을 자격이 더 없는데, 우리도 떠나야 하는 것이냐고 그들에게 문의하였습니다.

"아니오. 상인들만 적용됩니다."

모두가 이렇게 대답하였습니다.

중국인들은 파수대를 뽑아 보초를 세웠는데 소방단원이라고 말하였습니다. 그들은 경찰단도 만들었고, 윈체스터 장총과 소총으로 무장도 하였습니다. 만약 일본과 중국 상인들이 힘을 합하면 정부는 어떻게 못할 것이라고 생각됩니다. 1884년 서울에서 일어난 분쟁은 일본과 중국인들의 싸움이었고, 그 후 두 나라의 군대가 철수한다는 조약이 체결되었습니다. 만약 조선이 일본과 연합하여 급진적인 정책을 채택하고, 중국의 종주권을 부인하면 심각한 시민 혹은 국제 전쟁의 위험이 있습니다. 얼마 전까지만 하더라도 온갖 소문이 떠돌아 다녔습니다. 예를 들어 대미 조선사절단원인 왕자가 그곳에서 중국 대사를 모욕하였는데, 왕자가 돌아올 때 중국인 거주자들은 중국의 명예를 지키기 위하여 그의 목을 베라고 명령하였습니다. 그 대신에 한국 왕은 오히려 왕자에게 높은 영예를 주었고, 중국인들은 매우 분노하여 위협을 가하였습니다.

그들은 그 왕자가 스스로 그 영예를 받지 않았다고 말하는데, 어떻게 되었든 간에 그 후 우리는 아무 소식도 듣지 못하고 있습니다. 이런 일로 문제가 일어날 수 있지만, 두 강국 사이에 있는 한국이 무엇을 할 수 있겠습니까? 현재 정부는 약합니다. 왕은 좋은 사람으로 인정받고 있지만, 모든 일의 진실을 듣기에는 불가능하다고 말합니다. 관리들은 많이 부패하여 있고, 경제는 희망 없이 파산되었습니다.

조선은 천연자원이 풍부합니다. 그러나 백성들은 하루하루 먹고 삽니다. 그리고 그들을 착취하는 탐욕스러운 관리들이 있습니다. 농부들의 형편은 그곳 관리들의 성향에 따라 많이 좌우됩니다. 만약에 나쁜 관리면 농부들이 반항 못 하게 모든 것을 쥐어짤 것입니다. 종을 부리는 것은 예사입니다. 왕은 종의 자녀들을 자유롭게 할 법령을 내렸지만, 강제적으로 시행할 수 없을 뿐 아니라, 저항이 너무 거세 무효로 하였습니다. 인구의 10% 정도가 노예라고 들었습니다.

양반들은 일을 하느니 차라리 굶는다고 합니다. 나의 한국어 교사는 자신의 집에 종종 음식이 없어 굶는다고 합니다. 아내들이 빨래를 하여 근근이 생활한다 합니다. 양반들의 아내는 엄격하게 집안에 분리되어 있습니다. 최소한 첫 번째 아내는 그렇습니다. 남성이 자신의 젊은 아내라도 싫증이 나면 또 다른 아내를 들이는데, 때로 돈 주고 사 오기도 합니다. 여러분이 격앙할 다른 이야기들을 나는 들려줄 수 있습니다.

이 모든 것이 밝고 아름다운 조선 땅에서 일어나는 일입니다. 순백의 눈이 지금은 이 지저분한 도시를 덮고 있습니다. 햇빛 아래 지붕이나 산기슭의 눈이 빛나고 있습니다. 이런 겨울은 나쁘지 않은데, 이곳의 추위가 너무 과장이 되어있다는 생각이 듭니다.

얼마 전 내가 배를 타고 강을 건널 때, 얼음 사이로 뱃길이 나 있었고, 맑은 물의 바닥을 막대로 밀며 나아갈 때, 큰 덩어리의 얼음이 뱃머리에 부딪치곤 하였습니다. 그러나 춥게는 느껴지지는 않았고, 영국이나 스코틀랜드의 겨울처럼 습기 차고 답답하여 우울하지 않습니다. 이곳은 낮에는 청명하고, 태양은 따뜻한 겨울입니다.

그러나 우리에게 격려가 되는 것은 아름답고 수용할 수 있는 날씨보다 더 좋은 것이 있습니다. 우리가 전하는 진리를 알려지지 않은 이 사람들 사이에서 전할 수 있는 용기가 필요한데, 최소한 이 도시의 악명 높은 부도덕을 견책할 수 있는 용기 말입니다. 우리는 지금 소위 기독교인이라고 하는, 더 잘 알고 있다고 여겨지는 사람들의 부당한 행위로 인하여 고민을 하고 있습니다. 조선에는 종교도 없지만 의식도 없는 것 같습니다. 그러나 나는 긍정적인 이야기를 하려고 합니다. 그런 이야기도 많이 있습니다.

어느 기독교인이 나에게 조선인 한 명을 데리고 왔습니다. 그는 자신이 왕의 먼 친척이라고 하며, 높은 자리에 있다고 하였습니다. 그는 우리서 전도인의 방문을 받았고, 많은 기독교 서적을 읽었다고 하였습니다. 그의 이름은 이채상이었는데, 그는 떠날 때 매우 예의바르게 말하였습니다. 내가 만약 자기를 방문하면 정중하게 맞겠다는 것이었고, 나는 그렇게 하겠다고 약속하였습니다. 약속한 방문을 내가 하였을 때, 일본식으로 된 미닫이문이 있는 한 방으로 안내되었고, 카펫 위에 앉게 되었습니다. 그 방에는 몇 사람이 있었고, 이채상은 몇 명을 더 데리고 방에 들어왔습니다.

그는 나의 한편에 앉았고, 다른 한편에는 젊은 양반 한 명이 다정하게 앉았습니다. 우리는 서로 인사를 나누었고, 이채상은 내가 준 중국어로 된 사도행전을 꺼냈습니다. 그리고 그것에 관심이 없어 보이는 자신의 친구들에게 그것을 보여주어도 되는지 물었습니다. 그때 그는 무언가 불편한 모습이었고, 나는 정확하게 무엇이 문제이었는지 몰랐습니다. 그때 그는 이곳의 감리교 형제 오링거 씨의 '죄의 나병'이라는 넓은 소책자를 꺼냈습니다. 그는 그것을 펴고 주위를 둘러보았습니다.

그러더니 그는 한지로 된 그 책을 펴서, 나에게 건넸습니다. 나는 그것을 크게 읽었고, 그 첫 내용은 '좋은 성격의 사람들은 이것을 읽으시오'이었습니다. … 그는 나에게 이 내용의 복사본을 몇 개 더 제공할 수 있는지 물었습니다. 방에 있는 친구들에게 주기를 원하였던 것입니다. 이 조선인들 사이에서 나는 흥분을 느꼈는데, 이 '높은 관원'은 자신의 친구들을 위하여 이 내용을 나누기 원하였던 것입니다.

나는 그 책을 나의 한국말 선생과 함께 읽었는데, 그 베껴 쓴 '죄의 나병'을 오링거 씨에게 보여주었다. 그는 그 소책자를 더 복사하자는 그 제안을 반겼고, 그렇게 하겠다고 하였습니다. 그러나 그는 그 소책자의 제목이 '좋은 성격의 사람들은 이것을 읽으시오'로 된 것에는 웃기만 하였습니다.

나는 조선 사람들 사이에서 영광스러운 예수 그리스도의 복음을 그들의 말로 전할 수 있다는 사실에 기뻤습니다. 나의 교사는 이 사람은 많은 설교를 들었다고 하였습니다. 나는 이런 높은 자리에 있는 사람이 교회에 들어오는 것은 어렵다고 하였고, 그는 '매우 어렵다'고 하였습니다. 이곳의 우리와 우리의 사역을 위해 기도해 주시기 바랍니다. 우리는 매일 지혜가 필요하고, 앞날에 대한 인도하심이 필요하고, 항상 '예배의 능력'이 필요합니다.

나는 주님의 종으로 여러분의 동역자입니다.

헨리 데이비스

헨리 할아버지의 일기에 의하면 예배를 위한 첫 작은 모임이 있었는데, '메리가 한 여성의 집을 방문하여 함께 웃음을 나눔으로 우정이 생기면서 시작되었다.' 이들은 또한 북장로교에서 온 선교사 호레스 언더우드 선교사 부부와 친하게 되었으며, 토론토대학의 청년기독협의회에서 파송한 캐나다 선교사 제임스 게일 박사와도 친구가 되었다.

게일은 서울지역을 순회한 후 배편으로 부산으로 갔고, 헨리가 그곳으로 오면 그를 만나겠다고 호레스 언더우드를 통하여 동의하였다. 헨리는 울프 주교의 편지에서 언급된 지역을 탐사하고, 선교 기지를 세울 곳을 찾을 계획이었다. 메리는 서울에 자리를 잡았고, 헨리는 언어 선생과 1890년 3월 14일 남쪽을 향하여 떠났다. 그는 거창, 진주 그리고 마산을 통과하여 부산의 게일의 집으로 향하는데 몸이 아파 다른 사람이 옮겨야 할 정도였다.

1890년 4월 5일 일본인 의사가 입회한 가운데 헨리 할아버지는 폐렴으로 악화된 천연두로 사망하였다. 게일은 서울의 메리에게 헨리의 마지막 순간에 대하여 편지를 썼다. 그리고 그들은 헨리를 복병산(높이는 낮아도 군사를 숨기기 좋은 산이라는 뜻) 언덕에 묻었다.

메리가 멜버른 코필드 집으로 돌아왔을 때, 또 다른 소식이 기다리고 있었다. 그들의 최고의 지원자 존 퍼거슨 어윙 목사가 1890년 5월 8일 장티푸스로 사망했다는 것이었다. 그의 나이는 40세였다.

 # 메리가 멜버른의 빌라 마리나 집에 도착하다.
1890년 6월

12. 다시 집에 오다

나의 가족이 있는 집으로 다시 돌아와 좋았다. 그러나 나를 기다리는 슬픈 소식이 있었다. 존 어윙의 충격적인 사망 소식이었다. 존 어윙은 해리와 존 데이비스와 매우 가까운 친구였다.

어떤 사람들은 스코트교회에서 열린 해리의 추모예배 때 어윙이 추도사를 읽었다고 생각한다. 그 추모예배는 5월 8일에 열렸는데, 내가 집으로 돌아오는 중 배에 있던 때였다. 그 추모예배를 내가 집에 도착하기까지 연기할 것을 나는 기대하지는 않았다.

나는 서울에서 추모예배에 참석하였다. 우리가 서울에 있을 때, 해리는 미국과 캐나다 선교사들에게 선교지에서 서로 부딪치지 않도록 장로교선교사공의회를 만들 것을 제안하였다. 이 제안이 받아들여져 해리가 첫 의장이 되었고, 1890년 그가 서울을 떠나기 전 첫 모임을 소집하였다. 이 공의회가 추모예배를 주관하였고, 나를 초청하였다. 나는 미국인이나 캐나다인이나 호주인 모두 한국인들과 함께 언젠가

한 가족이 될 운명의 사촌이라는 생각을 하였다.

어윙은 해리를 위하여 추모사를 썼지만, 그가 5월 7일 사망함으로 그의 음성으로 내용을 듣지는 못하였다. 원래는 다음 날 2시 30분 시내의 스코트교회 추모예배에서 추모사를 읽을 계획이었었다. 내가 집에 도착하였을 때, 날짜가 지난 그 추모예배를 알리는 교회 문건이 나를 기다리고 있었다. 그날 어윙이 예배 시간에 참석을 하지 못하여 다음과 같은 일이 발생하였다.

존 어윙이 사망한 날 저녁은 해외선교위원회 존 페이튼 목사의 취임식 날이었다. 이방인선교위원회와 함께한 것으로 나는 기억한다. 그들은 해리와 나에 대하여 다음과 같은 기록을 남기었다.

장로교 해외 선교위원회 회의록
   1890년 5월 7일

1890년 5월 7일, 멜버른 콜린스 가의 총회 회관에서 해외 선교위원회가 열렸다. 회장: 하디, 회원: 윌슨, 케인스, 알렉산더, 페이튼, 카슨, 머레이, 생크, 맥도날드, 맥길버리.

앤드류 하디는 이방인선교위원회의 회장이기도 하다. 그는 최근에 사망한 헨리 데이비스에 관한 기록을 발의하였고, 통과되었다.

해외 선교위원회는 큰 손실에 관한 깊은 감정을 기록으로 남기기 원한다. 우리의 첫 한국 선교사 헨리 데이비스의 이른 죽음을 교회는 확인하였다. 선교를 향한 데이비스의 집중된 헌신은 학자로서의 눈에 띄는 능력과, 기독교인 생활의 일관성과, 다른 사람들을 끌어들이는 능력은 성공의 기대와 함께 새 선교를 시작하고 진행하는 데 훌륭하게 적합하였다.

이 경험은 그리스도가 그의 교회보다 먼저 선교를 시작하였다는 '열린 문'을 보여주었고, 이 선교의 영향은 우리의 젊은이들에게 여러 가지로 영향을 미치며 격려가 되었다.

우리는 상실감에 깊이 애통하지만, 데이비스에게는 오직 얻은 것만 있었다는 것을 기억한다. 우리 주님은 스데반에게 그랬던 것처럼 그를 영광스럽게 하셨고, 이른 안식과 상을 주셨다. 우리의 희망의 표현으로 슬퍼하는 가족이 위로를 받기를 원하며, 성령의 역사하심에 의하여 많은 사람들이 자극받기를 바란다. 그리고 그와 같이 실천하여 먼저 떠난 우리의 사랑하는 형제에게 주어진 같은 영광의 관을 받기를 바란다.

데이비스 양이 돌아올 때까지 한국 선교에 대하여 아무런 결정을 하지 않기로 동의하다.

> 더 프레스비테리안 먼슬리
> 1890년 6월 1일, 214쪽
> 1890년 5월 8일 예배 – 헨리 데이비스를 추모하며
>
> 우리의 한국 선교사인 고 헨리 데이비스 추모예배가 5월 8일 스코트교회에서 열렸다. 교회당은 꽉 찼으며, 예배는 거룩하고 인상적이었다. 관심이 더 증폭된 것은 연합회의 부회장인 존 어윙이 그 전날 사망하였기 때문이었다.

친교연합회의 회원들이 앞자리를 채웠으며, 동편 의자는 데이비스가 창설한 코필드 그래머 학교의 학생들과 교사들로 채워졌다. 수랑의 의자들은 데이비스의 가족과 친척들을 위하여 예약되었다. 총회의 많은 대표회원들도 자리를 잡고 앉아 있었다.

추모예배는 찬송가 '하나님은 신비로운 방법으로 역사하신다'를 부르며 시작되었고, 마셜 목사의 아름답고 적절한 기도가 있었다. 로빈 목사는 고린도전서 15장의 한 부분을 읽었다.

총회장이자 연합회의 명예 회장인 맥도날드가 다음에 나서 한국 선교에 열정이 있었고 데이비스의 친한 친구였던 존 어윙이 설교하려고 계획되어 있었다고 밝혔다. 그러나 어제 그는 '네 주인의 즐거움에 참여할지어다'라는 주님의 음성을 들었다고 하였다. 그 이유로 렌토울 박사가 설교를 대신하게 되었다고 설명하였다.

렌토울 박사는 본문으로 출애굽기 13장 13절을 선택하였는데, 그 내용은 '광야 길로 돌려 백성을 인도하시매'이었다. 그는 말하기를 이스라엘 백성은 그 날 사망의 골짜기에 모였다고 하였다. 하나님의 영원의 숨결이 그들의 얼굴에 들이쳤다. 자신의 친구에 관한 설교를 하려던 자도 넘어졌고, 그의 강한 손에 수평도 무너졌다. 설교자는 하나님의 방법은 사람들이 일하는 방법과 어떻게 다른지 설명하였고 그리고 그의 목적은 종종 실패한 계획이나 고통 그리고 슬픔을 통하여 더 빨리 이루어진다고 하였다.

설교자는 광야에서의 이스라엘 백성의 고난에 대하여 말하였고, 그 결과로 이집트에서 나올 때의 약하고, 작은 가슴의 노예에서 전사의 국가로 변모하였다고 하였다. 갈렙과 여호수아 같은 지도자가 탄생하여 거인들도 힘거워하고, 여리고의 탄식도 위험에서 벗어나게 하였다고 하였다.

설교자는 어윙과 데이비스의 생애와 죽음이 오늘 여기에 슬픔과 고통을 주고 있다고 말하였다. 우리가 인간의 외침과 하나님의 영원을 무시하면 오는 고통이라고 하였다. 이러한 고통과 슬픔은 인간들이 이기적이고, 세속적이고, 동정심 없고, 자만한 것을 멈추게 한다고 강조하였다.

그는 계속하여 리빙스톤이나 다른 선교사들의 죽음으로 선교사역이 멈추었던 예를 설명하였는데, 그럼에도 선교의 기동력은 하나님의 종 한 사람의 죽음으로 중지되지 않는다고 하였다. 상실이나 죽음이 진실된 마음의 그리스도의 사역과 선교를 꺾지 못한다고 하였다. 우리의 형제 두 명을 잃은 것은 세상이나 물질에 의지하는 교회의 잘못을 보여주는 것일 수 있고, 더 나은 사역을 위한 우리들의 삶을 추동하는 데 필요했던 날이 선 배움일 수 있다고 하였다. 하나님의 사역은 중단되지 않을 것이며, 한국에서 계속 일하려는 의지가 줄어들지 않을 것임을 믿는다고 하였다.

연합회 지부인 코로이트, 워낭볼, 마운트 프로스펙트 그리고 프라한의 대표들과 발라렛의 세인트 존 협회에서 온 전보는 모두 데이비스의 죽음을 애석해 하였다. 아델라이드와 뉴사우스웨일스의 친교연합회도 편지를 보내왔는데, 가족과 빅토리아 연합회에 위로의 말을 전하였다.

다음으로 친교연합회의 회장인 로버트 길레스피가 연설하였다. 하나님의 처리법은 놀라운데, 렌토울 씨가 말한 대로 영원의 숨한 번으로 불러들일 수 있다고 하였다. 기독교인은 위기를 맞을 때, 다른 사람들과 다르다고 하였다. 그들의 계획은 망가졌지만, 하나님이 새롭게 하시리라는 것을 그들은 안다고 하였다. 청년연합회는 장로교회의 희망이며, 하나님이 심하게 가지치기를 하셨으니, 앞으로 열매를 더 맺을 것이라 하였다. 그는 청년들에게 데이비스의 발걸음을 따라가기를 촉구하였다.

장로교회의 이방인선교회 회장 앤드류 하디 목사는 순교자의 죽음이 어떻게 그리스도의 사역을 더 위대하게 확장하였는지 잘 설명하였다. 남멜버른 거룩한 5중주단도 '소명의 역할'을 매우 영향력 있게 연주하였다.

그다음에는 코필드 성공회의 매카트니 신부의 연설이 있었는데, '벽에 쓴 글씨'의 상징으로 교회의 최근 상실에 대하여 이야기하였다. 그 말씀의 해석은 많은 것을 배울 수 있도록 주의를 끌었다. 궁극적인 축복을 그는 믿는다고 하면서, 왜 이러한 사별이 필요하였는지 또 어떤 것을 찾기를 원하였는지 성찰하기 원한다고 하였다. 선교에 관하여서는 두 가지 영향이 있을 것이라고 하였다. 하나의 목적은 문이 닫혔지만, 다른 것은 눈처럼 빛난다고 하였고, 한국 선교의 운명은 용감한 자들을 더 용감하게 할 것이라고 하였다.

총회장은 데이비스를 15년 전부터 알았다고 하였다. 당시 그는 코피드 학교의 교장이었고 교사이었으며, 다른 일 중에도 그 일에 그는 성실하였다. 데이비스는 학생들의 지적인 수준과 영적인 수준을 끌어올리기 위하여 노력하였다고 하였다.

코필드 학교 데이비스의 제자이었던 크로스비 씨가 단상에 초청되었고, 데이비스가 학생들의 영적인 진실을 위하여 어떻게 노력하였는지 증언하였다. 데이비스는 학생들이 운동장에 있을 때도 도박이나 다른 악에 빠지지 않도록 돌보았다고 하였다. 학생들은 모두 그를 사랑하였고, 데이비스의 가르침대로 의로운 길로 들어선 학생들에 대하여 그는 말하였다.

그리고 헌금 시간이 있었고, 그동안 오르간 연주자 에드슨 씨가 '사울의 죽음 행진곡'을 연주하였다.

감리교 레이디스 칼리지 벨포어 씨가 마지막 연사였다. 그는 연사로 초청될 때 망설였다고 하였다. 그러나 어윙의 친구들과 상의를 하여 3주 전 코필드의 추모예배에서 있었던 어윙의 설교를 인용한다고 하였다. 어윙은 한국 선교에 대하여 언급하였었다.

"만약 그들이 성공하였다면, 육신의 팔에 의지하고, 생각도, 믿음도, 돌봄도 없었을 것이다. 그리스도의 선교는 그의 의지이기에 항상 죽음에서 부활한다. 성공은 재산과 편안함이 아니고, 영원한 신앙의 생명이다."

이 추모예배는 2시간 반 동안 진행되었다. 남 5중주단의 '아 저 건너에 있을'의 후주가 있었고, 총회장이 축도로 예배를 모두 마치었다.

청년연합회의 길레스피 회장은 이미 헨리 데이비스에 관하여 다음과 같은 기록을 남기었다.

더 프레스비테리안 먼슬리

1896년 5월 1일

헨리 데이비스의 죽음

우리의 친구가 한국에 복음을 전하는 특별한 사명을 가지고 안수를 받은 지 몇 개월밖에 지나지 않았다. 그를 파송한 지 이제 6개월이 조금 지났을 뿐이다. 청년친교연합회가 그를 후원해야 한다는 제안을 열정적으로 수용하고 책임을 맡았다. 그리고 헨리와 메리의 파송예배에 참석하였던 사람들은 그 당시 가졌던 끝없는 자부심과 높은 희망 그리고 모든 마음에 채워진 따뜻한 성찰의 기억을 아직도 가지고 있다.

헨리와 메리의 여정은 순조로웠으며, 이미 그곳에 있던 기독교인들의 환영은 기대 이상이었고, 외로움과 소외감 대신에 친절과 환영이 그들을 맞이하였다. 그들은 한국어를 빠르게 습득하였으며, 그는 곧 한국어로 한국인들에게 설교할 수 있을 것으로 기대하였다. 모든 것이 우리의 희망을 넘어서 잘 진행되며 고무적인 것 같았다. 연합회 회원들은 진정어린 관심을 보여 왔고, 해가 가기도 전에 봉급을 제공하므로 애정을 표하였고, 그 선교를 어떻게 더 강화해야 할지 숙고하고 있었다.

그리고 지금 우리는 갑자기 그가 부르심을 받았다고 들었다! 헌신적인 삶과 충만한 약속, 희생적인 노동은 끝이 났다. 그의 태양은 정오가 되기도 전에 내려갔다.

그렇게도 희망적으로 시작되었던 사역은 짧게 끝이 났고, 우리 젊은이들의 삶의 고귀한 포부를 촉진시킬 좋은 본보기는 사라졌다. 우리 연합회에 이렇게 큰 믿음의 시험이 있어 본 적이 없다. 하나님이 내리치셨을 때 아무 말도 못하던 다윗과 같다. "내가 잠잠하고 입을 열지 아니함은 주께서 이를 행하신 까닭이니이다"(시 39:9).

이러한 방법의 하나님의 약속은 헤아릴 수 없다. 그러나 그는 모든 것에는 흠결이 없으시고, 우리는 그의 의지 앞에 순종한다. 그는 우리에게 말씀하셨다. "무릇 열매를 맺는 가지는 더 열매를 맺게 하려 하여 그것을 깨끗하게 하시느니라." 가지가 더 많은 열매를 맺게 하려는 농부의 더 원대한 계획을 우리는 신뢰한다.

하나님이 불러 가신 우리의 형제로 인하여 우리는 감사할 뿐이다. 그는 안식에 들어갔고, 의로운 자를 위한 빛나는 보상이 그의 앞에 있다.

우리는 그의 누나를 위해서 하나님께 신실한 기도를 드린다. 우리가 주일 아침 모일 때마다 은혜의 왕관 앞에 그들을 기억할 것이라고 우리는 서약하였고, 신실하게 지켜 왔다. 이제 우리는 기도해야 할 한 사람을 잃었고, 다른 한 사람은 슬픔과 외로움과 시험 속에 있다! 우리가 그녀를 위하여 기도를 멈추는 죄를 짓지 않도록 하나님께 기도한다.

한국 선교 활동이 멈출 것이라고 우리는 믿지 않는다. 다만 우리의 질문은 이러하다.

"누가 이 기회 속으로 뛰어들 것인가?"

"죽은 이를 위하여 누가 세례를 받고, 그의 사명을 이어갈 것인가?"

추수의 주님께서 일꾼들을 과수원으로 보내시기를 기도한다.

로버트 길레스피

헨리의 동생 존 조지 데이비스도 같은 선교지에 다음과 같은 추도
사를 남기었다.

더 프레스비테리안 먼슬리

1896년 5월 1일

헨리 데이비스를 추모하며

무거운 마음으로 나는 나의 형의 짧은 생에 관하여 메신저 독자들에
게 글을 쓰기 위해 펜을 든다. 형이 사망하였다는 슬픈 소식은 4월
10일 한국으로부터 왔다.

내가 거슬러 그를 기억하는 것은 형이 11살이었을 때 그의 신앙에
관한 것이다. 그가 그리스도를 자신의 구주로 언제부터 믿고 있었는
지 나는 모른다. 그러나 그때부터 나는 그가 그리스도의 신실한 추종
자이자 신앙인인 것을 알고 있다. 그는 나도 구원의 길의 분명한 확
신을 갖도록 도왔다. 1869년 형이 13살 되었던 해 우리의 아버지는
사망하셨고, 그는 장남으로 우리 집안의 많은 일이 그에게 주어졌다.
형은 아버지의 뒤를 따르려는 의도로 제닝스 앤 쿠트 변호사 사무실
에서 일을 하였고, 사무실 시간 전과 후에 공부하여 대학입학 시험에
합격하였다. 그는 사무실의 법률 서기가 되었다. 당시 우리는 코필드
의 매카트니 목사의 목회하에 있었는데 이것은 해외 선교에 꿈이 있

던 형의 열정 때문이었다.

형은 이방인 세계의 필요에 대하여 큰 관심을 가졌고, 가서 모든 민족을 제자로 삼으라는 그리스도의 명령을 심각하게 받아들이고 있었다. 해외 선교지로 마음을 빼앗긴 그의 심장은 다시 바뀌지 않았다. 그는 법학 공부를 포기하였고, 이미 얻은 지위와 사무실의 친절한 배려 그리고 촉망되는 미래에 미련 없이 등을 돌렸다. 형은 대학에서 문학학사를 하기 원하였고, 공부하는 동안의 생활을 위하여 그는 투락 칼리지의 기숙사 사감이 되었다.

인도에서 부름이 왔을 때 형은 대학교 1학년 시험을 통과하고 있었다. (인도 북동부에 있는) 일루루시에는 이미 우리의 누이가 일하고 있었고, 그곳의 알렉산더 목사를 지원하는 일이었다. 형은 그것을 하나님의 부름으로 받아들였고, 거룩한 음성에 순종할 준비가 되어 있었다. 그는 떠났고, 텔루구 언어를 열심히 배워 곧 설교할 수 있게 되었다. 그러나 그는 고열에 시달렸고, 18개월 만에 집으로 돌아가라는 의사의 권고가 있었다. 집에 돌아온 그는 매우 약하고 아팠으나, 몇 개월 후 그는 중단되었던 대학 공부를 다시 하기 시작하였다. 형이 하는 다른 많은 일들을 생각할 때 그리고 건강도 썩 좋지 않았음에도 2학년 때 고전학 우등을 하였고, 3학년 때는 자연과학 장학금과 고전문학에 우수한 성적을 거두었다. 대학 학위를 마친 후에 그는 다시 선교지를 생각하고 있었다. 그러나 인도로 돌아가는 것은 허락되지 않았고, 멜버른 사회에서도 그를 필요로 하고 있었다.

여러 가지를 고려한 후에, 형은 코필드 그래머 학교를 시작하였다. 그리고 우리가 아는 대로 그는 그 일에 성공하였다. 그러나 그는 만족하지 못하였다. 학교를 자신과 같이 효과적으로 운영할 사람은 많이 있지만, 이방인 선교는 누가 할까? 형은 생각하였다. 선교의 걸림돌을 하나씩 치우더니 그는 마침내 장로교회의 한국 첫 선교사역에 자신을 기쁘게 지원하였다.

형이 한국을 선택한 이유는 타오르는 인도의 날씨에 비하여 한국의 날씨가 온화하고, 그것으로 좀 더 오래 자신이 사랑하는 일을 할 수 있을 것이라고 생각하였기 때문이다. 그리고 그곳에 선교의 필요성을 절감하였기 때문이다. 그는 그리스도의 이름이 전해지지 않은 곳에 복음을 전파할 불타는 열정이 있었다. 그는 다른 사람들은 안 가는 곳에 갈 준비가 되어있었고, 고생을 각오하고 있었고, 주님의 나라를 확장할 수 있다면 자신의 생명도 귀하지 않다고 여기고 있었다. 장로교회의 목사로 안수받기 위한 신학 과정을 위하여 에든버러로 떠날 때, 그는 자신의 학교 학생들에게 말하였다. 12살 이후 처음으로 그의 모든 시간을 공부에만 전념할 수 있게 되었다는 것이다. 그가 그곳에서 얼마나 시간을 유용하게 보냈는지 멜버른노회 목사들과 목사 안수 시험관들은 그가 멜버른으로 돌아오자 알게 되었다. 그는 또한 오랫동안 재정을 보수적으로 운영하였고, 그렇게 실천하였다. 그는 정직한 학생이었고, 자신의 삶의 참된 일을 할 수 있는 힘과 지식이 있었다.

한국에서의 짧은 사역이 진행되었고, 형의 소식이 도착하였다. 그가 한국어를 열심히 공부하고 있다는 소식과 함께, 그는 선교 일을 시작하고 있었고, 구약의 히브리어를 주의 깊게 공부하면서 번역 작업을 도울 생각을 하고 있었다. 그에게서 전보다 더 큰 충만한 에너지와 생명이 느껴졌고, 장차 유용할 공헌을 할 희망 속에 있었다.

형의 마지막 편지에는 그가 서울을 떠날지 말지 고심을 하고 있었다. 서울에는 이미 선교사들이 몇 명 있지만, 다른 지역에는 거의 없다는 것이었다. 그는 당장은 떠나지 않지만 조용히 순회전도를 하겠다고 하였다. 또한 3개의 도를 방문할 수 있는 여권을 가지고 있다고 그는 언급하였다.

그러나 하나님이 그를 부르셨다. 그는 이제 겨우 33살이다. 천연두로 인하여 사망하였다는 전보에는 그의 누나의 서명이 있었고, 그녀는 가장 깊게 위로를 받아야 할 사람이다.

많은 사람에 의하여 기억될 한 사람에 대하여 나는 사실을 기술하였고, 그는 가장 순결하고, 친절하고, 관대하고 그리고 자신을 부인하였다. 이런 사람을 알게 된 것은 특권이었다. 나와 나의 형제자매들에게 형은 어떤 사람이었는지 여기에서 말하지는 않겠다.

우리가 깊은 순종 속에 경배하는 것은 주님의 뜻이 이루어질 것임을 믿으며, 우리가 깨어 있던 잠을 자던 그의 은혜가 지켜줄 것이라는 것을 알기 때문이다.

존 조지 데이비스

13. 첫 호주인 선교사의 유산

존 어윙 목사는 헨리가 '먼 곳으로 떠나', 그리스도를 위하여 '미지의 세계'를 개척하려는 결정에 일부분 책임이 있었다. 한국으로 간 헨리로부터 받은 편지가 당시 신문에 다음과 같이 실리었다.

다음의 편지는 한국의 첫 선교사 헨리 데이비스가 어윙 목사를 통하여 장로교 청년남친교연합회에 보낸 것이다.

그리고 어윙도 헨리의 죽음 약 5주 후에 사망하였다. 다음은 어윙이 준비하였으나 자신의 음성으로 발표하지 못한 헨리에 관한 추모예배 설교이다. 이 원고는 그해 8월 투락교회가 'Unsearchable Riches of Christ'란 제목의 어윙 설교집에 포함되어 출판되었다. 다음은 그 일부분이다.

헨리 데이비스를 추모하며

(중략) 그러나 그리스도를 따라 멀고 위험한 선교지로 가라는 조용한 부르심은 단지 영국인이나 스코틀랜드인에게만 들린 것은 아니다. (호주의) 빅토리아인에게도 들렸다. 지난 8월 스코트교회에서 열린 우리 총회의 희년 예배 때, 헨리 데이비스는 처음으로 아시아 대륙에 있는 한국으로 가기 위하여 안수를 받았다. 그리고 남청년연합회 회관에서 열렸던 여러 친교회 대표모임에서 그에게 성공의 축복을 빌어줄 때 여러분 중에도 참석한 사람이 있다. 모두들 그리스도의 나라가 확장되는 것에 대하여 기뻐하였다. 하나의 교회로서 우리는 한 방향을 개척하였고, 그 방향은 무한한 가능성을 내재하고 있다.

그러나 떠나간 우리의 친구를 친밀하게 알았던 몇몇만이 그가 얼마나 이 일을 위한 탁월한 자질이 있었는지 알았고, 또한 하나님의 손이 그 특정한 문을 열고 계시다는 것도 몇 사람밖에는 몰랐다. 그런데 친교연합회 모임이 필요한 재정을 지원하는 과정에서 우리 교회의 젊은 기독교인들의 열정이 데이비스의 그 선교를 마음 중심으로 받아들였다는 것이다.

계속 도착하는 그의 편지로 우리는 흥미롭고 새로 개방된 나라에 관하여 알기 시작하였고, 선교가 어떤 모습으로 진행되어야 하는지도 배우기 시작하였다. 그는 빛나는 영성 속에서 글을 썼다. 그는 언어를 신속하게 배우고 있었고, 미국인 동역자들 사이에서 기독교적 형제애를 가슴으로 느끼고 있었다.

그의 누나와 그는 그곳 사람들과 교제하기 시작하였고, 장차 빅토리아의 선교를 위한 장소를 물색하고 있었다. 그리고 더 많은 선교사를 보내야 한다고 촉구하였다. 우리가 아는 그는 단호하지만 현명한 사람이었고, 학구적이지만 단순하고 진실하고, 운영과 화해의 능력이 있는 사람이었다. 교육적이고 진취적인 선교지도자가 필요할 때 더 낳은 적임자가 없을 것이라고 우리는 여겼고, 온유하고 젊은 그 빅토리안이 언젠가는 저명한 아시아의 선교사가 될 것이라고 우리는 생각하고 있었다.

하늘에는 구름 한 점 없었다. 만약 위험과 정치적 혼란이 있다면, 그는 위험을 직면하는 사람이었고, 혼란한 상황도 극복해 나갈 수 있는 사람이었다. 우리 교회의 대표로 파송되어야 한다는 제안이 있을 때부터 시작하여 모든 한 단계 한 단계가 분명하였다. 이 모든 절차처럼 쉽고 부드럽게 진행되었던 때가 있었던가?

그러나 신문에 난 서너 줄의 기사가 우리의 눈을 크게 뜨게 하였다. 우리의 한국 선교는 새로 만든 무덤 정도라는 것을 알았다. 나는 고백하기를 우리의 친구가 사망하였다는 끔찍한 기사가 적힌 간단한 내용을 읽었을 때, 나는 한두 시간 동안 악한 운명이 나타나 우리의 사역을 산산조각냈다고 느끼었다. 이 비극에 하나님의 임재하심을 전혀 인지하지 못하였다. 그러나 나중에 데이비스가 사랑하고 신뢰하였던 한 친구가 나에게 말하므로 믿음이 다시 생겨났다.

우리가 누구건대 하나님을 판단할 수 있을까? 초대교회 때 스데반의 무덤에서 울고 있던 여인이 영적인 힘을 깨달아 새 힘으로 더 큰 일을 할 수 있지 않았던가? 헨리 마틴의 죽음이 인도 선교에 큰 힘이 되지 않았던가? 윌리암스의 죽음으로 인하여 유럽의 교회들이 뉴헤브리데스를 그리스도께 인도하지 않았던가?

오! 친구들이여, 아니다. 만약 선교나 다른 모든 것이 우리 생각대로 되었고, 성공하였다면 우리는 육신의 팔에 의지하기 시작할 것이고, 생각과 믿음도 없어질 것이고, 그러면 그리스도도 없을 것이다. 그리스도로 인하여 그리고 그리스도에 속한 사람은 항상 죽음에서 승리로 옮겨가지 않는가?

떠나간 친구의 성품과 생애에 관하여 길게 언급한 것을 나는 사과하지 않는다. 여기에서 그에 관하여 길게 이야기하거나 그가 한국기독교 역사에 영향을 끼칠 만큼 오래 살았더라도, 그는 자신이 길게 언급되는 것을 본능적으로 꺼렸을 것이다. 그의 업적이 스스로 말할 것이니 말이다. 그의 사역은 거의 시작되지도 못하였지만, 그의 높은 희망과 강하나 부드러운 성품과 원망 없는 일생의 용감한 선교사라는 이미지가 우리에 말씀을 남기고 있다. 감히 말하지만 그도 우리와 같이 흠결이 있었을 것이며, 그것을 극복하기 위하여 노력하였을 것이다. 가장의 죽음으로 비교적 젊었을 때부터 가족을 이끌어야 하였고, 동생들을 먹이고, 학교를 창립하는 일은 힘겨운 투쟁이었을 것이다. 그리고 아무도 그런 투쟁 속에 상처 없는 사람은 없다.

그러나 그의 흠결은 무엇이었을까? 나는 모른다. 나는 그에게서 어떤 잘못도 보지 못하였다. 나는 종종 그와 오랜 시간 이야기하였다. 그의 말에서 어떤 화나 나쁜 감정을 내포하는 것을 나는 들어보지 못하였다. 심지어 나는 그의 말에서 그의 신앙과 진실함을 의심할 만한 것을 한순간도 보지 못하였다. 나는 그와 캠핑이나 도보 여행을 함께 가곤 하였는데, 그는 놀라운 등산가였다. 그러한 동행에서는 사소한 성격이 나오기 마련인데, 내가 만난 사람 중에 그는 가장 이타적인 청년이었다.

그에게는 비범한 에너지가 있었는데, 그것은 많은 고난을 극복한 에너지였고, 더 많은 어려움을 헤쳐 나갈 운명의 힘이었다고 생각한다. 그러나 그 에너지는 조급함으로 치닫는 에너지는 아니었다. 그에게는 완고해지지 않는 정직함이 있었는데, 그것은 그의 학문과 지적인 열망이 조화를 이루었기 때문이다. 그는 온유하였고, 그 온유함은 그의 친구들보다 더 뛰어났다.

그가 선교지로 돌아가겠다고 나에게 말하였을 때, 나는 격려하고 싶지 않았다. 그의 손에서 멋지게 성장하는 그렇게 큰 학교를 떠나는 것이 아쉬웠기 때문이다. 멜버른의 교사들이나 기독교인 사이에서 그리스도에게 그 정도로 헌신하는 사람은 매우 드물다고 생각된다. 그러나 인도에서의 짧은 선교사 경험은 선교 열정을 불러일으켰고, 그것은 절대로 꺼지지 않았다.

그의 친구인 매카트니가 한국을 언급하고 그곳에 영국인 선교사가 없다는 말을 시작한 후로, 그는 한 가지씩 문제를 해결하며 그 방향만 견고하게 바라보았다. 그의 길 앞에 있는 악성 질병이 있어 자신이 죽는 줄 알았더라도, 그는 결코 한순간도 자신의 결심을 바꾸려고 하지 않았을 것이라고 나는 믿는다. 비록 앞날을 알 수 없고, 그가 그렇게 빠르게 영생의 도시로 떠날 것이라는 것을 몰랐지만, 그는 그것이 자신을 위한 하나님의 인도함이라고 믿었고, 나도 그렇다고 생각한다.

나는 그가 장차 선교단체의 중요한 지도자가 되는 것을 그렸었기에, 평범한 선교사로 가기를 원하였다. 그는 이것을 위하여 에든버러의 신학교를 갔고, 돌아와서는 모든 목사에게 요구되는 시험을 수월하게 통과하였다. 처음에 그는 한국으로 떠나는 시간을 몇 개월도 늦추지 않으려고 스코틀랜드에 갔지만, 그 제안의 지혜를 깨닫고 그곳에서의 일과 생활에도 에너지를 쏟았다. 그는 자신의 옛 고향에서 발견한 지적이고 영적인 영향들을 숙고하며 흡수하였던 것 같다. 하나님이 그가 더 큰 차원의 일을 위하여 이 땅의 문화를 온전히 배우게 하신다는 생각을 우리는 하지 못하였다. 그의 열정적이고 사랑스러운 정신은 계속 일하였고, 지금도 일하고 있다는 것은 그리스도를 믿는 사람이면 한순간도 의심할 수 없다. 그토록 열망하였던 나라에서 그가 몇 개월이라도 일할 수 있었다는 것에 우리는 위안을 받는다. 그와 그의 누나는 친절하고 같은 생각을 가진 동료들을 만났다. 그보다 앞서 갔던 현지의 선교사들은 그들을 적극 협력하였다. 미국 감리교와 장로교 선교사들과 긴밀하게 일하며 좋았던 내용이 그의 편지의 주된 내용이었다. 이 친구들이 마지막에도 그와 함께 있었고, 그의 누나를 위로하고 지원하였다는 사실이 우리에게 깊은 위로가 된다.

그의 편지를 여러분께 읽지는 않지만, 2주 전에 받은 편지의 한 문장은 생략하기에는 너무 중요하다. 그와 그의 누나가 수도인 서울에서 기독교 사역자가 없는 다른 도시로 떠난다는 소식이었다. 이것에 대하여 감리교의 선교회장이 반대하였는데, 데이비스의 학업 성취와 언어의 적성으로 볼 때 수도가 더 낫다는 이유였다. 그러나 그는 다음과 같이 편지에 덧붙이고 있다. "한 사람만이 꼭 필요하다는 생각을 할 만큼 나는 어린아이가 아닙니다."

한국 선교에 그가 꼭 필요한 사람인가를 우리에게 묻는다면, 우리는 그렇다고 대답하였을 것이다. 그러나 그의 온유한 겸손은 더 높은 지혜를 가르쳤는데, 없어서는 안 될 사람은 없다고 그는 생각하였다.

우리도 그런 신앙을 가질 것인가? 나는 우리가 교회로서 잃은 것을 과소평가하지 않는다. 이렇게 다양한 은사를 가진 사역자는 거의 없다. 그러나 특정한 한 사람만이 절대 필요한 것은 아니다. 그 사람이 사라졌기 때문에 사역이 무너져서는 안 되며, 특히 그의 이름과 생애 그리고 그의 조용한 말의 강력한 주문이 우리와 함께 있는 한 말이다.

전장에서 사망한 자신의 대장에 대한 기억이 종종 부하들을 승리로 이끈다. 우리에게도 그렇지 않을까? 그의 평생의 위대한 사역이 시작될 때 병으로 그렇게 젊은 나이에 죽는다는 것이 그에게는 힘든 현실이었을 것이다. 그러나 그에게 열 배나 더 힘든 것은 빅토리아의 후원자와 지지자들이 선교지를 포기한다는 사실이고, 그가 없기 때문에 한국에서 철수한다는 것이지 않을까.

우리는 그가 한국에서 일할 때와 그의 편지가 바다 건너 도착할 때보다 지금 더 우리와 가까이 있다고 생각된다. 지금은 그가 그리스도와 함께 있다고 그렇게 느끼지 못하는가? 그 그리스도가 우리와 함께 있는데 말이다. 내가 이곳에 왔을 때부터 나는 그와 친교하며 많은 것을 나누었고, 그의 생애의 큰 열망을 이루도록 도울 수 있었다. 이것은 나에게는 과분한 특권이었고, 그에 대한 기억이 나와 함께 있어 내가 깨어 있도록 영향을 끼치고, 나태함을 책망하고, 그리스도를 위하여 더 헌신하도록 기도한다. 내가 아는 많은 다른 동료들도 같은 기도를 하고 있을 줄 믿는다. 하나님이 인도하신 그의 아름답고 헌신된 삶 앞에서 그리고 주님도 그 정도의 나이에 사망하셨다는 생각을 하면서, 우리의 삶이 나태하고 공허해 보이지는 않는가? 오 형제들이여! 이와 같은 죽음 앞에서 우리에게 영생의 빛이 비쳐올 때, 많은 사람들이 도시에서 정열을 쏟으며 의미 없는 기도의 중얼거림과 그리고 입안 가득한 말과 소리 그리고 분노가 공허한 삶임을 보여주지 않는가.

무엇이 성공인가? 편안함과 사치함으로 우리 자신을 두르고, 가족에게는 돈을 남기어 서로 싸우게 하고, 그 돈을 소비하기 좋아하는 가련한 바보들을 위하여 멸망의 길을 넓고 쉽게 만드는 것이 아닌가? 그것을 성공이라고 당신은 정말 말할 수 있는가? 우리가 지금 목도하는 것이 이런 모습들이다.

성공은 다른 이들의 생명을 사랑하며, 검소하고 진실하고 그리고 집중적인 삶, 그리스도를 위하여 헌신하는 삶, 사람들의 마음속에 남는 삶이다. 꺼지지 않을 사랑의 부드러운 빛이 밝혀졌고, 그것은 어둠이 사라지고 날이 밝을 때 더 큰 찬란한 빛으로 흡수될 것이다.

2장

한국으로의 약속

조단 그레이, 가족의 별장
   더 스페로우스 네스트, 솜머스 비치, 웨스턴포트, 빅토리아
   그의 애견 보이와 함께 절벽 위를 걷다.

1. 빅토리안이 유산을 주장하다

빅토리아장로교회가 한국에 남긴 헨리의 유산을 주장한다. 존 브라운 목사는 다음과 같이 말하고 있다.

> 그의 죽음은 빅토리아장로교회가 강한 소명 속에 그 지역(경상남도) 복음화를 위한 책임을 받아들이도록 일깨웠다.

2. 빅토리아여선교연합회

호주 빅토리아에서는 1890년 지롱에 있는 세인트 조지교회에서 헨리의 동생 존 데이비스 목사를 청빙하였다. 인도선교사 사라는 또 다른 인도선교사 존 케인과 결혼하였다. 이들은 발라렛에서 휴가를 가지고 있었는데, 어느 날 기차를 타고 지롱을 방문하여 존과 애니를 몇일간 방문하였다.

이 방문 기간에 다음의 대화가 세인트 조지의 목사관에서 있었다.

(존 데이비스) 애니, 「사우든 크로스」 지를 읽고 있군요. 무슨 흥미로운 내용이 있나요?

(애니) 예, 있어요. '의뢰자 C'라는 무명의 사람이 50파운드를 제시하고 있는데, 만약 빅토리아 여성들이 여성 선교를 목적으로 한 여성 단체를 창립하면 이 돈을 기부하겠다는 거예요. 세인트 조지의 여성들이 내일 밤 나와 여기서 만나 그 운동을 시작할 것입니다.

(사라) 예, 나도 그 기사 읽었어요. 인도에서의 우리 사역도 여성선교사가 더 있으면 그곳 여성들을 위하여 더 많은 일을 할 수 있어요. 이것은 또한 중국 내지선교에 관한 감동적인 연설을 한 메리 리드 양의 경험이기도 합니다.

(존 케인스)(사라의 남편): (익살스럽게) '의뢰자 C'는 뉴헤브리데스의 장로교 선교사역에서 영감을 받았나요? 나는 듣기로 존 페이튼

과 그의 아내 마가렛 화이트크로스 페이튼이 최근 빅토리아를 방
문하였을 때, 그곳 선교에 관하여 흥미 있는 연설을 하였다고 들었
는데.

(사라) 아니오. 그렇지 않습니다. 그녀는 우리 형제 헨리에 대해서도
언급하지 않았어요. 여성에 관한 주제였으니, 최소한 헨리의 죽음
으로 인하여 충격을 받은 우리의 메리에 대하여 말했을 것이라고
생각되지만 그녀에 관한 언급도 없었어요.

(애니) '의뢰자 C'는 존 옥스남의 시를 읽은 후 그 돈을 기부하려는 마
음이 생겼다고 말했어요.

밤의 어두움 속에서,
부름의 음성을 당신은 듣고 있습니까?
축복된 빛으로부터 격려된,
여성들의 흐느낌을 당신은 듣고 있습니까?
그리고 아이들 - 그 작은 아이들.
당신은 그들의 불쌍한 울음소리를 듣고 있습니까?
오 형제들이여, 우리는 그들을 찾아야 합니다.
아니면 어둠 속에서 그들은 사라집니다.

헨리의 누나인 사라는 빅토리아 여성들의 모임을 소집하기 위하여
발라렛으로 돌아갔다. 독립적이지만 비슷한 모임이 제인 하퍼의 쿠용
쿳 가의 호숫 저택 '미우라'에서 열렸다. 제인은 투락장로교회의 교인이

었고, 최근 자신들의 목사인 어윙을 장티푸스로 잃었다.

그리고 1890년 8월 25일 멜버른 콜린 가의 구 선교관에서 대중 집회가 있었다. 빅토리아 장로교여선교연합회가 공식적으로 창립된 것이다. 제인 하퍼가 회장이 되었고, '의뢰자 C'로 밝혀진 크리시 딘우디가 총무가 되었다. 그녀는 약속한 50파운드를 회계인 하디 여사에게 넘겨주었다. 그렇게 여선교연합회는 호주장로교회 총회의 축복 속에 창립되었다. 일 년 후 여선교연합회는 28개의 지부를 만들었고, 회원은 1,500명이 되었다. 그리고 여성들의 기술과 독창성으로 그들은 617파운드를 모금하였다.

이제 독자들은 헨리를 따라 경상남도로 간 여성선교사의 수가 어떤 이유로 남성선교사 수의 두 배가 되었는지 이해할 것이다. 왜 동래의 여학교를 제인하퍼기념학교로 명명하였는지도 알 것이다. 진주의 병원을 왜 마가렛 화이트크로스 페이튼, 즉 배돈병원으로 명명하였는지도 알 것이다. 부산의 고아원을 미우라고아원으로 한 이유도 알 것이다. 또한 경험 있는 뉴헤브리데스 선교사들 – 윌리엄 테일러, 엘리스 메인, 제임스 노블 맥켄지가 어떤 이유로 한국으로 갔는지 알 것이다. 그리고 찰스 맥라렌이 전쟁에 나갔을 때, 왜 남성 의사가 아닌 여성 의사가 그 자리를 채웠는지도 알았을 것이다.

메리와 헨리의 뒤를 이어 6명의 젊은 여성과 3쌍의 부부가 그 개척 사역을 다시 시작하였다. 청년기독친교회는 제임스 맥케이 목사 부부를 보냈다. 1893년 만성적인 말라리아가 맥케이를 다시 호주로 귀국하게 하였을 때, 해외 선교위원회와 협력하여 청년기독친교회는 그 자리에 앤드류 아담슨 목사 부부를 보냈다. 그들은 1894년 자신의 딸들과 함께 영국에서부터 출발하여 부산에 도착하였다.

빅토리아여선교연합회는 벨레 멘지스, 메리 파셋, 진 페리를 파송하였는데 1891년 맥케이와 함께 부산에 도착하였다. 그 후 베시 무어는 1892년, 아그네스 브라운은 1895년, 까멜라 파인은 1896년 그리고 1900년에는 겔슨 엥겔과 그의 아내 클라라가 도착하였다.

데이비스의 유산으로 이루어진 일들이었다. 크리시 딘우디가 한편의 시를 읽고 영감을 받은 것이 상당한 기초가 되었고, 이것에 감동받은 제인 하퍼, 헨리의 누이 사라, 헨리의 제수씨 바바라 애니 그리고 교회의 여성 지도자들이 여성들을 위한 교회의 특별한 역할을 보았고 행동에 옮겼다. "메리가 한 여성의 집을 방문하여 함께 웃음을 나눔으로 우정이 생기면서"라고 헨리가 앞서 말한 그대로였다.

1892년 4월 11일 애니는 아들을 낳았는데, 이름을 삼촌 헨리의 이름을 따 헨리로 불렀다. 그는 헨리 보우맨 데이비스로 세례를 받았다. 나의 증조 할아버지이다.

조셉 헨리는 천연두로 한국 부산에서 33세에 사망하였고, 헨리 보우맨은 멜버른 코필드에서 복막염으로 31살에 사망하였다.

멜버른 콜린 가에 있는 스코트교회 복도에 헨리 데이비스의 흉상이 다른 유명한 흉상들과 함께 세워져 있다. 그 대열에 그러나 메리가 없는 것을 나는 알아보고 있다.

메리가 시장으로 가는 전차를 타다.
  1890년 7월

3. '왜'와 '어떻게'

호주 선교사들은 한국인들이 '누가'와 '무엇을'에 대하여 다 알고 있음을 의심하지 않는다. 그들은 문화와 정치와 군사적 역사 속에 살고 있었고, 그 배경에서 선교사들을 맞이하였었다.

그러나 만약 한국인들이 호주 선교사들에게 '왜'와 '어떻게'를 묻는다면 어떻게 대답할 것인가? 그들이 이해하도록 어떻게 도울 것인가?

그것을 설명하기 위해서는 영어를 쓰는 국가와 식민지 소속 장로교회의 문화적, 정치적 그리고 군사적인 역사 설명을 필요로 한다. 첫 질문은 아마 '왜 한국에는 장로교 선교가 그렇게 많았을까?' 하는 질문부터 시작해야 한다. 이것은 우리가 스코틀랜드교회 역사의 전환점에 주목하게 만든다.

4. 분열

스코틀랜드교회는 혼란이라 불리는 위기를 겪고 있었다. 1843년 5월, 전체의 35%인 474명의 목사가 분열하여 국가가 주는 봉급을 잃음에도 불구하고 스코틀랜드자유교회를 창립하였다. 이것은 개혁된 영성과 교회 그리고 엄격한 장로교에 바탕을 둔 것이었다. 이 새 교회는 후견인 제도에서 자유로웠는데 그 제도는 부자 지주가 자신의 교회를 위하여 목사를 고용하거나 총회의 회원에 영향을 미치는 것이었다.

　이 새 교회는 구원으로 가는 모든 영혼은 성경을 읽고 이해할 수 있도록 도움을 주었다. 이 이유로 교회의 학교들은 부자든 가난한 학생이든 모두에게 성경을 가르쳤고, 중고등학교나 대학교는 상급계층만 아니라 모두에게 학교에서 교육받을 기회를 주도록 하였다. 스코틀랜드 개혁자유교회를 지지하는 사람들은 복음전도자, 재정적이나 사회적 계약이 없는 목사, 산업혁명의 노동자, 새 교회나 학교를 재정 지원할 수 있는 중산층이었다.

　기존의 장로교회도 계속되었고, 높은 사람이나 상류사회 사람들의 지지를 받았다. 그들은 원래의 자산과 특권을 모두 지키고 있었고, 정부의 봉급을 받을 수 있는 자격도 목사들에게 부여하였다. 그러나 갈릭 언어로 설교할 수 있는 역량은 모두 자유교회로 옮기어졌다.

　대부분의 사회변화가 갑자기 등장하는 것같이 보이지만, 자유교회가 제기하였던 문제들도 몇 년 동안 이어졌었다. 자유교회는 자신의 나라에서 선교사였다. 그들은 교회와 학교를 세우고 그들의 모든 목회자들에게 봉급을 주었다.

　그리고 가르치고 영혼을 구하기 원하는 목회자가 넘쳐났다. 그들은 바울과 다른 사도들 그리고 현대 선교사들에 의하여 영감을 받아 그리스도께 순종하기 원하였다.

　그러므로 너희는 가서 모든 민족을 제자로 삼아 아버지와 아들과 성령의 이름으로 세례를 베풀고 내가 너희에게 분부한 모든 것을 가르쳐 지키게 하라 볼지어다 내가 세상 끝날까지 너희와 항상 함께 있으리라 하시니라 (마 28:19-20).

수백 명의 자유장로교회 목사들은 떠날 준비가 되어있었다. 인도, 중국, 일본, 아프리카, 호주, 미국대륙, 남태평양 등. 당시 스코틀랜드가 얼마나 문명화되었는지 궁금한 사람들이 있는데, 많은 엔지니어, 의사, 시인들이 세상에 나왔고, TV, 증기 엔진, 기차, 페니실린, 장로교 선교사들 그리고 '어메이징 그레이스'도 그곳에서 나왔다.

5. 지정학적 야망과 선교사들

국가의 지정학적 야망이 있었기에 그들의 교회가 등장하였고, 그들의 부드러운 침략자 선교사들이 그리스도를 위한 근거지를 주장한 것이 아닌가? 그런 다음 왕과 국가를 위한 선교로 정치적인 분야의 영향력 있는 길을 놓고, 심지어 식민지로 삼은 것은 아닌가?(아논)

19세기는 유럽 국가들이 식민지를 찾거나, 최소한 영향력을 행사하기 원하던 시기이다. 유럽 강국이 아시아 식민지를 위해 사용하던 유사어에는 '보호국', '영향의 범주', '의존 관계', 혹은 '거류지' 등의 비위협적인 단어들이 유럽인들 사이에 있었으나, 이들은 모두 은둔의 나라 주권에는 위협적이었다.

자원과 군사 주둔과 정치적 영향을 위한 권력 다툼이었다. 기독교 선교사들의 입국은 온화한 침략이었다. 교회와 국가를 동시에 다스리는 자는 시민이었으며, 그들이 선교사를 어디로 보낼지 결정하였다. 스페인은 필리핀을, 네덜란드는 동인도를, 영국은 제국이 되었고, 독일은 서태평양 섬들을 수확하고 있었다. 프랑스도 개척적인 선교사들의 도움으로 인도차이나 연합을 형성하고 있었고, 파리 해외 선교회

(천주교)는 영향력을 더 크게 넓히고 있었다.

천주교 국가로 분류된 조선, 즉 한국에 '믿을 수 없는 해외 종교가 국가의 권위를 뛰어넘으려고 함으로' 모든 해외 영향을 차단하는 봉쇄령이 내려졌다. 신이 왕 위에 군림한다는 것은 항상 설득할 수 없는 논쟁이었다. 여기에 대한 일본의 해결책은 '천황이 하나님이며, 하나님이 천황이다'이었다.

1776년 독립전쟁으로 미대륙의 식민지를 잃었고, 미합중국이 탄생하였다. 미국은 해외에 많은 선교지를 개척하였고, 그것은 국제적 기지의 설립을 도왔다. 한국은 '갑신정변'의 결과로 그리고 호레스 알렌 의사가 민비의 친척을 살리므로, 선교사가 들어갈 수 있는 문이 열린 것이다. 알렌이 장로교인이었기에 대부분의 미국 선교사는 장로교 소속이었고, 북장로교인이 대다수였다.

미국의 독립전쟁의 결과로 영국은 '넘쳐나는' 죄수들을 보냈던 북미의 거대한 식민지를 잃었다. 그리고 그 넘쳐나는 죄수들은 템스강의 오래된 선박에 태워져, 마침내 영국의 새 식민지 호주의 보타니 항으로 보내졌다. 그리고 호주 땅의 크기는 미국의 땅과 크기와 거의 같았다.

호주 정착자들은 그들 자신의 교회를 세웠으나, 해외 선교지의 교회나 국내 선교에는 유럽 선교사들을 불러 교파를 세우거나 인적 자원을 조달하도록 하였다. 시드니의 호주 첫 식민지는 반 디멘의 땅(태즈매니아)과 포트 필립(빅토리아)과 모레톤 베이(퀸즐랜드)에 새 식민지를 잉태하였다. 서부 호주 스완강에 형사 식민지가 세워졌고, 남호주의 토렌스강에는 자유 거주민 식민지가 시작되었다. 결국 1901년 영연방이 되기 전까지 6개의 독립적인 식민지가 있었고, 그 후에는 남호주의 행정 아래 6개 주와 한 개의 지역으로 연합하여 영연방국가가 되었다.

1889년 헨리 데이비스가 빅토리아장로교회를 통하여 한국으로 갔을 때, 영연방은 존재하지 않았다.

6. 빅토리아장로교회의 국내선교

빅토리아장로교회는 사회봉사자와 디커니스를 훈련하였고, 오몬드신학교에 공헌하면서, 두 개의 사립학교인 프레스비테리안 레이디스 칼리지 그리고 스카치 칼리지를 지원하였다. 구세군과 다른 교단과 함께 사회에서 소외된 자들을 위해서도 숙소와 기타 지원을 하였다.

달리기 훈련을 하는 조단, 얼우드
   2012년 6월

제1차 세계 대전 당시 호주 인구는 4백만 정도였고, 그중 2백만은 시골의 마을이나 해변 너머의 농장, 혹은 양과 가축을 치는 메마른 오지에서 살았다. 아이러니하게도 장로교 내지선교회는 유럽인들이 아닌 원주민들을 위하여 선교부를 열었으나, 존 핀 목사가 의료 플라잉 닥터로 오지 지역 의료선교를 시작하면서 모두가 혜택을 입었다. 빅토리아장로교회는 내지선교에 많은 투자를 하였다. 원주민들을 위한 내지선교 지역 지정은 정부 원주민부의 승인을 얻어야 하였다.

호주 정부의 눈에 천주교 신부나 루터교 선교사들은 안보적으로 위험하게 보였는데, 특히 독일, 이탈리아 그리고 오스트리아-헝가리

제국과 전쟁을 할 시기에는 말이다. 그 위험은 의사소통 네트워크나 국내 스파이 문제뿐만 아니라, 원주민 선교는 독일이나 스페인 선교사들에게 호주 대륙의 원주민 소유권을 약속하게 하는 수단을 주기 때문이었다. 그러나 다른 개신 교단은 신뢰할 수 있다고 생각하였다.

헨리와 메리가 한국으로 향할 때, 퀸즐랜드 정부는 러시아가 침략하고 정복하려는 음모를 밝혀내었다. 퀸즐랜드는 해군을 강화하였고, 최전방에 있던 마푼의 카펜타리아만, 아우루쿤, 웨이파, 모닝톤섬 그리고 알란굴라의 장로교 선교부에 경고하였다. 빅토리아장로교회는 이 선교부들에 지원과 인적자원을 보강하기로 하였다. 1939년 말, 이 선교부들의 해안 경비대는 호주의 항로에서 기웃거리는 무장한 독일 상선을 대면하기도 하였다.

1941년 헨리의 조카인 진 데이비스 박사가 진주의 일본 식민지 정부로부터 배척당하여 빅토리아로 돌아왔을 때, 그녀는 시급하게 카펜테리아만의 선교부에 임시 대리인으로 보내졌으며, 그곳의 의료인들은 자기들의 가족을 철수시켰다.

1939년 9월, 호주가 독일과의 전쟁을 선포하였을 때, 군사 헌병은 그곳 선교부에 있던 독일과 스페인 신부들을 체포하였고, 빅토리아의 머치슨과 뉴사우스웨일스의 카우라 전쟁수용소로 그들을 보내었다. 서호주 해변의 비글 베이 선교부와 부룸의 세인트 존 수녀원은 신부들과 수녀들을 거의 잃었다.

비글선교부의 라디오 설비는 300km 북서쪽 조지항 쿤문야 장로교 선교부로 옮겨졌다. 쿤문야는 최전방 해안경비소이었는데, 무장한 독일 상선이 멀리 떨어진 킴벌리 항에 숨어서 상선들을 노리고 있었다.

호주군은 쿤문야에서 해안을 경비하려고 하였으나, 서호주 정부의 원주민부는 그곳 선교부를 문 닫으려고 하였다. 사건들이 이어지면서 그곳 선교부의 한 부족인 아이반과 잭 형제는 원시시대의 도구로 다른 부족인 스테판의 머리를 부수었다. 이 사건은 '돌에 맞은 스테판'으로 불렸다. 이것은 쿤문야의 이나 브라운이 출산을 하다가 사망한 사건과 연계되어 있었다.

이 사건에 대하여 정부는 빅토리아장로교회를 비난하였다. 빅토리아장로교회가 원주민을 잘 이해하는 선교사에서 원주민을 전혀 모르는 선교사로 대체한 것이 '돌에 맞은 스테판' 사건의 원인이었을 것이라는 이유였다. 이나 브라운의 경우 그곳에 자격이 있는 의사가 없었는데, 빅토리아장로교회는 법적으로 그곳에 의사가 있어야 하는 것을 알고 있었다. 그리고 정부의 백호주의 정책도 비판하지 않고 있었다.

빅토리아장로교회는 진 데이비스 박사를 카펜테리아만에서 쿤문야로 이전시켰다. 한국에서의 23년 동안의 그녀의 선교경험과 능력이 쿤문야를 안정시킬 것으로 서호주 정부는 만족하였다. 또한 정부는 그녀가 킴벌리 플라잉 닥터 선교의 공석도 채울 것이라고 기대하였다.

1941년 11월, 진은 쿤문야를 떠나 해상 전투에서 부상당한 군인들을 치료하고 수술하는 영웅적인 일을 시작하였는데, 그것은 또 다른 이야기이다. 이제 독자들은 빅토리아장로교회의 국내와 원주민 선교를 이해하였으니, 이제는 해외 선교를 돌아봄으로 전체의 모습을 알아보자.

빅토리아장로교회는 뉴헤브리데스에 모든 선교의 역량을 집중하고 있었다. 헨리가 사망한 후 20년이 지나서야 빅토리아장로교회는 해외 선교의 우선을 한국으로 바꾸었는데, '왜'와 '어떻게'의 질문에 대답하기 위해서 우리는 남태평양의 상황을 먼저 이해하여야 한다.

남서태평양의 섬들은 전략적으로 호주와 뉴질랜드와 가까이 위치하여 있다. 동퀸즐랜드는 멜라네시아 열도에 속하여 있고, 뉴칼레도니아와 로열티 섬들이 가장 가까이 있다. 북동쪽으로 이전에 뉴헤브리데스였던 바누아투가 있고, 솔로몬 열도가 있다. 그 옆으로는 피지와 쿡 아일랜드도 있다. 좀 더 서쪽으로 가면 작은 열도들이 있는데, 주로 영국이나 미국 그리고 프랑스 폴리네시아이다.

뉴사우스웨일스장로교회의 정책은 인도와 뉴헤브리데스의 선교였다. 빅토리아장로교회의 정책은 국내선교, 원주민선교 그리고 뉴헤브리데스 선교였다. 남태평양에 있어서 호주와 뉴질랜드의 군사적 이해관계, 인도와 중국에 있어서 영국의 상업적 이해관계가 이 정책을 추동하고 있었다. 케이프 요크나 카펜테리아만의 선교는 러시아의 침공을 방어하려는 퀸즐랜드 최전선 정책의 한 부분이다.

상상해 보라. 모든 빅토리아장로교회 선교부 재정이 바닥을 드러내고 있고, 남서태평양과 인도양의 지정학적 정책을 지원하고, 북쪽에서는 러시아의 침공 위협이 있고 그리고 세계적 경제공황이 다가오는 징조가 있는 상황을 말이다. 그때 갑자기 장로교에서 헨리 데이비스라는 순교자가 생겨났다. 그의 뒤를 따르는 사람은 적었고, 빅토리아장로교회가 그의 종교적이고, 교육적이고, 의료적이고, 사회적인 선교를 이어받을 것으로 기대하고 있다. 이것은 한국의 경상도와 그에 속한 섬들을 망라하고 있고 그리고 서울 세브란스병원의 전문의와 행정가도 포함하고 있다.

상식적으로 말한다면, 빅토리아장로교회가 그 선교의 유산을 물려받을 상황이 아니었다. 그러나 그렇게 되었다. 어떤 이유로 빅토리아장로교회가 헨리의 유산을 이어가게 되었는지 알려면 우리는 존재하는 선교사들의 힘과, 순교자들의 기적과 그리고 한국의 경쟁자 뉴헤브리데스의 인간애를 보아야 한다.

7. 선교사와 순교자들

헨리의 사망 소식이 호주의 집에 도착하였을 때, 투락장로교회의 그의 친구 어윙은 큰 충격을 받았다. 헨리의 남동생 존이 그를 방문하였을 때, 그는 다음과 같이 고백하였다.

"하나님이 이런 비극에 관여하셨다고 전혀 생각할 수 없습니다."

존은 어윙을 위로하면서, 그의 독특한 수사학으로 다음과 같이 말하였다.

"윌리엄스의 죽음으로 인하여 유럽의 교회들이 뉴헤브리데스를 그리스도께 인도하지 않았습니까? 그리스도로 인하여 그리고 그리스도에 속한 사람은 항상 죽음에서 승리로 옮겨가지 않습니까?"

윌리엄스는 누구였던가.

집에 있는 메리
1890년 6월

1817년 런던선교회는 존 윌리엄스를 남태평양으로 파송하여 뉴질랜드를 위한 뉴칼레도니아, 로얄티, 솔로몬, 피지 그리고 쿡 아일랜드에 선교부를 세웠다. 1839년 윌리엄스는 뉴헤브리데스의 첫 선교사가 되기 위하여 휴가를 마치고 돌아왔다. 그의 선박은 에로망가 섬에 정박하였고, 선원들은 그를 해변까지 작은 배로 노를 저어 데려다 주었다. 선원들은 그가 해변에서 수백 명의 원주민과 만날 때 작은 배에 남아있었다. 그는 그곳 원주민들에게 두 개의 단어를 외쳤는데, '선교사'와 '담배'였다. 뉴헤브리데스에서 선교의 가능성을 그는 보려 하였지만, 그곳 사람들은 그 단어를 알아듣지 못하였다. 윌리엄스는 자신의 언어와 원주민의 언어 사이에 아무 유사점이 없는 것을 깨달았다.

배에 있던 선원들은 원주민들이 윌리엄스를 좇아 물에 들어와 그를 때리는 것을 보았다. 그들은 빨리 노를 저어 다시 선박으로 돌아가려 하였고, 따라오는 원주민들을 노로 물리치려고 하였지만, 제임스 해리스는 그들에게 붙잡혀 해변가로 끌려갔다. 알고 보니 그 원주민들은 식인종들이었다. 그들은 윌리엄스와 해리스의 인육을 먹었다.

나의 동생 존 데이비스가 말한 대로, 이것으로 인하여 유럽의 교회들은 일어났고, 뉴헤브리데스를 주장하였다. 그리스도와 같은 이 순교자들, 윌리엄스와 데이비스는 자신들의 십자가를 기독교인들이 이어받아 따르도록 영감을 주었다.

1839년 같은 해, 한국에서는 순교자들이 선교사들에게 영감을 주고 있었다. 파리해외선교회는 한국에 신부들을 보냈고, 조선 왕은 분노하여 기독교를 금하는 칙령을 내렸다. 수천 명의 천주교 신자들이 순교를 당하였거나 중국으로 도망을 하였다.

그러나 많은 순교자와 선교사가 그들의 뒤를 이었고, 심지어 중국 체푸의 성공회 선교사 로버트 토마스 목사는 1865년 9월 제너럴 샤먼호를 타고 평양에 도착하였다.

\# 조단, 2012년 철인 3종 경기에서 수영을 하다.
 2012년 7월

8. 뉴헤브리데스와 한국

 뉴헤브리데스는 40개의 섬으로 이루어진 열도이다. 800km로 길고, 호주의 퀸즐랜드 해변에서 1,600km 떨어져 있다. 모든 교단의 선교사들이 순교자 존 윌리엄스의 뒤를 따라 그곳으로 가고 있다.

 순교자에게는 추모가 있어야 한다. 윌리엄스의 경우에는, 런던선교회가 배를 구입하여 선교사들을 그 섬으로 실어 날랐는데, 그 배의 이름을 존 윌리엄스로 명명하였다. 그 후 계속 교체되는 그 배에 숫자가 붙여졌는데, 세기가 바뀌면서 5번째 증기선이 존 윌리엄스5가 되었다.

 세계 2차 대전 중 헨리의 조카 진 데이비스 박사는 뉴헤브리데스의 수도 빌라의 배돈병원에 원장을 대신하여 임시로 일하였다. 당시 다른 배는 없었고 존 윌리엄스 5호가 있었는데, 진은 용감하게도 그 배를 타고 시드니에서 빌라까지 갔다. 그 배는 너무 낡아서 일본 군함이 어뢰를 쏠 가치도 없었던 것이다!

 빅토리아장로교회가 많은 선교지를 가지고 있던 것은 장점이었다. 한국이 해외 선교의 우선이었지만, 일본 제국이 호주 선교사들의 귀국을 압박하고 있었다. 빅토리아장로교회는 그들을 다른 나라로 얼마든지 보낼 수 있었다.

 코랄 전투에서 일본은 솔로몬제도를 정복하였다. 그러나 뉴헤브리데스는 침략하지 않았다. 호주로 돌아온 선교사 대부분은 호주 내지 선교, 도시 선교, 뉴헤브리데스 선교로 배정되었다. 다른 이들은 은퇴하기도 하였다. 한국어나 일본어를 잘하는 선교사들은 뉴헤브리데스로 가도록 격려하였는데, 그 이유는 그 이웃 섬인 구아달카날에 일본 군인들이 징집한 대만인과 한국인들이 있었기 때문이다.

1843년 스코틀랜드에서 분열이 일어난 후, 뉴헤브리데스는 존 게디가 이끄는 자유교회의 목사와 아내 들이 가고 싶어 하는 선교지가 되었다. 그중 한 부부가 존 깁슨 페이튼과 그의 아내 메리 앤이었다. 그들은 1858년 8월 테나섬에 정착하기 전 게디가 있는 아네티움섬으로 갔다.

1861년 홍역 전염병이 돌 때 그곳 원주민들이 많이 사망하였는데, 그 질병의 원인으로 선교사들이 지목되었다. 1862년 2월, 테나의 원주민들은 존 페이튼을 살해하여 먹을 계획을 하고 있었다. 그러나 페이튼은 그들이 오고 있다는 소식을 들었고, 존 윌리엄스처럼 순교자가 되기 싫어서 그곳을 빠져나와 해안으로 도망하였다. 그러나 식인종들도 놓치지 않으려고 추격하여 왔다.

페이튼에게 모세와 같은 기적이 필요하였다. 그가 거의 바닷가에 도착하였을 때, 그들도 그의 뒤에 바싹 따라 붙었다. 놀랍게도 헤이스팅 선장의 스펙호라는 항해선이 수평선에 보이기 시작하였는데, 선장은 페이튼의 안위를 걱정하여 온 것이다. 페이튼 앞에서 작은 배가 출발하려고 하였고, 곧 그를 싣고 스펙호를 향하여 노를 젓기 시작하였다. 원주민들은 배를 좇아 수영을 하였고, 선원들은 화살과 노로 그들을 막아내었다.

스코틀랜드로 돌아온 존 페이튼은 장차 40년 동안의 강연회를 전 세계로 다니기 시작하였다. 그때 받은 헌금으로 그는 존 페이튼 재단을 만들어 뉴헤브리데스의 장로교 선교사들을 후원하였다. 그는 시드니, 멜버른, 런던, 에든버러, 벨파스트, 오타와, 토론토, 뉴욕, 워싱턴 등을 다니며 강연하였다. 1889년에는 자서전도 출판하였다. 그의 책은 영어를 쓰는 국가들에서 널리 읽혔으며, 12,000파운드의 수익이 있었는데, 지금으로 환산하면 5십억 원이다. 이때부터 그는 자신의 독자들에게 책을 주면, 그들이 선교사업에 헌금하도록 하였다. 이런 방법으로 페이튼이 83세로 생을 마감할 때까지 페이튼재단은 83,000파운드를 모았으며, 이것은 현대의 미화 3천만 달러 혹은 한국 원화 360억 원이다.

1864년 2월 그는 스코틀랜드 개혁장로교회의 총회장이 되었다. 이 교단은 고원과 섬 지대 그리고 서쪽 도시와 마을에 강한 세력을 형성하였다. 페이튼은 에든버러의 프린스가가 보이는 '언덕 높은 곳'에서 큰 무리의 학자들에게 강연하였다. 이곳은 에든버러대학의 신학부가 있는 곳이다. 이해 6월 그는 마가렛 화이트크로스와 결혼하였다. 그는 뉴헤브리데스로 파송된 호주장로교회의 첫 선교사가 되었고, 1866년 11월 아내 마가렛과 아니와 섬에 도착하였다.

20년 동안의 사역 후 페이튼은 1886년 빅토리아장로교회의 총회장이 되었다. 이때는 빅토리아에서 금광이 발견되어 지구상에서 빅토리아가 일인당 수입이 가장 높았으며, 1893년 표준 통화 환전이 은에서 금으로 바뀜으로 더 큰 수익을 올리고 있었다. 교회는 그러므로 선교에 더 관대해졌고, 페이튼 기금은 더 중요해졌다. 아이러니하게도 한국에서 헨리의 유산을 '어떻게' 이어갈 수 있을까 하는 질문도 이러한 물질적 여유가 바탕이 된 것이다.

페이튼은 여행하는 동안에 선교사 후보생들을 발굴하였고, 선교사들을 위한 배를 지원하여 뉴헤브리데스 섬들을 오고 갈수 있도록 하였다.

존 페이튼 기금은 존 페이튼을 기념하며 수도 빌라에 페이튼기념병원, 페이튼 홀 탕고아, 교사훈련원을 세웠다. 그곳의 페이튼기념교회는 그의 두 번째 아내 마가렛 화이트크로스를 기념한 것이다. 다른 가족원을 위한 기념은 윌프레드 페이튼과 테나의 그의 첫 아내 메리 페이튼 무덤이었다.

한국 진주의 마가렛 화이트크로스 페이튼 기념병원(배돈병원)은 진주만 공격 전까지 헨리의 조카 진 데이비스에 의하여 운영되었고, 한국전쟁 중에 파괴되었다. 그녀가 2차 대전 중 빌라의 페이튼기념병원에 도착하여 한 첫 연설을 다음과 같이 시작하였다. "아, 이 병원이 또 다른 배돈병원이군요."

마가렛 페이튼의 조카 데이비드 머레이 라이얼도 1909년 선교사로 진주에 갔고, 정치적 인사들이 많이 참석한 진주 배돈병원 개원식 때 그는 자신의 이모 마가렛의 이름을 따 배돈병원이라고 선포하였다.

존과 마가렛 페이튼은 세 명의 자녀가 있었는데, 이들 모두 뉴헤브리데스에서 오랫동안 선교사로 일하였다. 그의 막내 프랭크 그리고 더 어린 조카 잭도 후에 빅토리아장로교회의 선교사가 되었다.

헨리와 메리가 한국에 있을 때, 카리스마가 있는 존 페이튼 목사는 약혼자 마가렛 화이트크로스와 함께 호주와 뉴질랜드를 여행하고 있었다. 그들은 뉴헤브리데스의 25개 섬에 있는 선교사들을 위하여 모금을 하였다.

그들은 그곳에서 더 많은 여성선교사들이 필요하다고 호소하였고, 그 호소에 응답하는 여성들이 있었다. 그중 한 명이 엘리자베스 에버리였는데, 그녀는 '선교로의 부름'이라는 페이튼의 강연에 영향을 받왔다. 또 다른 여성은 뮤리엘 위더스였고, 그녀는 빅토리아에서 그들의 아들 프랭크와 함께 일하였다. 에버리는 헨리의 유산으로 후에 세계 1차 대전 중인 1914년 한국에 도착하여 거창에서 일하였다. 그곳에서 그녀의 건강이 나빠져 진주로 자리를 옮겼고, 그곳에서 진 데이비스의 돌봄을 받다가 일찍 휴가를 떠나게 된다.

위더스도 헨리의 유산이었다. 1919년 그녀는 에버리가 떠난 거창에 도착하였다. 위더스는 한국에서 36년 동안 교육선교를 하였고, 2차 대전 후에 한국을 떠났다. 그녀는 부산과 동래에서 헨리의 조카 마가렛 데이비스를 지원하는 지원자였다.

1910년 프랭크 페이튼은 에든버러의 범장로교 선교대회에서 돌아왔는데, 그곳에서 호주는 한국 선교를 우선적으로 하기로 결정하였다. 그는 돌아오자마자 한국에 대표단을 파송하여 한국을 시찰하였다. 그는 미국과 캐나다 장로교 선교사들과 합의하여 호주가 경상도와 그 섬들을 책임 맡기로 하였다. 호주는 헨리가 시작한 선교 유산을 이어받았고, 그 완성을 향하여 전진하기 시작하였다.

"어떻게?"

이어가고자 하는 의지가 신앙을 단단히 하였고, 헨리가 용서한다면 지구에서 가장 부자인 금광의 부로 인하여 진행되었다고도 말할 수 있다.

"왜?"

순교자에 대한 그리스도와 같은 어떤 요인으로 헨리 데이비스의 십자가를 이어받아 한국 선교를 향한 거룩한 소명을 이루어 갔다. 이제 헨리의 뒤를 이어 한국으로 간 초기 선교사들을 알아보자. 그들의 이야기는 헤이스터 가문으로 시작되는데, 그 가문의 바바라 애니가 헨리의 남동생 존 조지와 결혼하기 때문이다.

9. 헤이스티 요소

이 이야기는 존 던 모어 랑으로 시작되는데, 그는 성공회와 가톨릭과 함께 정부의 승인을 얻어 동등한 위치의 장로교회를 설립하려고 에든버러에서 시드니로 항해를 한다.

랑은 태즈매니아 론세스톤의 반 디멘스 땅에 새 선교지를 열도록 그의 직원을 보냈다. 그 선교사에게 정신적으로 문제가 생기자, 랑은 에든버러에 그곳에 선교사를 파송할 것을 요청하였다. 그때 토마스 헤이스티 목사와 그의 아내 제인이 그 부름에 응답하여 론세스톤으로 이주하였다. 그러나 그곳의 교인들이 헤이스티가 스코틀랜드장로교회에서 온 것이 아니라 스코틀랜드 자유장로교회에서 온 것을 알고서는 예배에 참석하기를 거부하였다.

그 결과로 헤이스티는 사임하였고, 스코틀랜드로 귀환하려고 필립항으로 가 배를 타려고 하였다. 그와 그의 아내는 그 대신에 필립항 지역의 첫 내지 선교사가 되었다. 그곳 원주민들이 버닝용이라 부르는 곳에 그는 교회와 학교를 세웠는데, 버닝용은 그곳의 산의 모양을 딴 이름인데 '남자가 한쪽 무릎을 올리고 누워 있는'이라는 의미였다.

18년 후인 1861년 헤이스티 부부는 휴가차 에든버러로 돌아갔다. 그들의 여덟 번째이자 마지막 자녀인 바바라 애니는 그곳의 비어큰헤드에서 출생하였다. 바바라 애니가 바로 마가렛과 진 데이비스의 어머니였고, 헨리 데이비스의 제수이다. 그녀는 빅토리아여선교연합회를 창설한 창설자 중의 한 명이 되었고, 헨리의 유산을 한국에서 이어가는 주도자가 되었다. 그리고 그녀는 1910년 프랭크 페이튼이 한국으로 이끄는 호주대표단 일원이었고, 그녀 자신도 진주와 동래에서 두 번이나 선교활동을 하였다.

토마스 헤이스티는 1850년대 골드러시 기간에 발라렛의 교회 개척자였다. 헨리 데이비스는 자기 동생 존을 만나러 그곳을 방문할 때, 헤이스티와 종종 만났다. 헤이스티는 헨리가 발라렛에 올 때마다 그 지역 교회에서 설교하도록 하였고, 그를 격려하여 인도와 후에는 한국에 선교사로 나가도록 하였다. 발라렛의 세인트 존과 에베네저교회를 포함하여 그 지역의 교회에서 헤이스티는 헨리를 높이 평가하였다. 그는 설교 중에 헨리와 메리의 이야기를 즐겨 하였으며, 그들이 세운 코필드 그래머 학교와 인도에서의 선교도 설교 주제였다. 헨리는 당시 데이레스포드에서 호샴까지 헤이스티의 교회 구역을 탐방하였다.

발라렛 지역의 팀은 즉시 헨리 데이비스의 뒤를 이으려고 자원하였다. 자원한 선교사들은 다음과 같다.

> 1891년: 벨레 멘지스(발라렛), 제임스 맥케이와 메리 파세트(세인트 존스), 사라 앤더슨(스밋톤)
> 1892년: 엘리자베스 무어(데이레스포드), 엔지스 브라운(에베네저)
> 1900년: 겔슨과 클라라 엥겔(스타웰)
> 1910년: 마가렛 데이비스(버닝용), 로버트 왓슨(에베네저)
> 1911년: 이다 맥피(탈봇)
> 1917년: 진 데이비스(버닝용)
> 1921년: 에디스 커(호샴을 통한 이든 호프)
> 1922년: 바이올렛 앤더슨(스킵톤)

1935년: 하나 스터키(발라렛)

1957년: 알란 스튜어트(호샴)

1963년: 릴리안 매튜스(스타웰)

이 지역들은 1840년대부터 헤이스티의 설교 영역이었고, 헨리도 주말에 설교하던 곳이었다. 헨리는 자신의 땅에서 설교하던 주말 선교사였던 것이다.

뉴헤브리데스에서 경험있는 선교사들이 한국으로 향하기 시작하였는데, 1910년에는 제임스 노블 맥켄지 목사, 1913년에는 윌리엄 테일러 의사, 1915년에는 엘리스 메인 수간호사가 그들이었다.

미국인들은 한국에 해외 정책 이해관계가 있었고, 미국과 캐나다의 개신교 선교부는 한국을 지원하고 있었다. 1910년 프랭크 페이튼이 경상도를 선교 우선지역으로 결정하기 전에, 미북장로교 개척선교사들은 헨리의 한국 선교를 암묵적으로 이어가려고 하였다. 그들은 부산에서 진료소를 운영하였고, 그것은 후에 준킨기념병원으로 세워졌다. 그들은 보편적으로 받아들여지는 지역을 찾아 부산 근처 바닷가에 나환자수용소를 세웠다. 또한 마산에서 남학교를 시작하기도 하였다. 미국인 선교사들은 거의 모두 남성이었다.

1891년부터 1910년 사이 헨리의 뒤를 이어 경상도에서 일한 빅토리아 호주 선교사들은 14명이 여성이었고, 5명이 남성이었다. 모두 자격 수준이 높은 사람들이었다. 개신교 선교사의 사역에 새로운 의미가 부여된 것이다. 여선교사는 문 앞에서 받아들여졌고, 남성은 거절되었다.

존 어윙의 죽음 후에 장로교남청년연합회 영적 지도력은 로버트 길레스피와 피터 맥키레이에게 넘겨졌고, 그들은 계속 모금을 하였다. 투락교회는 어윙의 뒤를 이어 매크레 목사를 청빙하였고, 그의 아들 프레드릭 매크레가 1910년 진주로 파송됨으로 그도 헨리의 뒤를 이었다.

어윙이 사망하기 전 제인 하퍼 여사와 이야기를 나누었다고 상상해 보면, 그것은 헨리의 선교를 이어간다는 약속을 받아내는 내용었을 것이다. 그녀는 빅토리아여선교연합회 공동 창시자이자 초대 회장으로 빅토리아교회와 투락교회에서 가장 힘 있는 여성이었다.

3장

코필드 그래머 학교의 은사

집안의 메리
1890년 7월

1. 서론

교사와 교장으로서의 해리에 대한 나의 성찰은 하나의 상상을 불러일으킨다. 그가 살았더라면 부산에서 남학생을 위한 중등학교를 세웠을 것이라는 상상이다. 희망하기에 이것은 해리의 유산에 집중할 수 있게 하는데, 코필드 그래머 학교의 유산과 한국에 대한 약속이다.

해리를 대신하는 교사가 경상도에 파송되면 도움이 될 것인데, 한국 청년들의 교육을 위해 헌신하는 교사 말이다. 그가 바로 나의 조카 마가렛 샌드먼 데이비스이다. 그녀는 동래에 빅토리아여선교연합회를 대신하여 대지를 구입하였고, 그곳에 여선교연합회의 이름이 새겨

진 기념비를 놓았다. 마가렛은 기숙사를 세웠고, 학교 이름을 제인 하퍼 기념여학교로 명명하였다. 재정은 제인 하퍼의 사망으로 조성된 기념기금에서 조달된 것이다.

마가렛은 30년 동안 한국에서 교육에 헌신하므로 자신의 삼촌 해리를 명예롭게 하였다. 해리가 그곳의 남학생을 위하여 할 것을, 그녀는 여학생들을 위하여 이룬 것이다. 그곳의 사람들은 그녀의 한국어 이름에 '대'를 붙여 '대마가례'라고 하였는데, 그것은 해리를 대신한다는 의미였다.

2. 인도에서 돌아오다

1878년 5월 21일 해리와 나는 인도에서 집으로 돌아왔다.

해리는 먼저 프라한으로 가 인도의 선교를 지원하겠다는 약속을 어긴 그의 친구들을 대면하였다. 그는 그 약속이 지켜지지 않음으로 그와 메리가 어떤 위험과 고통을 받았는지 말하였다. 형제단 지도자 프로버트는 그것을 부끄럽게 생각하며 해리에게 형제단에서 떠날 것을 제안하였다. 해리는 그때 형제단을 떠났지만, 형제단 신앙과 영적인 양심은 계속하여 지켰다. 그는 선교사가 되기 위해서는 비록 신약에 없더라도 인간성과 그 지역의 언어, 그들의 오래된 유산과 문화, 혹은 종교에 관한 이해가 필요하다는 것을 20살의 나이로 알지 못하였다.

해리는 매카트니 신부를 찾아가 성공회를 통하여 인도로 돌아가겠다고 제안하였다. 그 신부는 단호하였지만 선교사로 인도로 돌아가려면 얼마간의 자격이 필요하다는 것을 그에게 설명하였다. 매카트니는 해리의 건강을 염려하였다. 말라리아는 잘 알려지지 않은 질병이었다.

인도에서 그는 상시적으로 아팠고, 그 병을 다루는 방법을 배우고 있었다. 그는 또한 해리에게 인도 문화의 매력에 관하여 설명하였다. 선교의 목적은 인도인들이 복음을 받아들이는 것이지만, 그들은 모두 그들 문화의 산물이라고 하였다.

해리는 다음에 런던선교회를 통하여 남인도로 가기를 자원하였다. 런던선교회는 회중교, 성공회, 장로교 그리고 웨슬리안들의 연합체로, 더 충분한 자격을 해리가 갖추어야 한다고 보았다.

자신이 자격을 더 갖추어야 한다고 하는 내용을 가는 곳마다 해리는 듣고 있었는데, 그것은 학문의 수준이었다. 그것은 해리가 잘하는 것으로, 충분히 자격을 갖출 수 있다고 나는 생각하였다.

3. 자격을 갖춤

해리는 인도로 가기 전에 이미 대학교 1학년 과정을 마쳤었다. 그는 멜버른대학교에 복학하여 문학학사 학위를 공부하였다. 1879년 2학년 말에 고전학 우등을 하였고, 언어에 대한 재능을 보였다. 그에게 고전학 장학금이 제안되었으며, 그것으로 그는 3학년 학비와 생활비를 충당할 수 있었다.

그러나 해리는 그 장학금을 거절하였다. 이것은 해리와 그의 결정의 결과를 이해할 수 있는 핵심적 사건이다. 마지막 학년을 고전학으로 마치고 싶지 않았는데, 그 과정에는 시와 철학이 포함되어 있었다. 해리는 그런 과목들을 신약과 먼 허구와 상상적인 믿음이라고 여겼기 때문이다.

그 결과물의 하나가 코필드 그래머 학교이다. 만약 해리가 그 장학금을 받아들였다면 그는 대학교와 관련된 직업을 가졌을 것이고, 코필드 학교를 창시하지 못하였을 것이다.

그 대신 해리는 대학 3학년 때 자연 철학을 공부하였는데, 이 과목에는 해부학, 지리학, 화학, 식물학 그리고 귀납논리학이 포함되어 있었다. 그는 고전학도 제한하고 상급 라틴어를 공부하였다. 그는 자연 철학에서도 2급의 영예와 장학금을 성취하였고, 라틴어에서 우등하였다.

트리니티대학의 리퍼 박사는 해리에게 조교의 자리를 제안하였다. 이것은 영광스러운 일자리였고, 만약 그가 받아들인다면 성공적인 대학 경력을 쌓아갈 수 있었다. 그는 그 제안도 사양하였는데, 임시직이 아니었기 때문이었다. 그는 가능한 속히 인도로 돌아가고 싶었던 것이다. 그가 그 일을 수용하였더라면 물론 코필드 그래머 학교도 시작하지 않았을 것이다. 이러한 그의 행위로 유추해보면 그가 코필드 그래머 학교를 세운 것도 일시적인 것일 수 있는데, 인도로 돌아가기 위한 재정 충당의 기회로 삼았을 것이다.

ㄴ. 가족에 대한 책임

해리와 내가 인도로 갔을 때, 동생 존은 은행에서 일하였는데, 적은 연금을 받는 엄마를 돕기 위해서였다. 그 결과 멜버른대학교에서 문학사를 시간제로 공부할 때에 해리는 명목상의 가장이 되었다.

돈을 위하여 해리는 투락의 남학교에서 잠깐 일하였고, 그곳에서 그는 대학에서 요구하는 수준이 높다는 것을 알았고, 대학은 입학 수준을 낮추지 않을 것이었다. 그러므로 돈 있는 가정의 아이들은 과외 공부를 하며 대학입시를 준비하고 있었다. 해리는 남학교에서 일하기보다 과외수업을 하기로 하였고, 이 방법으로 그는 인도로 돌아갈 돈을 모을 수 있다고 생각하였다.

5. 코필드 그래머가 탄생하다

해리가 법학 공부를 포기한 결정은 또 하나의 결과물을 낳았다. 자기 자신과 가족의 수입이 적어진 것이다. 그의 부친 찰스는 가족에게 집은 남겨주었지만, 그의 어머니가 받는 연금은 충분하지 못했다. 대학 입시생을 위한 개인 교습을 해리는 시작하였고, 그의 명성이 올라감으로 그는 반 한 개를 운영할 정도로 학생들의 수가 늘어났다.

1878년 9월 3일, 그의 동생인 18세의 봅, 17세의 짐, 16세의 타보를 과외반에 합류시켰다. 그에게는 2명의 학생이 이미 있었고, 10월의 대학입시가 다가옴으로 또 다른 학생 2명이 등록을 하였다.

1879년 7월, 그는 저학년의 학생들도 가르쳤는데, 그 두 명은 한 해에 100파운드를 지불하였다. 그는 8월에 또 다른 대학 입시생 4명을 일주일에 3일 저녁을 가르쳤다.

1881년 1월 7일, 해리에게는 7명의 학생이 있었다. 번스위크여학교의 나이트 교사는 자신의 학생들을 해리가 2시간 반 동안 지도하게 하였고, 임금은 한 시간에 5실링이었다. 이 모든 과외수업은 임시적인 것이었다.

1880년 사라가 아직 인도에 있을 때, 또 다른 선교사 존 케인스와 결혼 준비 중이었다. 해리는 내가 결혼하기까지 나도 돌보아줄 것이다. 동시에 남동생 존은 성앤드류교회의 던컨 맥이치랜 목사처럼 목사로의 부름에 응답하였다. 존은 아직 멜버른대학교에서 문학석사 그리고 오몬드 신학교에서 신학학사를 졸업하여야 했다.

남동생 봅, 짐 그리고 타보는 해리의 교습 덕분으로 대학에 들어가 공부를 시작하였다. 빌은 현재 그의 과외반에서 공부하고 있다. 레스는 중등학교의 나이이고, 허버트는 초등학교 마지막 학년이다.

우리 엄마의 재정형편은 나아지기 시작하였는데, 그녀의 아이들이 직장을 찾기 시작하였기 때문이다.

해리는 자신의 가족을 취업시킬 방법을 찾고 있었다. 그때 그는 비로소 인도로 자유롭게 떠날 수 있기 때문이었다. 만약 그가 중등학교를 시작하고 기숙사까지 있다면, 남동생 짐과 타보가 시간제 교사를 할 수 있고, 레스와 허버트는 무료로 학교를 다닐 수 있었다. 그리고 나는 기숙사 사감을 할 수 있었다. 만약 학교가 성장한다면, 그는 그것을 언제든지 인도로 가기 위하여 팔 수도 있었다.

해리는 자신의 무등록 의사 댄 박사를 찾았고, 그는 해리에게 양호한 건강진단서를 발급해 주었다. 나는 당시 해리가 한 말을 기억한다. "주님이 나를 부르실 때, 나는 나 자신을 드릴 준비가 되어있는데, 가족을 위해서와 특히 존이 은행을 떠나는 것을 위해서이다." 해리는 이것을 그의 일기에도 언급하였다.

1881년 3월 26일, 해리는 문학학사 마지막 학년에 훌륭한 시험결과를 받았다. 그는 이것도 자신의 일기에 적었다. "내 이름의 계정으로 학교를 시작하기로 결정하였다." 같은 해, 4월 1일 그는 이렇게 적고 있다.

내가 이야기한 모두는 나에게 큰 격려와 마음의 동의를 해 주었다. 특히 매카트니 씨와 랑레이 씨가 그랬다. 아마 이것은 내 생애의 작업이 될 것이고, 인도로 돌아갈 수 없을지도 모른다. … 비록 나는 지금 아무 결정도 하지 못하였지만 말이다. 코필드 그래머 학교의 취지서를 위한 교정지를 다시 수정하였다. 그리고 나는 학교의 첫 광고를 아르거스 신문에 홍보하였다.

해리는 항상 히브리서 4장을 즐겨 읽었는데, 학교 표어를 그곳에서 선택하였다. 그것은 그에게는 분명한 말이었지만, 다른 이들에게는 때로 모호한 내용이었다.

수고함으로 좋은 상을 얻을 것임이라(전 4:9, 히 4:10-11)

6. 롤리 숍

1881년 4월 16일, 엘스턴위크 기차역 뒤편 글렌 헌틀리 가에 외떨어진 '롤리 숍'이 있었다. 해리는 세를 내고 그 상점을 인수하였고, 재고는 호의와 함께 20파운드를 지불하고 구입하였다. '롤리 숍'은 보통 소규모의 편의점인데, 길 모퉁이에서 병 우유, 음료수, 담배, 신문, 아이스크림, 작은 생필품, 빵 그리고 길 건너편 공중전화를 위한 동전을 바꾸어주는 곳이었다. 껌과 캔디 그리고 다른 달콤한 과자들도 물론 있었다.

해리는 상점 뒤의 아래층은 교실로, 위층은 기숙사로 사용하였다. 9명의 학생이 등록하였다. 나는 기숙사의 학생들을 똑똑히 기억하는데, 디와 에이 칼톤이었다. 낮 반에는 베지스, 워커, 트위크로스, 메리

옷과 세 명의 쇼우 형제들이었다. 우리의 막내 허버트는 12살이었고, 그는 수업료 면제였다.

해리는 그 가게 이름을 코필드 그래머 스쿨로 바꾸었고, 세상이 알 수 있도록 간판을 내걸었다. 그리고 학교를 운영하기 시작하였다.

1882년 2월 21일에는 42명의 학생이 등록을 하였다. 그 전 해에 비하여 30명의 학생이 증가한 것이다. 그리고 그 학생들을 모두 수용하기에 그 가게는 너무 작았다. 해리는 결정을 하여야 했다. 학교를 팔고 인도로 가느냐 아니면 더 큰 학교를 세우느냐였다. 그는 학교를 더 발전시키기로 마음을 먹었다.

결혼한 나의 언니 마가렛은 자신의 아들 찰스 나이트를 1884년 학교에 등록을 시켰고, 오빠 찰스도 자신의 아들 옴스비 데이비스를 1889년 등록시켰다.

7. 평생을 위한 전인 교육

남동생 존과 매카트니 신부 그리고 지역 주민들의 도움으로 해리는 엘스톤위크 기차역 부근 글렌 헌틀리 가에 5에이커의 부지를 확보하였다. 그는 그곳에 학교를 세우고 기숙사를 지었다. 또한 운동장을 평평하게 작업하였고, 학교 설비도 구입하였다. 모두 2,800파운드(현대 원화로 십억 원)의 재정이 소요되었다. 인도로 가는 것은 투자의 열매가 맺기까지 기다려야 하였다. 해리는 학교 행정에 관한 한 훈련이나 경험이 없었다. 초창기에 학교는 재정적으로 행정적으로 어려움을 겪을 수밖에 없었다.

해리는 학교 수업은 과외 공부를 가르치는 것과 다르다는 것을 금방 깨달았다. 그는 교사로서 훈련을 받은 적이 없었으나, 곧 학생들마다 학업 능력, 개성, 자기 훈련 등이 많이 다르다는 것을 발견하였다. 그는 부모들과 마찬가지로 학생들의 성적이 올라가지 않으면 종종 실망하였다. 그는 모든 학생이 대학교에 갈 수 없다는 것을 갑자기 깨달았다.

그때 그는 '평생을 위한 전인 교육' 철학을 발전시키게 된다. 기독교적 가르침과 매일의 성경공부는 학교의 특성이 되었다. 졸업생들은 그들의 능력 최고의 학업을 성취한 개성 있는 남성들이 되었다. 왕성한 과외 교육 프로그램도 있었다. 큰 운동장을 십분 활용하여 매주 토요일마다 스포츠 시간이 있었는데, 가을에는 크리켓과 테니스, 겨울에는 풋볼 그리고 봄에는 육상경기가 있었다. 이 운동으로 소년들은 성공할 수 있는 여러 기회를 가질 수 있었고, 인정받을 수 있었다. 1882년 12월 13일, 첫 육상경기에 관하여 해리는 다음과 같이 적고 있다.

… 그리스도인으로 만드는 것이 학교의 첫 번째 목표이다. 학문적인 훈련은 스포츠를 포함한 전인 교육에 필요한 한 부분이다.

1883년 등록한 학생 수는 63명으로 늘어났고, 1884년에 가서 학교는 관심을 끌기 시작하였다. 1887년에 학교는 소총사격을 포함한 군사 생도 훈련도 시작하였다. 샌킬다 가까지 기차로 이동하여 행진을 하였으며, 군악을 연주하기도 하였다.

8. 주말 선교사

해리 자신의 운동은 등산이었다. 그가 생각하는 좋은 휴가는 빅토리안 알프스의 워버톤 등산길을 6일 동안 걷는 것이었다. 그때 그는 시간에 쫓겨 번스데일까지 말을 타고 와 멜버른으로 가는 증기기관차를 타기도 하였다. 멜버른의 빌라 마리나 집 문 앞에 다다르면서 그는 가장 멋진 휴가였다고 선언하였다. 한 주말에 그는 블랙 스퍼에서 비슷한 등산을 하고 있었는데, 알렉산드라를 거쳐 예아 그리고 그날 밤 기차로 집에 돌아왔다.

나의 동생 사라의 제나나 선교를 위하여 해리는 발라렛 근처까지 가 '희망'이라는 전단지를 돌렸다. 그는 기차를 타기도 하고 또 걷기도 하면서 그곳에 가 설교도 하였는데, 빅토리아장로교 600명의 청년들이 그의 설교를 들었다.

호주 북부 카카두에서 휴가를 즐기는 조단
2012년 8월 3일 오전 6시

9. 관련된 역사

1881년 코필드 그래머는 빅토리아의 한 학교였다. 빅토리아는 당시 대영제국의 빅토리아 여왕 이름에서 유래되었다. 1834년에는 포트랜드에 그리고 1835년에는 포트 필립에 영국인들이 정착하기 시작하면서 빅토리아가 시작되었다. 포트 필립에 정착한 사람들의 지역은 1837년 멜버른으로 명명되었다. 1851년 머레이강 남쪽 지역은 뉴사우스웨일스에서 분리되었고, 멜버른은 수도로 빅토리아에 편입되었다. 1901년 빅토리아는 빅토리아주가 되었고, 영연방 호주의 6개 주 중에 하나가 되었다.

금은 1851년 발견되었다. 광산의 시굴자들은 포트 멜버른과 지롱을 통과하였고, 충적된 금을 차지하고자 벤디고에서 발라렛으로 그리고 그 너머까지 진출하였다. 그리고 10년 동안 그곳의 인구는 10만에서 50만 명으로 증가하였다.

갑신정변 직후, 헨리와 메리 데이비스가 서울에 도착하였을 때, 빅토리아의 인구는 거의 백만에 가까웠으며, 한국의 인구는 천만을 넘었다. 빅토리아와 한국은 면적이 거의 같았으니, 230,000평방킬로미터였다. 인구가 적은 데다가 금광까지 발견되어 빅토리아는 지구상에서 일인당 소득이 가장 높았다.

시골의 도시들, 특히 금광이 있던 발라렛과 벤디고는 지롱과 함께 대예배당을 세우기 시작하였는데, 돌로 된 교회당과 학교들이었다. 벤디고의 가톨릭 성당은 바닥재 대리석을 이탈리아에서 수입하였고, 발라렛에서도 비슷한 사치가 있었는데 바로 장로교의 세인트 존스와 에베네저교회당 건축이었다. 그들은 클라렌돈 레이디스 칼리지와 발라렛 보이스 그래머 학교도 세웠다.

1881년 빅토리아는 남멜버른에서 지롱으로 가는 기찻길을 연결하였고, 그 길은 북쪽과 북동쪽 경계선까지 이어졌고, 동쪽은 깁슬랜드까지 연결되었으나, 서쪽 길은 레더드락 협곡에서 끊기게 되었다. 협곡의 다른 편에 있는 발라렛으로 가려면 지롱까지 기차를 타고 가 그곳에서 발라렛까지 서비스톤 노선을 이용해야 하였다. 서비스톤은 남호주 경계에 있는 도시였다. 마가렛 데이비스가 호샴이나 그로케의 벨 여사를 방문할 때, 이 기차 노선을 이용하여 지롱까지 가서 후에 발라 렛으로 간 것이다. 이 기차 노선들은 금광 지역의 작은 도시들을 멜버 른까지 연결하였다.

1881년 멜버른은 도시 전철 네트워크를 확장하였는데, 유권자들을 위한 국회위원들의 작업이었다. 그중 한 명이 토마스 벤트였다. 그는 브라이톤 시장으로 교통부장관이 되었고, 후에는 빅토리아 수상까지 된 인물이다. 브라이톤까지 가는 기차는 프라한(형제단 교회가 있는 곳)과 엘스톤위크(코필드 그래머 학교가 있는 곳)를 통과하였다. 벤트 는 멜버른 외곽과 그 근처 시골의 싼 땅을 취득하였다.

벤트는 장관으로서 광활한 기차 노선 네트워크를 구축하였고, 그 기찻길은 그 자신의 땅을 통과하는 듯하였다. 1898년 그는 멜버른에 서 발라렛까지 160km의 기찻길을 완성하였고, 기술의 발전으로 레더 드락 협곡도 통과할 수 있었다.

10. 헨리의 학교 운영

학교를 운영하는 헨리의 목적은 그가 인도로 돌아갈 수 있는 재정 을 만들어내고, 가족 구성원에게 일자리를 제공할 수 있도록 하는 것 이었다. 학교의 브랜드는 학비를 낼 수 있는 남학생을 위한 중등 사립 학교였고, 기숙사 생활은 선택이었다. 이것은 다른 학교들과 차별되 는 것이었다. 중고등학생만을 위한 학교였기 때문에 부모들은 공립초 등학교에서 자신의 아이들을 구별하여 옮길 수 있다는 것이었다. 시골의 부모들은 이 학교에 기숙사가 있다는 장점을 선택하였고, 도시의 부자들도 그런 점을 좋아하였다. 기숙사 운영으로 학교 재정은 더 나아졌다. 당시 멜버른대학교 입학을 위한 좋은 중고등학교가 충분치 않았던 것이다.

멜버른의 많은 부자들과 금광의 졸부들은 자신의 아이들 교육을 위해 기꺼이 비용을 치루기 원하였다. 멜버른대학교는 대학입시 자격생들보다 더 많은 학생들을 수용할 능력이 있었다. 그러나 대학교는 입학기준을 타협하지 않았다. 1881년 빅토리아에 중고등학교 나이의 남학생들이 100,000명 있었고, 매년 15,000명이 증가하고 있었다. 사업가의 입장에서 보면 시장은 매년 15%씩 성장하고 있었던 것이다.

매카트니 신부는 그 지역의 결혼과 세례에 관한 통계를 가지고 있었다. 그는 해리에게 조언하기를 이 시대는 각 가정마다 10명의 아이들이 있으며, 그 가정들은 자신의 아들 교육의 필요성을 채우려고 한다는 것이다. 그리고 그 젊은 인구는 엘스톤위크라는 역 거주지에 자라고 있었다. 그는 해리에게 30개의 학교가 있는 샌킬다나 22개의 학교가 있는 해변가의 브라이톤 같은 정착된 부자동네와 경쟁해서는 희망이 없다고 말하였다. 엘스톤위크에는 학교가 없었으며, 해리는 그곳에서 시장을 독점하여 기초를 닦고, 후발 주자들을 막아낼 기회를 가질 수 있었던 것이다.

해리는 가난한 학생으로 학교를 시작하였다. 그가 가진 20파운드 전부로는 엘스톤위크 기차역 뒤의 글렌 헨틀리 가에 위치한 작은 편의점 재고만 구입 가능하였다. 글렌 헌틀리 가의 끝에는 서쪽으로 샌킬다의 주요 지역이 있었고, 동쪽으로는 유명한 코필드 경마경기장이 있는 코필드였다. 해리는 천재성을 가지고 자신의 학교를 누구나 알 수 있는 이름으로 명명하였고, 후발주자들은 자신의 학교에도 그 이름을 따오려고 경쟁하였다.

해리는 그 편의점에 '코필드 그래머 스쿨'이라는 간판을 걸었고, 그 이름으로 등록을 하였다. 그리고 이 학교가 세를 낼 수 있는 비용을 충당하기를 희망하였다. 엘스톤위크는 경마경기장이 없었지만, 코필드에는 있었다. 매해 10월이면 전 세계에 알려진 그 유명한 플레밍톤의 멜버른 컵 경기 전, 이곳에 코필드 컵 경기가 있어 말의 경주 능력을 테스트하곤 하였다.

코필드 그래머는 엘스톤위크에 세워진 첫 번째 학교였다. 샌킬다나 브라이톤에서 종종 그랬던 것처럼, 먼저 세워진 학교는 새로운 도전자들을 다른 지역으로 내몰 수 있었다.

해리는 너무 가난하여 그의 사업은 실패로부터 먼 지역에서 독점적으로 시작되어야 하였다. 그리고 다가온 좋은 기운이나 하나님이 축복한 행운에 실패는 허용되지 않았다.

코필드 그래머 학교는 일반 공립학교의 경쟁자들과의 운영을 달리하였다. 이 학교는 기독교학교이지만 초교파적이었다. 이 학교의 부모들은 일반적으로 개신교인들이었으며, 그러나 주요 교단에는 속하기 원치 않았다. 거기에 반해서 스코치 칼리지, 멜버른 그래머, 세비어 그리고 웨슬리 같은 공립학교는 일정한 교단에 근거한 교회 학교들이었다. 이 학교들은 공립으로 정부의 재정으로 운영되었다. 코필드 그래머는 기독교학교이면서 교단에 속하지 않았고, 사립이므로 스스로 재정을 충당하여야 하였다.

코필드 그래머의 이러한 브랜드는 전통적인 공립학교와 차별되어 비교되었다. 정직한 해리는 자신이 당시 한 일의 의미를 정확히 모를 수 있으나, 이 브랜드의 선택은 탁월한 것이었다. 당시 많은 부모들이 자신은 기독교인이라 생각은 하였지만, 자신들의 전통적인 교회에 대하여는 매력을 느끼지 못하고 있었고, 또는 주일에 포트 필립에서 요트를 타는 것을 더 좋아하고 있었기 때문이다.

11. 마케팅과 홍보

학교를 위한 주요 마케팅 자산은 바로 해리 자신이었다. 그는 자신이 활동하는 지역의 교회에서 초청받아 설교할 때 능력 있는 설교자였으며, 프라한, 경마경기장교회, 투락, 멜버른시 등의 지역까지 영향을 넓히었다. 그는 토마스 벤트의 철도선을 이용하여 시골 지역의 설교나 홍보 일정을 다녔고, 때로는 말을 빌려 타고 다니기도 하였다. 그는 지롱을 거쳐 버닝용까지 기차로 가 동생 존 데이비스 목사와 헤이스티 목사를 방문하였다. 헤이스티는 그를 버닝용뿐만 아니라 발라렛과 데이레스포드 교회에 소개하여 설교할 수 있도록 하였다. 그는 벤디고 철도선에 있는 마을에서도 설교를 하였고, 영하 9도의 '추운 주일' 아침에 하얀 서리를 밟으며 한 교회를 방문한 것을 이야기하곤 하였다.

이러한 효과적인 방법으로 해리는 부모들에게 그들의 아들을 코필드 그래머로 보내라고 호소하였다. 그의 '평생을 위한 전인 교육' 정책은 도시나 시골에서 똑같이 흥미를 끌었다. 그는 말하였다. "멜버른시 그래머 학교 중의 하나로 우리 학교는 꽤 알려졌다. 우리의 적당한 건물과 최고의 운동장은 정말로 그림과 같은 전경이다."

한번은 해리가 학교 전단지를 나누어 주려고 한 무리와 함께 멜버른 타운홀 전면에 있는 스완스톤 가로 갔다. 그때 한 경찰관이 다가와 그런 행위는 도시규정에 어긋난다고 하였다. 그는 그 길을 벗어나 타운홀 정문 앞에 있는 주차 공간으로 갔다. 그 길과 공간에도 보행자들이 오가고 있는데, 그는 전단지를 계속 배포하였다. 경찰은 그를 체포할 수밖에 없었고, 법정으로 넘겨졌다. 언론이 그 사건을 놓칠 리가 없었다. '교장이 체포되다'가 기사의 제목이었다. 그러므로 코필드 그래머 학교와 그 학교의 교장 이름이 빅토리아 전체와 그 너머까지 알려지게 되었다.

12. 재정 자원

한때 사업이나 부동산으로 재정적 이윤을 얻는 것을 비난하였던 형제단원 해리가 학교 교장이 되었다. 1882년 초, 그는 그 편의점을 떠나 그 근처의 부지 5에이커를 2,193파운드로 매입하였고, 건축비용은 700파운드였다. 1888년 그는 그것을 10,000파운드에 매도하였다. 그것을 행운이라고도 부르고, 재능이라고도 부르고, 사도의 기적이라고도 부른다. 1880년대 부동산붐이 일어나기 시작할 때 그는 그것을 매입하였고, 그 붐이 꺼지기 전에 매도한 것이다. 해리는 할 일을 하였고, 이제는 좀 더 안전한 성공회로 학교가 이전될 준비를 하였다. '초교파'의 브랜드가 이제는 '에큐메니칼'이라는 이름 아래로 들어가는 것이다.

1888년의 가치를 보면 해리는 판매가로 15,000파운드를 부를 수도 있었을 것이다. 누가 알겠는가? 토마스 벤트 경은 '하나님이 서명'한 만 파운드짜리 수표를 해리에게 전달하였다. 그는 그것을 거절치 않고 받았다. 누가 하나님이 주시는 축복을 거절할 수 있을까?

이제 나 조단은 제네바대학과 국제 법정으로 가는 길에 인사를 고

해야 하겠다. 우리는 곧 자비루로 떠날 것이다. 나는 내가 죽기 전 카카두를 꼭 보기 원하며, 그러므로 나의 버킷 리스트 하나가 줄어들 것이다.

메리가 교회에서 집으로 오고 있다.
　1890년 8월

13. 창세기 1장

　창세기 1장을 생각하면서 코필드 그래머 학교의 모토가 나의 마음에 들어왔다. 초기에 해리는 아무의 도움 없이 9명의 남학생과 함께 공부 반을 시작하였고, 편의점 건물을 세 내어 그곳을 코필드 그래머 학교로 불렀다. 그는 그 건물 아래층의 교실과 이층의 기숙사가 학생들의 수로 너무 작아질 정도로 학교를 성장시켰다. 해리는 그것을 보고 기뻐하였다. 그 단계에서 그는 학교를 매매할지, 안식을 취할지, 노동을 계속할지 결정해야 하였다.

　그리고 해리는 벽돌 건물이 있는 5에이커의 학교를 세웠고, 그곳에서 그의 동생들이 일하거나 공부하도록 하였다. 밤에는 빌라 마리나 집으로 돌아가 쉬기 전, 기숙사에서 저녁을 먹었다. 그리고 그는 벽돌로 된 기숙사 집을 자신의 누이를 위하여 지어 그녀가 밤에 사감 일을 할 수 있도록 하였다. 그 나이의 여성들은 그 시각에 밖에서 춤을 추며 놀고 있을 텐데 말이다.

　밤새 기숙사 사감 일을 한 나는 아침을 먹고 쉬기 위하여 빌라 마리나 집으로 돌아온다. 모든 일을 마쳤다면 말이다. 그리고 집에 있는 동생들과 쇠약한 어머니를 돌본다. 해리는 이웃들의 나무로 둘러싸인 운동장을 만들었고, 나뭇잎 사이에서 새들이 지저귀었다. 해리는 그것을 보고 기뻐하였다.

14. 출애굽기

1886년에 가서 입학한 학생 수는 100명으로 증가하였다. 타보는 학사 과정을 우등으로 마쳤고, 존은 장로교 목사로 안수를 받았다.

기숙사에는 30명의 남학생이 있어 한 명의 사감, 즉 나로는 부족하였고 전문적인 행정이 필요하였다. 해리는 이제 가족에 대한 책임에서 자유롭다고 느끼었고, 누가 학교를 산다면 인도로 가라는 하나님의 신호로 생각하였다.

1886년 5월, 샌킬다 그래머 학교의 호웰 토마스 씨가 매입 의사를 밝혔다. 나는 당시 해리가 제대로 결정할 수 있을지 염려를 하였고, 그의 행동에 엄격하게 간섭하였다. 엄마 마가렛도 크게 걱정을 하였다. 토마스의 제안은 모호하였다. 만약 토마스가 제대로 시간에 맞추어 비용을 지불하지 않으면 800파운드의 모기지가 있는 우리 학교와 집을 다 잃어버릴 수 있었다. 나는 해리에게 우리의 안전을 토마스에게 맡길 수 없다고 말하였다. 그리고 그의 제안을 수용하지 말도록 하였다. 그는 내 말을 받아들였다. 다행이었던 것은 얼마 안 있어 토마스는 파산하고 사망하기 때문이다. 만약 해리가 그 제안에 서명을 하였다면 코필드 그래머는 사해 속으로 가라앉았을 것이다.

이렇게 여기에 나의 공이 있다. 코필드 그래머는 나와 엄마 덕분에 살아남았다. 어머니는 그 후 큐에 있는 병원에 입원하셨고, 곧 사망하였다. 이제 나와 허버트를 제외하고, 해리는 자유로워졌다.

1888년 초에 쇼트 부인은 자신의 5에이커 부지 위에 있는 맨션 스탠머 파크를 30,000파운드에 팔았다고 해리에게 말하였다. 해리도 자신의 것을 팔 생각을 하고 있다고 하였다. 쇼트 부인은 자신의 부동산 중개업자 릴리에게 그 말을 전하였다.

1888년 4월 28일, 릴리는 해리에게 한 단체에서 10,000파운드를 제안하였다고 하였다. 우리의 사랑하는 해리는 심지어 언쟁하지도 않았다. 그들은 해리의 긍정적 신호를 받은 것이다. 앞에 나선 사람은 존 고우레이였지만, 뒤에 있던 구매자는 '힘 있는' 토마스 벤트였다. 해리는 그 제안을 받아들였고, 연말 학기까지 그 건물을 세를 내고 사용한다는 조건을 붙였다.

학교에는 96명의 남학생들과 32명의 기숙사 생도들 그리고 호의와 학교 설비 등의 가치가 있었다.

매카트니 신부는 3년 전 어네스트 주드 버넷을 디컨으로 안수하였었다. 버넷은 이제 큐의 성삼위교회의 보좌 신부가 되어 있었다. 매카트니는 해리를 버넷에게 소개하였고, 그녀는 한 학교를 300파운드에 구입하였다. 해리는 베넷을 추천하는 글을 학부모들에게 돌렸는데, 몇 학부모는 자신들을 판다고 오해하였다.

해리는 모든 빚을 갚았다. 모기지도 깨끗하게 하였다. 동생 존의 계약과 함께, 나에게 1,000파운드를 투자하였고, 또 다른 1,000파운드는 자신과 '키친과 아폴로 주식회사'에 투자하였다.

1888년 8월 22일, 해리의 32번째의 생일이다. 학교는 우리를 환송하며 선물을 주었는데, 그것들은 지금 내 가방에 들어있다. 해리의 가방과 체인 그리고 나의 앨범이다. 환송회에서는 많은 연설과 박수가 터져 나왔다.

이틀 후가 우리의 마지막 날이었다. 매카트니는 그의 학생이자 친구에게 진실한 말을 하였다. 해리는 다음과 같이 말하였다. "존 어윙은 특별한 연설과 기도로 나를 하나님께 위탁하였다."

15. 사도행전

해리가 한국으로 떠나는 날, 거의 모든 학생들이 나와 그에게 '세 번의 큰 환호성'을 외쳤다. 그 소리는 마치 강한 바람이 몰아치는 소리 같았고, 마지막으로 해리가 들은 소리는 항구에서 증기선이 출발하며 울리는 기적소리였다.

나는 생각하기를 해리가 사도행전 1장과 2장을 읽는 순간부터 해외 선교사로 나가기를 원한 것 같다.

2장 2절-4절: 홀연히 하늘로부터 급하고 강한 바람 같은 소리가 있어 그들이 앉은 온 집에 가득하며 마치 불의 혀처럼 갈라지는 것들이 그들에게 보여 각 사람 위에 하나씩 임하여 있더니 그들이 다 성령의 충만함을 받고 성령이 말하게 하심을 따라 다른 언어들로 말하기를 시작하니라.
1장 8절: 오직 성령이 너희에게 임하시면 너희가 권능을 받고 예루살렘과 온 유대와 사마리아와 땅 끝까지 이르러 내 증인이 되리라 하시니라.

나의 동생 조셉 헨리 데이비스는 무에서 코필드 그래머 학교를 시작하였다. 이것은 그의 천재적인 순간이었으며, 그의 일을 이루었다.

갈라진 불의 혀가 그의 위에 임하였고, 바람은 지구에서 가장 먼 곳까지 그와 동행하였다. 그는 그의 재능 코필드 그래머 학교를 이곳에 그렇게 남겨두고 떠난 것이다.

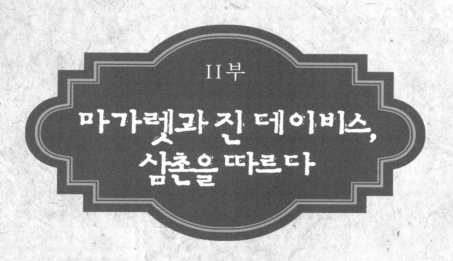

II부

마가렛과 진 데이비스, 삼촌을 따르다

1장

금광에서 조선으로

마가렛과 진은 조상의 열정과 그들 학교의 특성대로 '그리스도를 위하여 자신들의 삶'을 드렸다. 이제 이 두 자매를 독자들에게 소개한다.

마가렛과 진의 모친은 제인 헤이스티(원래 성은 스미스)와 토마스 헤이스티의 딸, 바바라 애니였다. 1846년 토마스와 제인 헤이스티 목사 부부는 빅토리아의 버닝용이라는 곳에 교회를 개척하도록 부름을 받았다. 당시 빅토리아는 뉴사우스웨일스로부터 독립된 식민지였고, 1851년 7월 1일에 이루어졌다. 그리고 한 달 후 한 대장장이가 그 버닝용에서 금을 발견하게 된다. 세계 최대의 금광이 빅토리아에서 시작되게 된 것이다.

1859년 빅토리아의 여러 장로교 교단들은 빅토리아장로교회로 연합하였다. 이때를 기념하여 발라렛에 돌로 된 교회를 건축하였고, 에베네저교회로 칭하였다. 빅토리아는 당시 세계에서 일인당 소득이 가장 높은 곳이었다.

1861년 헤이스티 부부는 휴가를 가졌는데, 그때 그들의 8째이자 마지막 자녀인 바바라 애니가 영국 비어켄헤드에서 태어났다.

버닌용의 크라운 광산 매니저 로버트 알란은 '성경의 진리를 조직적으로 강의하는' 모델 안식일 학교를 버닌용에 개척하였다. 1878년 그의 유산 만여 파운드는 장학금으로 주어졌다. 만 파운드는 지금의 미화 4천만 달라 정도이다. 알란 장학금으로 알려진 관대한 이 장학금은 엄격한 절차를 거쳐 주어졌는데, 매년 주니어와 시니어 시험결과에 따라 수여되었다.

알란장학금은 활발한 경쟁을 부추겼다. 모든 교단의 목회자들은 장학금 후보자를 준비하였고, 타이쿤 신문의 루퍼프 머독의 할아버지, 캠버웰의 트리니티장로교회 패트릭 머독 목사는 '요약 요리문답 정보'를 발행하였다.

1875년 14살이었던 막내 애니는 발라렛의 중학교에 입학할 때가 되었다. 그녀는 클라렌돈 레이디스 칼리지에 등록하였다. 토마스 헤이스티 주니어 톰은 1868년부터 1872년까지 발라렛 보이스 그래머 학교를 다녔고, 1873년에 멜버른의 스코치 칼리지에 들어갔다. 그는 멜버른과 글라스고우에서 의대를 졸업하고, 뉴사우스웨일스 리스 고우에서 의사 생활을 하였다.

1882년 1월 9일, 톰이 사망하였다는 소식이 날아들었다. 그의 나이 26세였다. 애니는 당시 자신의 아버지에 관하여 다음과 같이 썼다.

그는 자신의 아들을 위해 애통해 하였는데, 마치 압살롬을 향한 다윗의 애통함과 같았다. 그러나 그의 기독교 신앙이 그를 버티게 하였고, 우리의 어머니는 이 괴로운 시험에….

톰의 죽음 이후 토마스는 급격히 쇠약해져 갔다. 1887년부터 1890년까지 마가렛과 진의 부친인 존 데이비스가 그 교회의 협력목사였다. 1898년 4월 토마스 헤이스티는 버닝용에서 사망하였다. 1900년 그의 아내 제인은 교회의 한 창문이 색유리로 만들어진 것을 보았다. 토마스의 초상화가 그 색유리 창에 포함되어 있었다. 그녀는 교회에 들어올 때 왼쪽 편으로 먼저 들어오는 황금빛의 햇볕이 그 유리창을 통과하여 들어오는 것을 좋아하였다. 제인은 1901년 1월 25일 버닝용에서 사망하였다.

1. 존 조지 데이비스

마가렛과 진의 부친은 존 조지 데이비스이다. 그리고 존은 마가렛과 찰스 데이비스 아들이었다. 마가렛과 찰스 데이비스는 건강상의 이유로 영국 글라스고우에서 뉴질랜드 왕가라이로 이주하기 전에 2명의 자녀가 있었다. 그리고 뉴질랜드에서 5명의 자녀를 더 출산하였는데, 메리 타보, 사라, 조셉 헨리, 존 조지 그리고 로버트이다. 1861년 이 가족은 호주의 멜버른으로 다시 이주하였고, 피츠로이에서 살다가 엘스톤위크으로 이사하여 그곳에서 나머지 아이들을 출산하였다.

데이비스 가족은 코필드의 에이라 가 소재 성공회 소속 세인트 메리교회에 출석하였다. 에큐메니즘의 영향으로 존 조지는 멜버른대학교에서 수학하는 동안 칼톤의 세인트 앤드류장로교회에 출석하였다. 그는 계속하여 멜버른대의 한 부분인 오몬드신학교에서 공부하였고, 졸업 후에 목사로 안수받았다.

1886년 1월 21일 존 조지 데이비스는 버닝용의 토마스 헤이스티

딸인 바바라 애니 헤이스티와 결혼하였다. 얼마 후에 존은 알란스포드 교회로부터 청빙을 받았고, 마가렛 샌드먼 데이비스는 1887년 1월 12일 알란스포드 사택에서 출생하였다. 그 해 말, 존은 자신의 장인 토마스 헤이스티의 버닝용 교회 순회목사로 갔으며, 그곳에서 앨리스 진 데이비스가 탄생하는데 그때가 1889년 3월 9일이었다. 마가렛과 진은 어린 시절 버닝용 사택에서 자신들의 할아버지와 살았던 것이다.

1890년 지롱의 세인트 조지교회가 존 데이비스를 청빙하였다. 이 해에 존의 아내 바바라 애니와 자신의 누이 사라는 투락장로교회의 제인 하퍼와 연합하여 장로교여선교연합회를 창립하게 된다.

1892년 4월 11일 애니는 아들을 낳는데, 세례명이 헨리 보우만 데이비스였다. 그의 애칭은 '컬'이었다. 컬은 딸 페기와 아넷을 두었고, 아들 로렌스를 두었다. 아넷은 아들 알란과 딸 저바스를 두었는데, 저바스가 조단과 데이비드 그레이 모친이다.

이 해 말 존 데이비스는 캠퍼다운에서 온 청빙을 받아들였다. 연말에 그 교회는 모금행사를 하였는데, 교회 마당에서 바자회를 열고 추첨을 하였고, 교회 강당에서는 유료 음악회가 열렸다. 새 목사와 캠퍼다운의 노회는 이러한 모금행사를 지양하고 있었다. 그러나 장로들의 의견이 우세하였다. 1892년 말, 「캠퍼다운 크로니클」에는 한 기사가 실렸는데 제목이 존 데이비스 목사의 설교였다. 애니는 나중에 아이들이 크면 보여주려고 이 기사를 자랑스럽게 보관하고 있었다. 다음은 존의 설교 중 한 부분이다.

캠퍼다운 크로니클,

1892년 12월 20일.

시장, 복권 그리고 다른 끔찍한 도박의 가증스러운 행위에 대하여 우리는 무엇이라고 말하겠는가? 나그네들을 유혹하는 야하게 장식된 극장의 육체적인 여흥에 대하여 무엇이라고 말하겠는가? 단순한 여흥을 위하여 온 그리스도와 그의 교회에 대하여 관심 없는 사람에게서 돈을 빼앗으려는 지속적인 노력이 있다. 나는 시장과 극장을 창녀의 방 대기실로 유죄 판결을 한다.

1893년 초, 존 데이비스는 코롬브라로부터 초청을 받았다. 존이 그곳에 교회를 세우기 위하여 떠났을 때, 애니와 자녀들은 버닝용에 머물렀다.

동시에 아버지 존의 형인 헨리 삼촌과 메리 고모는 1881년 4월 25일 코필드 그래머 스쿨을 열었다. 가족이 일할 수 있는 사업을 시작한 것이다. 헨리는 동시에 공부를 계속하였고, 문학석사와 신학학사를 취득하였다. 그는 빅토리아장로교회에서 목사 안수를 받았다. 1889년 어머니 마가렛이 사망하고, 막내 동생 허버트가 독립을 하자 헨리와 메리는 한국 경상남도의 부름에 응답하였다.

헨리와 메리와 가까웠던 투락교회의 어윙 목사로부터 영감을 받은 장로회 남청년친교연합회는 이 선교를 위하여 모금을 하였고, 헨리와 메리는 자신들의 학교를 팔았다.

메리와 헨리 데이비스는 1889년 8월 21일 한국으로 출발하였다. 메리는 서울에 머물렀고, 헨리는 언어 선생과 함께 남쪽으로 향하였다. 그는 거창, 진주, 마산을 거쳤으나, 부산까지는 타인이 그를 옮겨서 가야 했다. 1890년 4월 5일 그곳에서 헨리는 천연두로 사망하였고, 부산진과 항구 사이의 한 언덕에 묻혔다.

2. 코롬브라에서의 8년

헨리의 동생 존 데이비스 목사는 교회당과 사택 그리고 주일학교를 세우기 위한 '코롬브라 프로젝트'를 시작하였다. 어린 시절부터 존의 딸 마가렛과 진은 말과 당나귀를 타는 것을 배웠으며, 소 우유를 짰고, 가축을 돌보았으며, 남동생 컬을 돌보았다. 미래의 선교를 위한 관계있는 훈련이었다. 그들은 그 지역의 초등학교를 다녔는데, 진은 1896년부터 시작하였다. 집에서는 애니가 교회 피아노를 가르쳤고, 숙제를 할 때 아버지와 어머니가 함께 토론하는 것이 목사관의 딸들을 위한 하나의 의식 같았다.

학교 방학 시에는 버닝용의 할아버지 헤이스티를 방문하였고, 또한 멜버른에 있는 다른 데이비스 가정도 방문하였다. 이모 앤지스(애니의 언니)가 방문하여 함께 있는 것도 어린 마가렛과 진에게는 즐거운 시간이었다. 앤지스는 토마스 랑함을 만나 1897년 결혼하였다.

1899년 1월 2일 존의 동생 빌이 마가렛의 11살 생일을 축하하기 위하여 멜버른에서부터 오기로 하였다. 그런데 삼촌 빌이 코롬브라에 나타나지 않았고 마가렛은 실망하였다. 그때 전화벨이 울렸다. 코롬브라로 오는 도중 삼촌이 사망하였다는 것이다. 그의 나이 34살이었다.

애니의 딸 마가렛과 진은 깁스랜드 여선교연합회의 사랑을 받았다. 이 연합회는 후에 진의 한국 의료선교를 지원하였다. 마가렛과 진은 학교에서 우수한 성적을 거두고 있었고, 장래가 촉망되었다. 이들은 교회 예배와 주일학교에 참석하였고, 성경 읽기 연습과 암송을 하였다. 또한 할아버지 헤이스티의 '숲에서 오는 목소리'와 머독의 '요약 요리문답 정보'를 읽었고, 교단들 간의 교리의 차이점을 이해하기 시작하였다.

13살이 되어 마가렛은 자신의 삶을 그리스도를 위하여 살기로 결심하였고, 코롬브라교회의 매우 어린 성찬식 참여자가 되었다. 5년 동안의 로버트 알란의 성경 진리 조직신학 과정 후에, 진은 1900년 9월 연말 시험에 참석하였다. 1등을 차지한 진은 큰 재정이 주어지는 주니어 부분 알란 장학금 수혜자가 되었다.

발라렛의 클라렌돈 레이디스 칼리지의 선배 애니는 1901년 학기에 마가렛과 진을 기숙사에 입학시켰다. 이때 존은 멜버른의 한 교회에 부름을 받아 갈 수 있었다. 애니는 마가렛과 진이 마지막 방학을 버닝용 목사관의 헤이스티 할머니와 보낼 수 있도록 코롬브라에서 데리고 갔다. 이때 슬픈 일이 일어났는데 할머니가 1월 25일 사망한 것이다.

클라렌돈 레이디스 칼리지, 발라렛
학교 입학처:
904　1901년 2월 12일 데이비스 엘리스 진 1889년 3월 9일
906　1901년 2월 12일 데이비스 마가렛 샌드먼 1887년 1월 12일
(클라렌돈 칼리지 고문서관, 헤더 잭슨 제공)

마가렛과 진은 즉시로 그곳에 적응하였다. 자신들의 어머니 모교였던 것이다. 엘리자베스 케네디 선생이 마음의 문을 열어주었다. 마가렛과 진은 그녀의 지적인 갈색 눈동자에 사로잡혔고, 그녀의 겸손한 행실, 부드러운 목소리, 매력적인 웃음 그리고 무엇보다도 그녀의 머리 위에서 반짝이는 순백색의 머리카락에 이끌렸다.

진은 학교 코트에서 취미로 테니스 운동하는 것을 좋아하였다. 이 학교는 경쟁적인 운동보다도 매일 아침 시편을 시작으로 성경읽기를 하였다. 수요일 오후는 제외였는데, 이날은 모든 여학생이 체육관에서 미용체조를 하였다. 체조 후에는 학생 한명 한명이 책을 머리에 얹고 체육관을 돌아야 하였다.

로스 선생은 진에게 독일어와 프랑스어를 가르쳤고, 진은 말하기와 쓰기에서 우수하였다. 케네디 선생은 자신의 학생들이 세상 돌아가는 것을 알 수 있도록 신문과 잡지를 읽어주었다. 예를 들어 파나마 운하가 건설되면 프랑스 선박의 또 다른 노선이 될 것이며, 보어전쟁의 경과, 발라렛의 말이 끄는 전차 대신에 전기로 가는 전차 등이었다.

3. 프레스비테리안 레이디스 칼리지

더 메신저.

1901년 8월 9일

존 데이비스 목사가 8년 동안의 코롬브라의 목회를 마치고, 8일 목요일 장로교단의 관심 속에 코필드에 취임하였다. 그의 능력, 온화함 그리고 일에 대한 헌신, 학업, 경험은 설교의 은사와 함께 그곳 사역에 적합하다.

이 학교의 음악 담임 펜텀 씨는 마가렛에게 피아노 포르테를 가르쳤고, 마가렛은 평생 피아노 연주를 즐겼다. 고전학의 대가 알란 씨와 맥라렌 교장이 마가렛과 진에게 라틴어와 그리스어를 가르쳤다. 마가렛은 우등 수준이었다. 조세핀 패터슨 선생은 마가렛과 진에게 왕실 영어를 가르쳤다. 1904년 대학 입학시험에 마가렛은 그리스어와 라틴어는 우등 그리고 나머지 과목도 모두 시험에 합격하였다. 또한 멜버른대학교와 오몬드 칼리지 기숙사 비용을 위한 정부장학금을 수여하게 되었다.

진은 윌슨 박사의 역사와 수학 반에 있었다. 윌슨은 이 학교의 교장이었다. 진은 윌슨 박사의 4월 1일 생일에 카드를 보내기 시작한 6명 학생(트레이시 쇼트, 헬렌 헤일스, 에디스 넬슨, 올리브 스틸웰, 메이 혼) 중의 한 명이었다. 그는 이 학생들을 '새끼 고양이'로 불렀고, 해외에 나갈 때마다 고양이 그림이 있는 우편엽서를 그들에게 보냈다. 윌슨 박사와의 이 즐거운 관계는 진의 성공적인 학습 결과의 주요한 요인이었다.

진은 저명한 진 화이트 박사에게 생리학과 식물학을 배웠다. 또한 프레이저와 린드에게서 독일어를 배웠고, 멜버른대학의 프랑스어 학과에서 온 마우리스-칼톤에게서는 프랑스어를 배웠다. 진은 자신이 정복한 프랑스어가 후에 뉴헤브리데스의 농원에서 얼마나 가치가 있을 줄 그때는 알지 못하였다. 또한 독일어는 후에 비엔나대학에서 시그몬드 프로이드에게 정신의학을 수강을 할 때 도움이 되었으며, 전투 중 부상당한 독일 해군들을 수술할 때에 꼭 필요한 능력이었다.

1904년 말 진은 의과 공부도 선택 중의 하나로 열어 놓았다. 그녀는 라틴어와 그리스어를 공부하지 않았는데, 이 과목들은 의과 대학 입학에 필수 과목이었다. 그녀는 대학을 가기까지 2년 남았는데, 라틴어와 그리스어를 4년 공부하여야 하였다. 그래서 진은 자신의 수강 과목을 크게 조정하였다.

1905년의 대학 입학시험에 16살인 진은 영어, 독일어, 역사를 우등으로 미리 시험을 보았고, 남은 기간에 그녀는 라틴어와 그리스어에 집중하였다. 1906년의 시험에서 그녀는 그리스어, 라틴어, 프랑스어, 수학, 대수학, 기하학에 합격하였고, 식물학과 생리학 시험은 우등이었다.

멜버른대학교에 여성이 처음 입학할 수 있었던 해가 1880년이었다. 프레스비테리안 레이디스 칼리지 출신인 콘스탄스 엘리스가 빅토리아에서 첫 여성으로 의학 학사를 받은 해가 1903년이었다. 콘스탄스는 레이디스 칼리지의 생활과 모임의 화제였다. 진은 어느 날 이렇게 말하였다. "나는 의료 선교사로서 부름을 받은 것 같지는 않다." 그러나 콘스탄스의 성취가 영감이 되어 라틴어와 그리스어에도 불구하고 그녀는 의학을 하였던 것이다.

4. 멜버른대학교

멜버른대학교 오몬드 칼리지 기숙사생이었던 마가렛은 1905년 3월에 공부를 시작하였다. 입학 번호는 50066이었다. 그리고 5년 후인 1910년 4월 16일 졸업식에서 그녀는 문학석사와 교육학 디플로마를 받았다. 그리고 그 해 디커니스 과정을 하였고, 11월에 한국으로 떠날 준비가 되었다.

진은 1908년 3월 멜버른대학교 의대에 입학하였다. 입학 번호는 80077번이었다. 이 해 그녀는 자연철학 시험에 우등함으로 오몬드 칼리지 기숙사 장학금을 받았다. 1914년 진은 병리 의학, 외과의술학, 산과학, 부인학을 각각 우등으로 통과하였고, 1915년 3월 의학 학사와 외과학 학사를 취득하였다.

멜버른의 로얄어린이병원 원장은 1915년 진을 인턴으로 선택하였고, 다음 해는 레지던트로 임명하였다. 그녀는 멜버른안과병원에서 2년간 일하였고, 새 여성병원에도 레지던트로 임명되어 발전된 기술을 사용하여 일반 수술의 경험을 쌓았다.

5. 조선으로 가다

자신의 생애 중 마가렛은 30년을, 진은 23년을 한국에 쏟아부을 준비가 되었다. 한국에는 '백만 구령운동'이 진행되고 있었고, '믿는 사람들은 군병 같으니 앞에 가신 주를 따라 갑시다' 하며 일어서고 있었다. 미국, 캐나다, 호주, 영국, 중국 그리고 프랑스에서 온 장로교, 감리교, 구세군, 가톨릭, 성공회의 선교자들이 '우리 대장 예수 기를 가지고 접전하는 곳에 가신 것 보라'며 평양과 이북, 서울과 중부 그리고 부산과 경상 지역에 각자의 선교부를 세우고 있었다. 마가렛은 경상남도 부산에 파송되었고, 진은 진주의 병원에 파송되었다.

'그리스도를 위하여 일어서라 일어서라 싸움은 쉬이 끝나리라.' 로마 가톨릭은 1784년부터 한국에서 싸우고 있었지만, 개신교가 들어갈 때도 미약하였다.

'우리는 분열되지 않았다. 모두 한 몸이다. 소망과 신조가 하나이다.' 다른 개신교 교단들은 물론이고 성공회와 로마 가톨릭도 의료와 교육에 있어서는 하나였다. '자선사업도 일치하여' 2천만 명의 백성들에게 의사, 간호사, 사회 복지사, 교사들이 교회, 병원, 유치원, 초등학교, 중고등학교, 산업반, 농업반, 대학교, 이화여전, 세브란스의과대학 그리고 나환자와 고아들을 위한 피난처를 세우고 있었다.

'세상 나라들은 멸망 받으나 예수교회 영영 왕성하리라 지옥 권세 감히 해치 못함은 주가 모든 교회 지키심이라.' 일본 제국이 한국을 합방하고, 한국인들을 신사로 몰아넣어 참배하게 할 때, 한국인들은 지하에서 예배를 드리고, 기독교 정신을 민족의 가치로 받아들이고 있었다. 그리고 일본은 선교사들을 쫓아내거나 감옥에 가두었고, 전쟁을 준비하고 있었다.

　마가렛은 이러한 상황의 한국으로 부름을 받았다. 빅토리아여선교연합회가 본 대로 마가렛은 이상적인 교장으로 한국 여학생들을 위한 중고등학교를 세우게 된다. 그녀는 1910년 11월 한국에 도착하였다. 일본이 한국을 합방한 지 한 달 후이다.

　진의 한국 파송은 얽혀있는 여러 사건들의 결과였다. 그녀는 빅토리아여선교연합회를 구석에서 도왔다.

2장

1919년까지의 한국 선교

호주장로교회 총회 해외 선교부는 빅토리아의 해외 선교를 감독하기 위하여 형성되었다. 선교부는 해외 선교위원회의 남성과 빅토리아 여선교연합회의 여성 동(同)수로 구성되었다. 여선교연합회는 자신의 선교사들을 교회의 단체들이 교회의 선교사로 받아주기를 원하였다. 개교회는 이 요청을 잘 받아들였고, 선교사들이 휴가 때 자신들의 교회로 와 '보고'해 주기를 바랐다. 예를 들어 깁스랜드와 플린더스 교회들은 연합하여 1917년부터 1957년까지 진을 재정적으로 지원하였다.

여선교연합회의 모금 방법 중의 하나가 미션 밴드(선교동아리)를 통해서이다. 이 동아리의 회원들은 여러 나이의 소년과 청년들이였는바, 그들이 모금을 하여 자신들의 선교사를 지원하였다. 그리고 지원받는 선교사는 동아리에 보고를 할 수 있어야 하였다.

1923년 장로교여성친교회가 14세 이상의 여러 여성단체들을 연합하였는데, 슬로건이 '모든 여성을 그리스도에게'이었다. 그리고 '모든 알려지지 않은 곳의 모든 영혼은 완전한 생명의 숨겨진 빛이다'고 믿었다. 1930년 이 단체의 이름은 '호주장로교친교회'로 바뀌었고, 7천 명의 젊은 여성 회원들이 매년 선교사역을 위하여 1,600파운드를 모금하였다. 이 친교회가 진주의 배돈병원 수간호사 프란시스 클러크 (1910~1936)와 에셀 딕슨(1922~1941)을 지원하였다.

1. 한국을 개척하다

호주의 여섯 명의 젊은 여성과 세 명의 남성들이 메리와 헨리 데이비스의 개척을 이어가게 되었다. 남청년기독청년회가 1891년 10월 12일 파송한 제임스 맥케이 목사와 그의 부인 사라가 부산에 도착하였다. 맥케이는 초량 마을 위 언덕에 땅 한 자락을 구입하였다. 거의 축구장만한 크기였다. 그는 울타리를 치고 서양식 집을 지어 사람들과 함께 살았다. 그러나 그는 만성 말라리아로 1893년 호주로 귀국하여야 하였다.

남청년기독청년회는 해외 선교위원회와 협력하여 그 자리에 앤드류 아담슨 목사와 그의 아내 엘라이자를 파송하고 계속 지원하였다. 1894년 그는 영국에서 그의 어린 딸들을 데리고 직접 한국 부산으로 갔다.

빅토리아여선교연합회는 맥케이가 1891년 한국으로 올 때 연합회의 여선교사들을 파송하였는데, 벨레 멘지스, 메리 파셋, 진 페리가 그들이다. 그리고 그다음 해인 1892년에는 베시 무어, 1895년에는 아그네스 브라운, 1896년에는 카밀라 파인 그리고 1900년에는 겔슨 엥겔 부부가 그 뒤를 이었다.

맥케이와 아담슨 부인은 그들이 도착한 해 성탄절 전에 사망하였고, 엥겔 부인은 6년 후에 사망하였다. 맥케이는 메리 파셋과, 아담슨은 카밀라 파인 그리고 엥겔은 아그네스 브라운과 재혼하였다. 여선교연합회는 마치 결혼사무소 같이 보였다. 1894년 성탄절, 멘지스가 흥미로운 소식을 전하였을 때, 모두 놀랐다. 멘지스 가문에 그녀의 조카로 한 아이가 호주 제파릿에서 태어났는데, 세례명이 로버트 고든 멘지스였다. 그는 후에 호주 수상이 되어 23년 동안 재직하였다. 이후 9년 동안 결혼한 부부는 더 이상 한국에 파송되지 못하였다.

한국 여성들은 당시 글을 배우는 것에서 방치되었고, 초기 선교사들의 사역은 소녀들에게 글을 가르치는 것이었다. 장로교인들은 구원의 도상에 있는 모든 영혼들이 글을 읽을 수 있어 성경을 이해하도록 도와야 한다고 믿었다. 이 이유로 교회의 학교는 부자든지 빈자든지 모두에게 열려있어야 하며, 중등학교와 대학교는 그저 상급반 진학을 위한 것이 아닌 학문적인 재질이 있어야 하였다.

1893년의 기근은 3명의 어린 소녀를 길거리로 내몰았고, 여선교사들은 이들을 데리고 와 글을 가르치며 기독교 지도자와 교사로 훈련을 하였다. 이것이 미우라 고아원의 시작이었고, 빅토리아 선교의 첫 번째 자선 기관이자 교육기관이 되었다.

2. 진주의 의료 선고

북미에서 온 의료선교사들이 준킨기념병원을 부산진에 세운 것은 유산이 있어 가능하였다. 1901년에 이르러 이 병원은 6만 명의 환자를 치료하였고, 2,500명이 수술을 받았고, 5,400명이 왕진을 받았다.

그들은 이 의료사역에 호주도 동참하도록 호소하였다. 해외 선교위원회는 그 응답으로 휴 커를 박사를 자신들의 첫 의료선교사로 임명하였다. 재정지원은 호주 청년기독친교회에서 하였고, 그는 1902년 5월 아내 에셀과 함께 부산에 도착하였다.

커를은 병 진단의 천재였고, 치료의 성공률로 인하여 먼 곳에서도 환자들이 그의 시약소를 찾아왔다. 이것은 순회전도자에게 축복이었는데, 한 손에는 성경을, 다른 한 손에는 청진기를 들고 다녔고, 모든 만남의 마지막을 한국어의 짧은 기도로 마칠 수 있었다. 해외 선교위원회는 커를을 도울 수 있는 팀을 위하여 끊임없이 재정을 모금하였다. 동시에 여선교연합회는 병원을 세울 수 있는 기금을 모으기 시작하였다.

커를은 준킨병원의 가중된 업무를 덜었고, 미국선교사들은 기뻐하였다. 여선교연합회가 구 부산 지역에 병원 대지를 구입할 수 있도록 커를에게 재정을 보냈을 때, 그는 사고파는 부동산 일에도 천재인 것이 증명되었다. 진주 지역에서도 많은 사람이 부산진의 커를 시약소를 찾아오고 있었다.

커를은 준킨병원 근처에 또 다른 병원을 세우기보다 진주에 병원을 세우기로 결심하였다. 커를은 구입하였던 부산의 대지를 매매하고, 그 돈으로 진주에 병원 부지를 구입하였다. 그 부지는 병원과 선교사 기지로 안성맞춤이었다. 대지를 구입하고도 돈이 남았고, 그 재정으로 병원 디자인과 로이드와의 건축 보험 그리고 시공 계약금까지 낼 수 있었다.

진주에 또 다른 선교부가 생긴다는 말은 선교사들이 더 보충되어야 한다는 의미였다. 1905년 여선교연합회는 디커니스 메리 켈리와 앨리스 니븐을 언어 교육을 위하여 부산진으로 파송하였고, 1907년에는 넬리 스콜스가 그 뒤를 이었다. 커를은 진주로 이사하였고, 스콜스, 켈리, 데이비드 라이얼 부부가 그 뒤를 따랐다.

1908년 9월 커를은 18개월의 휴가를 갖고, 병원에 대한 자신의 생각을 호주 선교부에 제시하였다. 건축가 캠프 씨가 진주병원을 디자인하였고, 선교부가 승인을 하였으며, 여선교연합회가 재정 지원을 하기로 약속하였다. 병원 이름은 마가렛 화이트크로스 페이튼(배돈) 기념병원이었다.

커를은 진주와 부산진 외에도 거창, 마산, 통영 그리고 동래에 교회가 생겨나고 있으므로 선교사가 더 필요한 시점이라고 호주교회에 강변하였다. 빅토리아교회는 중국 주재 미국선교사 네비우스의 삼자원리를 수용하고 있었는데, 자립, 자전, 자치였다. 이 원리는 당시 통하고 있었다. 커를은 선교부에 다음과 같이 말하였다.

우리는 모두 한국의 백만 구령운동이 성공적이기를 기도하고 있습니다. 다른 교인들처럼 다섯 번씩 기도하고 있습니다. 하나님이 이루시고 있는데 우리는 무엇을 하고 있습니까? … 지금보다 우리 선교부는 최소한 5배는 되어야 합니다. 진주와 진주 주변 200km에는 무한의 기회가 있는데, 선교사가 부족합니다. 동시에 진주교회는 차고 넘치고 있습니다.

선교사 증원 계획은 비싸 보였다. 수학적으로 현재의 부부 7쌍에서 17쌍으로 늘려야 하였고, 독신 여성 10명에서 16명으로 보충하여야 하였다. 선교사 봉급 예산도 해외 선교위원회는 3,500파운드에서 6,200파운드 그리고 여선교연합회는 1,300파운드에서 3,260파운드

로 늘려야 하였다. 교인들이 증가하므로 의료 서비스와 유치원부터 중
등학교까지의 교육 서비스에 대한 기대도 높아지고 있었다.

3. 세브란스

또 다른 비용이 드는 안건이 관심을 필요로 하고 있었다. 호주장로
교회 선교부는 서울 세브란스의과대학 연합사역의 동참자였다. 그 일
은 이렇게 시작되었다. 1884년 고종은 그의 서울 궁궐에서 민 왕비와
수구파들과 함께 조선을 다스리고 있었다. 당시 민 왕비의 가까운 친
척인 친중국파이었던 민영익이 있었다. 반대로 친일본파였던 개화파
는 수구파를 적대시하고 있었다.

북중국의 장로교 선교사였던 미국의 공사 호레스 알렌 박사는 발
전한 의료기술을 사용하고 있었는데, 독일 공사관의 외교관 폴 조지
본 멜렌도프의 관심을 받았다.

1884년 고종 왕과 미국 대표들이 왕궁에서 만나고 있을 때, 독일
대표들은 자신들의 차례를 기다리고 있었다. 그때 갑자기 개화파 자객
들이 '갑신정변'을 일으켰다. 이 살육의 현장에서 민영익은 죽을 정도
의 중상을 입었다.

민영익이 칼에 찔린 것을 본 멜렌도프는 그를 즉시 알렌에게 보냈
다. 3개월 후에 민영익은 완쾌하였고, 알렌은 그의 현대식 의술로 고
종 왕의 환심을 샀다. 당시 그런 의술은 한국에서 들어보지 못한 것이
었다. 왕의 친척을 살린 알렌은 고종과 관계를 맺게 되었다. 알렌은 발
전된 서양 의술의 시범을 보였고, 고종은 그것을 적용하기 원하였다.

1885년 고종은 알렌의 공헌에 감사하여 서울에 왕실 병원을 세웠

다. 고종이 이 현대식 병원에서 한국 학생들이 훈련을 받기 원하였을 때, 알렌이 제안하기를 의과 훈련 전에 먼저 서양 교육을 받아야 한다고 하였다. 그리고 그것을 성취하기 위하여서는 가장 비용이 적게 들고 또한 비정치적인 방법이 기독교 선교임을 설명하였다. 고종은 모든 반기독교 정책을 철회하였고, 문이 열렸고, 선교사들이 들어오기 시작하였다.

1887년 올리버 에비슨 박사가 병원 원장 자리를 어어 받았고, 그는 캐나다인으로 한국의 의료에 모든 생을 헌신한 사람이다. 그는 두 명의 외국 여성 의사와 한 명의 간호사를 채용하였고, 한 달에 500명의 환자를 치료하였다. 중일전쟁 말미에 콜레라 전염병이 돌았다. 캐나다 정부는 에비슨을 불러들였다. 공공의 이미지를 향상시켰던 왕실 병원의 지도부는 전염병으로 인하여 일찍 막을 내렸다.

에비슨은 1900년에 이르러 경제적인 이유로 의료 교육은 선교사들의 연합사역이 되어야 한다고 결론지었다. 그러나 의과 대학 건물 건축비용은 선교사들에게 부담이 되었다.

에비슨은 후원자를 찾았는데, 미국 스텐다드 오일 회사의 세브란스였다. 그리고 1894년 서울 시내 남대문 밖에 예술 전시 시설을 포함한 현대식 대학 건물이 세워졌다. 왕궁병원은 가르치는 병원이 되었다. 에비슨과 허스트는 수간호사 쉴즈와 함께 학생들을 가르치면서 환자들도 치료하였다.

1908년 의사 7명이 처음 배출되었다. 간호사 7명은 1910년 졸업하였다. 1913년에 이르러 다섯 개의 해외 선교부가 7명의 의사로 교수진을 구성하였고, 연합 활동의 계획이 세워졌고, 세브란스 유니언 의과대학이 창립되었다. 곧 모든 선교부로 회원이 확장되었다. 커를 의사는 호주선교회를 대신하여 초창기부터 참여하며 문서에 서명하였다.

에비슨이 커를에게 병원은 정신과 의사가 호주에서 오기를 기대한다고 말하였다. 그리고 커를은 찰스 맥라렌 박사를 추천하였다. 커를이 병원을 건축할 동안 그가 진주의 병원에서 일할 수 있었기 때문이다. 맥라렌은 후에 세브란스병원의 전임 교수가 된다.

찰스 맥라렌은 사무엘 맥라렌 목사의 둘째 아들이었다. 사무엘은 멜버른의 프레스비테리안 레이디스 칼리지 교장이었고, 마가렛에게 라틴어를 가르쳤다. 교장의 관저는 알버트 가의 기숙사와 연결되어 있다. 찰스는 스코치 칼리지에서 공부를 하였고, 방과 후와 주말에는 집에 있었다. 제시 리브는 태즈매니아에서 온 기숙사 여학생이었다. 기숙사에 있는 4년 동안 제시와 찰스가 서로 몰랐을 것이라고 생각한다면 기숙사 생활을 잘 모르는 것이다.

찰스는 멜버른대학교에 입학하여 의학과 외과학을 공부하였고, 후에 신학도 졸업하였다. 그의 전공은 정신의학이었다. 제시는 대학교에 입학하기 전 인도 푸나 선교사인 자신의 아버지와 2년간 합류하였다. 그녀는 멜버른대학교에서 문학석사를 졸업하였다. 대학생 시절 그녀는 학생기독운동을 통하여 다시 찰스를 만났다.

호주의 선교위원회는 기금을 마련하기 전까지 찰스를 파송할 수 없었다. 해외 선교위원회에는 남아있는 재정이 없었기 때문이다. 빅토리아여선교연합회는 우호와 신뢰의 순간이라고 생각하여, 새 병원과 찰스 가족의 생활비 3년을 승인하였다. 이 도전은 여선교연합회 5천명의 회원들에게 주어졌다. 모금에 관한 많은 제안들이 있었지만, 큰 도움은 되지 않았다.

마침내 도움의 손길이 있었다. 여선교연합회 브리즈번 지부의 스튜어트 회장의 남편인 존은 브리즈번 애쉬그로우의 글렌욘 부동산업을 하고 있었다. 또한 그와 그의 부친은 파트너로 스튜어트 회사를 운영하였는데, 이 회사는 옷을 대량 생산도 하였고 백화점에서 판매도 하였다.

존이 23세이었을 때 YMCA 회원들과 빅토리아 청년친교연합회 회원들이 한국의 첫 선교사 헨리와 메리 데이비스를 재정 지원하였던 것을 기억하였다. 데이비스의 정신적 유산으로 존은 맥라렌의 봉급, 운항비, 진주의 사택비를 지원하기로 하였는데, 맥라렌이 제안한 대로 3개월 후에 재평가하기로 하였다.

찰스 맥라렌은 1911년 8월 22일 샌킬다의 알마가 장로교회에서 제시와 결혼하였다. 그리고 두 주 후인 9월 7일 목사 안수를 받았다. 맥라렌 부부는 이다 맥피, 에이미 베어드 그리고 매니 캠벨과 함께 한국으로 떠났다. 로버트 왓슨 목사는 한국에서 상해로 와 약혼자인 베어드와 결혼하였다. 찰스가 그 결혼을 주례하였다.

매니는 프레스비테리안 레이디스 칼리지 동창생으로 학자로 그리고 동료로 그 칼리지에서 부분적으로 그녀를 지원을 하였다. 그녀는 북경에 있는 여동생을 따로 만났고, 천진에서 제물포로 가는 배를 탔다. 그리고 서울을 통하여 진주에 도착한 날이 11월 21일이었다. 맥라렌 그룹은 일본 모지를 거쳐 1911년 10월 30일 부산에 도착하였다.

1909년 말에 한국에 주재하는 빅토리아 인원이 12명이었다. 각 선교부에 여선교연합회 여선교사 2명씩을 포함하여 40명이 목표였다. 1913년에 이르러 33명이 되자, 미국장로교 선교회는 안심하고 경상남도를 호주선교회로 이양하였다. 1차 세계대전 중에 독일군이 태평양을 공격하였음에도 선교 인원 40명 목표는 1918년 달성되었다.

제임스 노블 맥켄지 목사는 주니어선교동아리의 지원을 받아 1910년 부산에 도착하였다.

1913년 11월 4일 화요일 진주의 마가렛 화이트크로스 페이튼(배돈)병원이 공식으로 개원하였다. 참석한 내빈으로는 50명의 일본 관원들과 더불어 겔슨 엥겔이 있었는데, 그는 한국장로교회 창시자 중의 한 명이었고, 총회 총회장으로 막 선출되었었다. 휴 커를은 모든 내빈에게 데이비드 라이얼을 소개하였는데, 그가 마가렛 화이트크로스 페이튼의 조카였다.

배돈병원 건축으로 야기된 빚을 빅토리아여선교연합회는 1915년 모두 갚았다. 이 해 커를의 두 딸은 빅토리아의 고향으로 돌아가 중고등학교를 다닐 준비가 되어있었다. 커를은 맥라렌을 병원에 남겨두고 호주로 떠났는데, 이것으로 인하여 맥라렌은 세브란스병원 정신의학 교수직을 연기해야 하였다.

조단 그레이의 노트:

부산진은 부산시 안의 구 성곽으로 둘러싸인 곳이다. 부산역은 부산항에 위치한 종점이다. 기찻길은 해안선을 따라 부산진을 통과하여 부산의 한 구역인 초량을 지난다. 부산의 영문은 Fusan에서 Pusan으로 그리고 지금은 Busan으로 바뀌었다.

더 호샴 타임즈,

1916년 3월 7일 화요일.

한국 이해하기. 돌아온 선교사 마가렛 데이비스 한국 경험 연설

오늘 오후 1시부터 8시까지

4. 마가렛의 강연

오늘 나의 한국 선교사 경험을 경청하러 와 주셔서 감사합니다. 나는 '생일 감사 선교사'이며, 나의 한국 선교를 지원하기 위하여 자신들의 생일에 헌금한 수천 명의 여선교연합회 회원들에게 감사합니다.

나는 1910년 11월 2일 나의 어머니 애니와 함께 부산에 도착하였습니다. 애니는 프랭크 페이튼과 함께 극동지역을 시찰하는 대표 중의 한 명이었습니다. 진주로 가는 프레드릭 매크레 목사도 자신의 코넷을 가지고 우리와 동행하였습니다. 그는 찬송가를 잘 연주하였는데, 음조를 배우기에 좋았습니다. 그의 부친은 돌아가신 투락장로교회의 존 매크레 목사입니다.

우리가 일본에서 페리를 타고 부산에 도착하였을 때, 나는 새로 지은 부산역의 모습에 감탄하였습니다. 멜버른의 우리 역보다 훨씬 좋았습니다. 항구에서 시내로 나가는 길에 우리는 복병산이라는 곳에 들렀습니다. 길옆 가파른 녹색 언덕 위에 나의 삼촌 헨리의 무덤 비석이 있었습니다. 우리가 시내로 향할 때 일본인 안내원이 초량역 위 언덕에 자리 잡은 우리 호주선교부과 교회를 가리켰습니다. 같은 언덕에 일본인 이주자들이 살았고, 합방으로 인하여 그들의 인구는 더 많이 증가할 것입니다.

부산진은 좁고 구불구불한 골목들이 있는 오래된 곳이었고, 길 위에는 땔감을 나르는 말, 소, 개 그리고 도랑이 있습니다. 상점에서는 짚신을 팔았고, 냄새가 지독한 생선이 담긴 항아리와 작은 우체국을 보았습니다. 하얀 옷과 검은 모자를 쓴 남성들이 다가와 "여행이 평안하셨습니까?" 하고 인사하였습니다.

그중 한 사람에게서 눈을 떼지 못하였는데, 심 장로라는 사람이었습니다. 그는 가장 세련되고 아름다운 얼굴을 가졌습니다. 그는 나에게 마지막으로 인사를 하면서, 몸을 반쯤 다른 사람에게 돌려 이렇게 말하였습니다. "우리는 목사님을 만나 반갑지만, 부인(여성선교사, 나)은 우리와 함께 살러 왔으니 더 반갑습니다."

한국 여성들도 나에게 다가와 만났는데, 그들의 환영은 그저 압도적이었습니다. 그들은 나의 손을 자신들의 두 손으로 잡고 부드럽게 만지며 나를 놓아주지 않을 것같이 하였습니다. 그들도 환영의 말을 소곤거렸고, 그들의 얼굴은 사랑으로 빛이 났습니다.

주일 아침 10시, 나는 한국교회의 첫 예배에서 엥겔의 오르간을 연주하였습니다. 엥겔이 강단 위에 섰고 심 장로가 함께 하였습니다. 교인들은 모두 입구에서 신을 벗었고, 예배당 바닥에 앉았습니다. 남성들이 앞에 앉았고, 박 장로와 어른들이 앞줄에 앉았습니다. 여성들은 뒤에 앉았습니다.

엥겔의 신호를 받아 나는 첫 찬송가를 치기 시작하였습니다. 왕길 목사의 큰 목소리가 찬송을 인도하였고, 교인들은 함께 몸을 흔들며 찬송을 불렀는데, 음정이 엇나가다가 다시 돌아오기도 하였습니다. 정직하고 사랑스러운 얼굴들이었고, 가슴 벅차오르는 찬송이었습니다. 그리고 마지막 아멘을 길게 하였습니다. 왕길 목사가 기도를 인도하기 시작하자 교인들은 몸을 앞뒤로 하나 되어 움직였습니다. 이날 오후 우리는 기차를 타고 동래로 가 새 교회당을 방문하고 교인들을 만났습니다.

나의 어머니 애니를 포함한 페이튼 대표단은 시찰을 계속 이어갔습니다. 박 장로가 나의 한국어 선생이었는데, 한국어 말하기와 쓰기에 어느 정도 자신이 있기까지 2년이 걸렸습니다. 나의 분야는 교육인데 시골 지역에서 소녀들에게 성경을 가지고 읽기를 가르치는 것, 즉 가르치며 순회하는 사역이 얼마나 즐거운 일인지 모르겠습니다. 한국의 전통은 여성들에게 교육을 금하고 있습니다. 우리의 의료 선교사들은 환자들을 만나 치료해주고, 사회봉사자들은 소외된 사람들을 만나 기도해 줍니다. 선교사들이 다른 사람들에게 모범을 보여 따르게 하셨습니다.

나보다 먼저 한국에 온 호주 선교사 대부분은 여기에서 별로 멀지 않은 교회에서 왔습니다. 맥케이 가족, 파셋 그리고 멘지스 모두 발라렛 출신입니다. 미우라의 고아들은 모두 멘지스를 사랑하며, 그녀를 '어머니'로 부르고 있습니다. 그녀는 성경을 가르치고, 부산에서 여학생과 남학생을 위하여 각각 첫 학교를 세웠습니다.

데이레스포드의 베시 무어 디커니스는 1892년 8월 한국에 도착하였고, 복음 전도를 성공적으로 하고 있습니다. 그녀는 육체적으로 강인하고, 조력자와 더불어 나귀를 타고, 혹은 종종 걸어서 순회하는데 때로는 무릎까지 올라오는 시냇물을 건너가 사람들을 만나고 가르칩니다. 그녀의 전도로 기장의 북쪽, 마산의 서쪽 마을 그리고 통영에 신자의 무리가 생겼습니다. 이곳들의 여성반을 방문하고 가르치느라 그녀는 자신의 힘을 무리하게 사용하였고, 장티푸스 열로 침대에 누워 있던 그녀의 모습을 기억합니다.

무어는 1914년 휴가를 마치고 통영으로 이전하여 그곳에서 일하고 있습니다. 고성과 거제 주변의 섬들을 방문하고 있습니다. 요즘 그녀의 대부분 여행 수단은 배입니다. (저자의 노트: 무어는 1918년 호주로 돌아왔고, 그녀 정원의 꽃과 멜버른 병원에 있는 시골에서 온 외로운 여성들을 위한 목회를 하여 '라벤다 레이디'로 알려졌다. 존 브라운 목사에 따르면 무어는 남해의 많은 섬을 방문한 첫 서양인이었고, 그곳 교회 안에서 그녀의 이야기는 민간전승이 되었다.) 아그네스 브라운의 간호 기술은 종종 고아원에서 사용되었고, 무어의 사역은 더 북쪽으로 확장되기도 하였습니다. 브라운은 동래 지역에서도 전도를 시작하였고, 한국인 전도부인을 훈련시키고 감독도 하였습니다. 또한 미국 선교사 지역인 대구에서 그리고 외지 여성들을 위한 성경반을 운영하였습니다. 그녀는 일본인 이주자들에게도 일본어 성경을 팔았습니다.

1900년 10월 빅토리아여선교연합회는 겔슨 엥겔 목사를 임명하여 여선교연합회 소속 선교사들을 인도하도록 하였습니다. 신학 박사인 엥겔은 '하버드대학' 학장이었습니다. 우리가 아는 대로 이 학교는 이곳에서 조금 떨어진 스타웰에 있습니다. 엥겔은 부산진교회뿐만 아니라 동래교회의 목사도 되었습니다. 68명의 영혼이 세례를 받기 위하여 줄을 선 것을 본 엥겔은 개척자 여선교사들이 어떤 일을 성취하였는지 알 수 있었습니다. 시골 지역에도 세례를 받기 원하는 사람들이 더 있었습니다.

빅토리아여선교연합회는 2명의 디커니스를 또 부산에 보냈습니다. 한 명은 메리 제인 켈리로 '네드 켈리 지역'의 글렌로완 근처 마을 투나에서 왔습니다. 다른 한 명은 앨리스 니븐인데 뉴질랜드 더니든이 고향이었습니다. 넬리 스콜스는 커를 부인의 친구로 루터글렌의 교사였고, 2월에 부산에 도착하였습니다.

1907년 엥겔과 아그네스 브라운이 휴가차 호주로 왔을 때, 그들은 발라렛의 에베네저 교회에서 결혼을 하였습니다. 엥겔은 1908년 니븐을 부산진의 일신학교 교장으로 임명하였습니다. 그녀는 야간반과 주일학교의 여성 세례 문답자들을 가르치기도 하였습니다. 니븐은 같은 뉴질랜드 출신 알버트 라이트와 결혼하였고, 1912년 마산선교부로 이전하였습니다.

1907년 10월 스콜스와 켈리는 부산에서 진주로 이전하였습니다. 스콜스는 여학교의 교장으로 그리고 켈리와 커를 부인은 여성들을 가르치는 사역을 하였습니다. 1908년 커를 가족이 18개월 동안 휴가를 떠나므로, 스콜스와 켈리가 진주선교부를 맡게 되었습니다.

남호주의 데이비드 라이얼 목사는 1909년 4월 15일 진주에 도착하였습니다. 라이얼은 자신도 모르는 사이에 진주교회를 혼란에 빠트렸습니다. 주일예배에 백정을 초청한 것입니다. 교회의 양반들은 모두 기겁을 하였고, 그들은 천한 계층인 백정들과 교회당에 같이 앉기를 거부하였습니다. 라이얼은 당시 한국어도 잘 못하였고, 신뢰도 아직 없었고 그리고 대응책도 없었습니다. 켈리는 하동에서 여성과 소녀들에게 전도를 하고 있었습니다.

켈리와 스콜스는 그들의 기독교 신념을 주장할 강단이 있었습니다. 결국 백정들은 자신들이 물러나고 양반들이 돌아올 것을 제안하였습니다. 교회는 이들의 이런 양보에 감동을 받았고 그들에게 메시지를 전하였습니다. '교회로 돌아오시오. 함께 예배드립시다.' 켈리와 스콜스의 위기 해결 능력이 빛을 발하는 순간이었고, 동료선교사들이 박수를 보낸 것은 물론, 호주에서도 감사의 기록을 남기었습니다.

1911년 2월 또 다른 프레스비테리안 레이디스 칼리지 동창생인 마가렛 알렉산더가 부산에 도착하였습니다. 그리고 곧 한국인들과 대화를 시도하였고, 나의 일도 배웠습니다. 1911년 말 스콜스가 휴가를 떠나자, 나는 진주로 이전하여 어학교 교장으로 3년을 일하였습니다. 그곳까지 가는 길은 기차가 마산까지만 운행하였기에, 나귀를 타고 가는 것이 나았습니다. 당시 일본군이 군대를 위한 길을 닦고 있어서 마산까지는 편한 길로 갈 수 있었는데, 서부산의 낙동강을 건널 때 다리가 생겼기 때문입니다.

첫날 풍경은 아주 아름다웠고, 늦은 오후에 우리는 해안에서 벗어나 신평에 다다랐습니다. 김 장로의 부친인 김 서방은 교회당 안에 우리의 이불을 놓아 주었습니다. 다음 날 우리는 중세기의 길 같은 도로를 따라갔는데, 계곡의 계단식 논에서는 추수가 되어있었고, 헐벗은 산들 사이에 마을들이 자리 잡고 있었습니다.

어디를 가든 흰옷을 입고 검은색 모자를 쓴 사람들이 보였습니다. 우리가 쉬기 위하여 한 마을에 멈추면, 한국인들은 그들의 방법으로 우리를 환영하였습니다. 우리에게 작은 상을 하나씩 제공하였고, 상 위에는 10개의 놋주발이 놓였는데 국, 삶은 고기, 냄새가 코를 찌르는 생선—이것은 지금까지도 습관되지 않습니다—, 배추를 발효시킨 김치, 무, 파 그리고 양념을 많이 한 오이인데, 내가 좋아하는 음식은 아닙니다. 나는 밥과 계란을 잘 먹었습니다.

삼 일째 되는 날, 우리는 배를 타고 남강을 건넜습니다. 진주는 6만 명 정도의 인구가 있는 내가 기대한 것보다 더 큰 도시였습니다. 커를 박사가 선교 병원 건축을 감독하고 있었고, 오후에는 진료를 보았습니다. 1910년 3월 그가 휴가에서 돌아왔을 때, 간호사 프란시스 클라크가 동행하여 왔습니다. 그녀의 병원 운영 수준과 경험은 최고였습니다.

1912년 새해 켈리가 부산으로 떠날 때, 그녀는 우리의 모든 축복을 받으며 기뻐하였습니다. 그녀는 2월 10일 노블 맥켄지와 결혼하였습니다. 일 년 후에 그들은 부산 해안 근처에서 온 나환자들을 위한 집을 함께 운영하였습니다.

프레드릭 매크레 목사는 그의 언어교사와 함께 2년간 장날 거리에서 전도하였습니다. 그는 40개 이상의 시장을 방문하였는데, 먼저 코넷을 연주하여 사람들의 주목을 끌었고 그리고 전도를 하였습니다. 작년 1월 그는 일본에서 휴가를 지낼 때 그곳에서 성장한 마가렛 홀과 결혼을 하였는데, 그녀는 일본어가 유창합니다. 한국인과 일본인이 논쟁을 할 때 홀은 자신의 이중 언어로 매우 효과적인 해결 방법을 제시하고 있습니다. 그들은 작년에 라이얼의 긴 휴가를 메우기 위하여 마산으로 갔습니다. 매크레는 그곳에서 마산지역 교회들을 감독하였고, 험하지만 멀지 않은 길에서는 자신의 할리 데이비스 오토바이를 타고 다녔습니다.

지금까지 내가 말한 선교사들의 사진을 오늘 가지고 왔습니다. 나의 연설 후에 보기 원하는 분들은 볼 수 있습니다.

아그네스 캠벨은 나보다 일주일 먼저 북경에서 진주로 왔습니다. 그녀는 장로교 레이디스 칼리지 교사였고, 학교 잡지 「패치 워크」를 위하여 정기적으로 편지를 보냈습니다. 나는 한국어 공부를 계속하였는데, 학생들과의 대화를 통하여 확연히 좋아졌습니다. 아그네스도 가르쳤고, 우리는 초등학교 상급반을 개설하였습니다. 12살의 소녀들을 위하여 기독교 친교동아리도 만들었고, 비기독교 어린이들을 위한 주일학교도 시작하였습니다.

1912년 말쯤에 맥라렌 부부가 부산진에서 일 년간 한국어를 배운 후 진주로 왔습니다. 나는 맥라렌의 아내 제시를 다시 만날 수 있어서 좋았습니다. 그녀는 레이디스 칼리지 기숙사에 있었는데, 내가 그녀를 알게 된 것은 멜버른대학교 내의 학생기독운동을 통해서입니다.

1914년 4월, 아그네스와 함께 나는 한국어에 자신을 가지고 부산진의 일신학교 교장으로 부임하였습니다. 이 학교에서 중등학교를 발전시키기 위함입니다.

오늘 와 주서서 감사합니다. 해외 선교 기금을 후원해 주서서 감사합니다. 여러분들의 관대한 헌금으로 어떤 좋은 일이 일어나고 있는지 아는데 나의 이야기가 도움이 되었으면 좋겠습니다. 함께 차를 마시면서 더 이야기합시다.

5. 모트 더 마우드

마가렛이 호샴에서 연설을 하던 그날 밤, 진은 레바티 사건을 다루고 있었다. 마우드 바이올렛 레바티는 칼톤의 팔머스톤 가 50번지에 사는 20개월 된 아기인데, 영양부족과 방치로 사망하였다. 마우드가 로얄어린이병원에 실려 왔을 때 그 아기는 이미 의식이 없었고, 머리와 얼굴에 상처가 있었다. 뇌 속에 있던 기생충이 귀로 나왔고, 눈동자는 희망이 없어 보였다. 27살이었던 레지던트 진은 아기를 살리려고 필사적으로 애를 썼지만 입원한 지 3시간 만에 사망하였다.

1916년 3월 13일 멜버른 시체실. 몰리슨 박사가 부검을 하였고, 사인은 심장 팽창이었다. 콜레 검시관은 사인이 불행한 사고였다고 하였다. 재판정에서 사람들이 나가자 「더 아르거스」의 기자는 진에게 소리쳐 물었다.

"데이비스 박사. 당신의 생각에는 환자의 사인이 무엇이라 생각합니까?"

진은 대답하였다.

"악마의 술이다!"

> 더 아르거스.
>
> 1916년 3월 14일 화요일. 3쪽.
>
> 방치된 어린이의 죽음
>
> 집에서 술을 마셨다.

6. 더 스코티쉬 티 하우스

1916년 봄의 한 중간, 멜버른에서 있었던 일이다. 스코틀랜드인 찻집에서 맥그레고 부인은 자신이 좋아하는 손님 데이비스 자매를 위하여 깨끗한 테이블보와 찻잔을 준비하였다.

두 자매는 만나자마자 수다를 떨기 시작하였는데 가족, 전쟁, 배급, 존 플린의 내지선교 그리고 레바티에 관하여 이야기를 하였다. 그들은 술과 도박에 대해 비난하면서 학생 시절 멜버른 컵 휴일 철폐와 칼톤 양조장 폐쇄를 위하여 서명을 받았던 것을 회고하였다.

진이 물었다.

"부산에는 학교가 미션 스쿨 밖에 없는가?"

마가렛이 살짝 웃었다.

"1910년 내가 부산에 도착하였을 때 새 일본-한국 정부는 무상 공공 교육제도를 시작하려 하고 있었어. 현재까지 정부의 초등학교는 전체 어린이 중 10% 정도만 수용할 수 있는데, 30%까지 수용할 수 있기를 기대를 하고 있어. 한국 어린이들이 중등 단계로 올라가야 한다는 것에 아무도 확신이 없어. 그런데 가난한 가정을 위하여 산업학교가 막 생기고 있고. 딸들을 학교에 보내지 않는 전통을 산업반을 통하여 누를 수 있다면 도움이 될 거야.

그곳 기독교 공동체가 성장할 때까지 우리 선교 학교들은 규모가 비교적 작을 것이고, 선교 기금으로 구입하는 우리의 설비들로는 정부의 지원을 받는 공립학교를 따라갈 수 없지."

마가렛이 새 주제를 꺼내었다.

"찰스 맥라렌은 세브란스병원대학에 전임으로 일해야 하는데, 지금 진주병원을 운영해야 해. 그러나 이제 둘 다 상관없게 되었어. 그는 곧 프랑스로 떠난대."

진이 고개를 끄덕였다.

"응. 엄마가 「더 아르거스」에서 그 소식을 읽었어. 찰스의 형 브루스는 찰스보다 6살 더 많다고 하네. 그 뉴스에 의하면 브루스가 로얄 엔지니어스에 가입할 때, 그는 리딩의 수학 교수였대. 그는 타오르는 무기 더미에서 폭탄을 제거하다 사망하였어. 그가 사망한 프랑스 아비 벨에 묻혔다고 하네."

마가렛이 부드럽게 대답하였다.

"한국의 많은 선교사들은 전쟁에 나간 친척들이 많아. 4명이 벌써 형제들을 잃었어."

그녀는 주위를 둘러보았다. 그들이 찻집의 마지막 손님이었다.

7. 브리핑

"데이비스 박사께서 오늘 참석해 주셔서 감사합니다. 우리는 진주의 배돈병원에 당신의 도움을 구합니다. 맥라렌 박사가 의료관으로 중국인노동대대와 프랑스로 간 것을 아시리라 생각합니다. 배돈병원은 이제 클러크 수간호사와 선우 박사가 책임 맡고 있습니다.

우리는 그곳에 수술할 수 있는 의사가 필요합니다. 그리고 가능하면 여성을 원하는데 한국 여성들이 남성 의사로부터 진료받는 것을 원치 않기 때문입니다. 의사를 찾는 일이 지연되고 있는 데는 두 가지 이유가 있습니다. 첫 번째로, 1913년 일본은 의학 학위 호환법을 영국과 맺었습니다. 미국인들은 일본제국에서 의료행위를 할 수 있는 자격증에 관하여 교섭하였는데, 동경대학교에서 최종 시험에 합격해야 합니다. 두 번째로는, 많은 전쟁으로 인하여 영국 의사들은 바쁘고, 특히 영국 여성을 구하는 데 실패하였습니다. 우리에게 주어진 선택을 보니 한 가지 가능한데, 그러나 당신이 한국으로 간다면 당신의 훌륭한 경력을 호주에서는 펼칠 수 없다는 것을 잘 압니다.

이 해 말에 진주로 가게 되면 여성들과 어린이들을 위하여 일하면서, 언어를 배우게 됩니다. 우리는 당신을 그곳 병원 원장으로 공식적으로 임명하기 원하며, 그러면 내년 초 동경대학교의 최종 의학과 수술학 시험에 참석해야 합니다.

당신은 5년 선교지에서 일하고 1년 휴가를 가질 수 있습니다. 당신이 갈 수 있었으면 좋겠습니다. 질문이 있나요?"

진이 대답하였다.

"예. 왜 테일러 박사는 수술을 안 합니까?"

"테일러는 오랫동안 나병 치료에만 전념하였고, 외과 의술 능력을 잃어버렸습니다. 만약 우리가 그를 전임으로 진주에 임명한다면, 그는 에든버러 의과대학으로 가서 다시 공부하여야 합니다."

"그렇군요."

진이 대답하였다.

"그리고 동시에 어떤 방법으로 우리는 세브란스의 정신의학 교수진에 참여할 수 있을까요?"

캠벨이 대답하였다.

"지금은 참여하지 못합니다. 이 때문에 에비슨은 좀 기분이 나쁠 거여요."

8. 한국으로 파송되는 진

1910년 마가렛과 진은 오몬드 칼리지의 기숙사생이었다. 그들의 부친 존 데이비스 목사는 코필드에서 떠나 벤디고교회의 청빙을 받아들였다. 1917년 그의 다음 목회지는 버닝용이었다. 진은 자신의 고향으로 돌아갔다. 존과 진은 산을 등산하는 취미를 가졌다. 때때로 그들은 함께 헤이스티스 힐을 등산하였다.

1917년 성탄절 바로 전 주일 애니와 진은 교회당 안으로 들어섰다. 그들 눈에 제일 먼저 들어오는 것은 토마스 헤이스티의 초상화가 있는

색 유리창이었다. 이 유리창을 통하여 황금색 햇볕이 먼저 교회당 안으로 들어오는 것을 이들은 좋아하였다.

다음 날은 성탄절 이브였다. 데이비스 가족은 코필드의 메리 고모와 함께 성탄 식사를 하였다. 성탄절 다음날, 한 무리의 사람이 멜버른 스펜서 역 창구에 표를 사려고 길게 줄을 섰다. 뮤리엘 위더스는 거창의 교사로, 진 데이비스는 진주의 병원으로 환송하는 자리였다. 가족과 친구 그리고 동료들은 스펜서 역에서 증기 기차 '사우던 크로스'가 떠날 때까지 손을 흔들었다.

진은 진주에 도착하여 언어 공부의 일환으로 한국어 교사와 시골 지역을 순회하기 시작하였는데, 때로는 전도부인, 전도원, 매서인과도 함께 다녔다. 전도부인은 전도 훈련을 받은 한국어를 읽을 줄 아는 여성이었다. 또한 새로 온 선교사와 함께 할 정도의 영어도 가능하였다. 그녀는 남성 전도원에게는 열리지 않은 여성들에게 접근할 수 있었다.

그 전형적인 전도부인이 순금이었다. 그녀는 통영의 산업반 첫 학생이었다. 한국의 대문에는 종이나 벨이 거의 없다. "계십니까?"라고 말하거나, 기침을 하여 들어가기 원한다는 것을 표현한다. 만약 아무도 문을 열어주지 않는다면 순금은 앞마루 밑을 들여다본다. "여자의 신발이 있어요! 누군가 안에 있습니다." 그리고 기침을 더 크게 하면, 안에서 누가 나온다.

호주 선교사들의 아내들이 '아기 복지와 보건소'를 운영하는데 여성 의사가 주변에 있다는 것은 반가운 일이었다.

진은 동경대학 의학과에 출석하였고, 최종시험에 합격하였다. 그래서 이제는 일본제국에서 의술을 시행할 수 있는 자격증을 받은 것이다.

그녀는 즉시 배돈병원의 외과 원장으로 임명되었다. 입원환자는 잘 돌봄을 받았고 수도 많지 않아 진은 외래 환자에 집중하였다. 그녀는 한국어를 계속 공부하였고, 3년 만에 한국어를 정복하였다. 언어가 완벽하지는 못해도 그녀의 의술은 훌륭하였다. 예방 의학과 응급 상황은 진이 항상 염두에 두는 안건이었다. 한국어 선생과 함께 진은 진주의 정부 관리들에게도 자신을 소개하였다.

테일러 박사는 병원 운영에 도움을 주었다. 그가 통영의 시약소에 출장을 가면 그의 아내 메인은 정기적인 나환자를 포함한 환자들을 위하여 조제하였다. 메인은 남호주 오드나다타의 호주내지선교회 병원에서 일을 하였었고, 후에 뉴헤브리데스 빌라의 배돈병원에서 수간호사를 지냈다. 그곳에서 그녀는 테일러를 만난 것이다. 1913년 9월 테일러는 한국에 도착하였고, 11월에 상해로 건너가 메인과 결혼을 한 것이다.

1920년 맥라렌이 전쟁에서 돌아오자, 진주의 그 병원에서 잠시 원장 역할을 수행하다가 세브란스 정신의학 교수직을 수행하러 서울로 갔다. 다음 해 수간호사 클러크는 휴가가 예정되어 있었다. 마산에 있던 네피어를 진주로 불러들였고, 잠깐 클러크와 함께 일하다가 새로운 수간호사가 되었다. 네피어는 의학 훈련을 에든버러에서 받았지만, 병원 운영에 있어서는 클러크보다 경험이 적었다.

전임 원장이 병원에 필요한 시점이 왔다. 테일러를 불러들였다. 그는 곧 외과 의술 팀의 업무가 과중하다는 것을 깨닫지만, 자신은 그동안 현장을 떠나 있어 외과 의술에서는 스스로를 배제하였다.

1922년 8월 진이 휴가를 떠났을 때, 맥라렌이 진의 일을 맡아 주었다. 진의 여성 복지 사역은 다른 여성 선교사들이 지원하였고, 맥라렌은 병원 일을 도울 수 있었던 것이다. 그러므로 테일러는 에든버러대학 의학과에서 외과 의술을 다시 훈련받을 수 있었다.

9. 제1차 세계 대전

역설적인 일이다. 한국을 식민지로 삼은 일본은 호주의 연합군이었다. 1차 세계대전의 적대감이 1918년 11월 11일에 막을 내렸지만, 1919년 6월 28일까지 베르사유 조약은 서명되지 않았다. 1919년 국제연맹규약을 위한 일본의 '인종 평등 구절'이 채택되지 못하였던 것이다. 1902년의 영국과 일본과의 조약에서 영국은 탈퇴하려 하였고, 그 구절을 즉흥적으로 지지하지 않았다.

일본 대표 장로교 교인인 마추오카는 기독교 국가인 미국, 영국 그리고 프랑스가 그 구절을 받아들이지 못하는 이유를 요구하였다. 그들은 자신들의 입장이 '정치적'이라 하였고, 만약 호주가 '백호주의'를 포기하고 평등주의를 채택하도록 일본이 설득한다면 그 구절에 동의하겠다고 하였다. 이 문제로 마추오카가 호주 수상 빌리 휴즈를 만났지만, 그를 설득할 수 없었다. 일본은 미국과 마찬가지로 호주에 대하여서도 악감정을 가지기 시작하였다.

10. 대부흥운동

한국의 대부흥운동 시작은 1893년까지 거슬러 올라간다. 그 후 중일전쟁 그리고 러일전쟁 동안에 뜸하였다가, 1910년 한일 합방 이후

부흥운동이 다시 시작되었다. 한국의 복음전도 총회는 국가적 절망의 순간에 '그리스도를 위한 백만 구령운동'을 발대하였다. 이 운동은 이십만 명의 한국인 신자들의 손에 백만 권의 신약성서를 나누어주어 일 년 동안 전도하는 캠페인이었다. 그 결과로 5만 명에 이르는 회심자를 얻었지만, 운동의 기간은 무한대로 연장되었다.

대부흥운동은 부흥 설교가 그 핵심이었다. 민족주의적 교회의 찬송가도 흥미로웠다. '믿는 사람들은 주의 군사니 앞서 가신 주를 따라 갑시다.' '우리 대장 예수 기를 들고서 접전하는 곳에 가신 것 보라.' 그리고 '원수 마귀 모두 쫓겨 가기는 예수 이름 듣고 겁이 남이라.' 부흥 설교의 주제는 종종 모세와 출애굽, 당나귀 턱뼈로 적군을 물리치는 삼손, 다윗과 골리앗 등 모두가 슈퍼 영웅의 인물들이었다.

하나님의 나라와 메시아에 관한 설교는 신사를 배척하는 내용이었다. 기독교인은 한국 전체인구의 2%도 안 되었는데, 일본은 이것을 신성모독으로 보았고, 일본제국의 큰 위협으로 여겼다. 일본 비밀경찰은 교회 안으로 잠입하였고, 쇠약해지고 있지만 도덕을 강조하는 유교를 증진시켰다. 일본불교는 한국불교를 흡수하여 일본 민족주의 안으로 통합하려 하였다. 샤머니즘은 허락되었으나, 일본 천황의 첫 조상을 섬기기보다 자신들의 조상을 섬기는 전통적인 정령 신앙은 문제가 있었다. 그들은 민족주의자들이었던 것이다.

1916년부터 조선의 총독을 지낸 요시미치 백작은 표현의 자유를 불법화하여 모든 출판사 문을 닫았고, 신사에 모두 참배하도록 하였다.

해산된 궁궐 호위대와 조선군은 의병이란 이름의 게릴라 단체가 되었다. 미국의 윌슨 대통령이 '14개의 평화원칙'을 발표하였을 때, 이들은 가슴으로 받아들였다. 작은 국가들은 누구에 의하여 어떻게 통치

되기 원하는지 주장할 수 있는 권리가 있다는 특별한 원칙이 있었기 때문이다.

1918년 11월, 일본 정부는 일본이 통치하여 백성들이 행복하다는 조선 왕의 말을 베르사유 평화대회에 제출하려고 준비하고 있었다. 그러나 조선 왕은 1910년의 한일 합방 문서 서명을 거부하였다. 그의 어머니가 그의 앞에서 시해된 것처럼, 다음은 조선 왕의 차례였다. 그는 1919년 2월 독살되었다. 왕의 장례식을 치루는 한국 민족은 슬퍼하였고 분노하였다.

그날 밤 서울의 태화관에서 33명의 한국 지도자가 모였다. 다음 날인 3월 1일, 그들은 독립선언문을 발표하고 삼일운동을 전개하였다. 전국적으로 한국인 2백만 명이 '만세!'를 부르며 운동에 가담하였다. 주동자들은 경찰에 자신들의 운동은 평화 운동이라 하였다. 그럼에도 삼일운동의 규모는 그들을 놀라게 하였고, 당황한 일본 당국은 육군과 해군을 불러들였다.

일본은 한국 경찰이 도시에 집중하도록 하였는데, 의병은 시골 지역에서 집중적인 게릴라 공격을 감행하였다. 독립 운동가들을 숨겨주는 마을 주민들을 즉석재판을 통하여 사형, 강간, 약탈 그리고 강제징용을 시켰다. 서울 동쪽에서 한 일본 장군이 총에 맞아 말에서 떨어져 죽는 사건이 있었다. 조선 호랑이 사냥꾼이 700m 떨어진 곳에서 숨어서 쏜 것이다. 많은 사람들이 그를 따랐다.

세계 1차 대전 후 한국은 자신이 독립을 원한다는 것을 세상에 알려야 하였고, 베르사유 대회에 자신의 신념을 주장하기 원하였다. 북쪽 호랑이 사냥꾼들의 저격은 일본 당국을 격노케 하였고, 의병들의 작전도 그들의 화를 더하였다. 평양과 서울의 여성들은 망설이는 남성들에게만 의존할 수 없었다. 여학생과 남학생 그리고 여성들이 만세를 외치며 시위하는 모습을 남성들은 길가에서 구경하기만 하였던 것이다.

조선 경찰들은 시위하는 젊은 여성들을 체포하였고, 두 개의 대나무 대를 묶어 그들을 때렸다. '공포의 정치'가 극에 달하였다. 시위가 계속되자 경찰은 작전을 변경하였다. 한국 여성의 입장에서 보면, 아니 모든 여성의 입장에서 보면, 이 방법은 참기 어려운 것이었다. 경찰은 여학생들에게 옷을 벗으라고 하였고, 벗지 않으면 강제로 벗겼다. 벗은 몸을 사람들이 보게 하였다. 여학생들이 자신들의 몸을 덮으려 하거나 몸을 돌리면, 정면으로 서도록 강요하였고, 몸 앞부분을 대나무로 폭행하였다.

그럼에도 독립운동은 계속되었다. 일본 경찰의 고문도 계속되었다. 이번에는 여학생들을 가르치는 학교 교사들을 불러들이기 시작하였다. 대부분 교사들은 경찰 앞에서 학생들에게 호소하였는데, 만약 학생들이 그만두지 않으면 경찰이 자신들의 옷을 벗겨 사람들로 하여금 구경하도록 한다는 것이었다.

모우리 목사는 평양 그래머 스쿨 교장이었다. 경찰은 학교 남학생 5명을 쫓고 있었는데, 잡힐 듯하면서 사라지는 것이었다. 그들이 모우리 교장 사택을 잠시 방문하였을 때, 일본 경찰이 정보를 듣고 달려와 그들을 체포하였다. 경찰은 모우리 교장도 5명의 범죄자를 숨겨준 죄목으로 체포하였다. 그는 자신을 변호하기도 전에 법정에 섰고, 6개월 간의 수감과 강제 노역을 선고받았다.

평양과 서울에서 주요 항일 시위가 일어났고, 지방과 시골에서도 영향을 받아 그 뒤를 이었다. 부산에서도 항일 시위가 일어났는데, 바로 마가렛 데이비스가 교장으로 있는 호주장로회 선교부의 일신여학교와 기숙사에서였다.

더 미셔너리 크로니클 우편함
1919년 3월 18일

11. 부산진의 마가렛이 쓰다

가볍게 말한다고 해도 지금은 지구의 4분의 1이 경험하는 혼란한 상황이다. 그동안 참고 순종하였던 한국인들이 일본의 속박에 더 이상 참지 못하고 있다. 최소한 밖으로는 그렇게 보인다. 한국인들 중에 더 자각한 사람들은 결연히 자신들의 국가적 상황을 세상 밖으로 알리고 있다. 만약 평화대회에서도 가능하다면 그렇게 할 것이다. 그들에게는 무기나 화약이 허락되지 않기에 오직 자신들이 할 수 있는 가능한 방법으로 사람들을 거리나 시장에 모아, 태극기를 흔들거나 한국 독립을 주장하는 연설을 한다. 그리고 대한독립만세를 쉬지 않고 외치는 방법밖에 없었다.

북쪽의 선교사들이 당국의 격노와 체포와 감금 속에 한국인들이 어떻게 용기를 내어 계속 일어나 독립을 외치는지 그 감동적인 이야기들을 말해줄 수 있다. 남쪽에는 일본인들의 수가 더 많기에 이곳 한국인들은 덜 맹렬하고 용기가 적다. 그럼에도 일주일 전 우리 학교 여학생들과 두 명의 교사가 큰길에서 시위를 하였다고 체포되어 감금되었다.

다른 곳에서의 소요 소식을 들은 지 일주일쯤 되었을 때, 멘지스와 나는 우리 여학생들도 긴장하고 있음을 느끼었다. 그리고 그들에게 의

심받을 여지를 주지 않도록 매우 조심하라고 기숙사와 학교 학생들에게 주의를 주었다.

3월 11일 화요일 저녁 8시 30분까지는 모든 것이 조용하였다. 그러다 우리는 기숙사의 여학생들이 없어진 것을 알았고, 사감이나 장금이도 그들의 행방을 몰랐다. 우리는 갑자기 '만세'라고 외치는 소리를 들었고, 외치는 사람들 중에 우리 여학생들이 있는 것을 발견하였다. 그들은 우리를 보자 우리에게서 멀리 달아났다. 심 목사의 작은 딸은 집으로 돌려보낼 수 있었지만, 다른 학생들은 우리의 말을 듣지 않았다. 우리는 그들을 그냥 두는 것이 낫다고 생각하고, 곧 조용히 집으로 돌아왔다.

우리가 선교사관으로 돌아온 지 20분이 지났을까 검은색 옷을 입은 사람들이 골목에서 들어오고 있었다. 그들은 형사들이었고, 큰길까지 나왔던 우리 두 명에게 경찰서로 동행하자고 하였다. 처음에 우리는 단순히 몇 가지 질문에 답만 하면 되는 줄 알았는데, 경찰차에 우리를 태워 부산으로 갔다. 그리고 경찰서에서 2시간 방치되다 마침내 유치장에 감금되어 밤을 새우게 되었다. 밤새도록 일본 형사가 들락거리며 우리를 힘들게 하였는데, 명분은 우리가 괜찮은지 보기 위해서라고 하였다. 그러나 진짜 이유는 아직 우리가 여기에 있는지, 또 자해하는 일이 없는지 감시하기 위함이었다.

다음 날에도 우리는 하루 종일 유치장 안에 갇혀있었고, 밤 9시 30분이 되어서야 라이트 목사가 광주리에 물건을 가지고 왔다. 라이트는 그러나 우리와 이야기는 할 수 없었고, 경찰들은 광주리의 물건들을 검사한 후 우리에게 전달하였다.

검은색으로 엮은 옷을 입은 경찰이 우리를 간단히 인터뷰하였는데,

그는 우리 학교와 선교사관에 태극기가 숨겨져 있는 것을 알았느냐고 질문하였다. 우리는 알지 못하였기에 모른다고 대답하였다. 다음날에 그는 다시 말하기를 우리 선교사관에서 태극기가 있었다는 것이었다. 그것을 사용하는 것이 금지되었기에, 멘지스는 빨리 태극기를 태워버릴 생각을 하였다. 이로 인하여 그녀는 그러한 행동의 동기가 무엇인지 경찰의 취조를 받았다. 여학생들의 증거를 없애버리려고 한 것이 아니었다는 주장을 경찰들은 믿지 않았다.

호킹과 나는 3월 13일 10시쯤 석방되었다. 우리가 떠나기 전 경찰 서장은 우리를 불렀고, 그는 우리가 잘못이 없어 풀려나는 것이 아니라 폭력을 쓰지 않았고, 보통사람이(아마 한국인이 아니라는 뜻) 아니기 때문이라 하였다. 그리고 서장은 '다시는 이런 일에 연루되지 않을 것'을 경고하였다. 우리는 사건의 진실을 말하였지만 그는 귓등으로 들었다.

우리가 경찰서에서 나올 때 우리 여학교의 11명 학생(기숙사 거주 학생 5명 포함)과 교사 2명이 감옥에 갇힌 것을 들을 수 있었다. 우리는 즉시 그 학생들을 면회하려 하였지만 가족과 친구 누구에게도 허락되지 않았다. 아마 학생들은 하루나 이틀 지나면 풀려날 것이지만, 교사들은 좀 더 긴 시간 구류될 것이었다.

멘지스, 호킹, 매카그, 금이 그리고 나까지 법원에 소환되어 교차 심문을 받게 되었다. 매카그를 제외하고는 모두 경찰서에 가 많은 질문에 답하여야 하였다. 당시의 일본 경찰 질문은 다음과 같았다.

"당신은 이곳에 오기 전 당신의 나라에서 죄를 범한 사실이 있습니까?"

"당신의 해로운 가르침으로 학생들이 감옥에 있는데 수치스럽지 않습니까?"

물론 우리는 수치스러워야 할 일이 전혀 없다고 대답하였다.

더 크로니클
1919년 7월 1일
호킹이 부산진에서 쓰다 1919년 5월 12일

4월 26일 데이비스 양과 나는 법원까지 자전거를 타고 갔다. … 우리는 정시에 도착하였고, 앞줄 근처 자리에 앉았다. … 우리가 큰 숨을 한번 들이쉬는데, 우리의 여학생들이 법정으로 들어왔다. 머리를 가리고 포승줄로 서로 연결되어 있으나, 수갑은 차고 있지 않아 감사하였다. 교사인 주경애와 박순이는 18개월과 강제노역을 선고받았고, 학생들은 5개월과 강제노역을 선고받았다. 몇 년간 우리의 기숙사는 텅 빌 것이고, 학교는 침묵 속에 있을 것이라는 것을 우리는 알았다. … 이 시기 다른 학교 교장들과 같이 데이비스 양도 교사들로 인하여 매우 어려운 상황에 처해지게 되었고… 통영에서 가르쳤던 기숙사의 문복세기와 김순이는 부산에 6개월 구속과 강제노역을 선고받았다.

우리가 대구로부터 들은 소식은 두 명의 한국인 목사는 3년과 2년 그리고 강제노역을 각각 선고받았다. 우리의 가슴이 이런 사실들로 무거워질 때, 우리의 사랑하는 친구이자 동료인 넬리 스콜스의 사망 소식이 들려왔다. 그녀가 헌신하였던 진주의 여학교는 '넬리 스콜스 여학교'로 명명되었다.

삼일 만세운동의 결과로 23,000명이 사망하였고, 47,000명이 감옥에 갇혔으나, 베르사유 회담에서 그 운동에 관심을 기울이는 사람은 없었다. 그러나 하세가와 총독은 물러났고, 사이토 장군이 새 총독으로 부임하였다. 한국인들은 자신들의 독립의 기회를 잃어버렸다는 사실에 통곡하였고, 민족의 죄와 약함이 원인이라고 자책하였다. 이런 생각은 죄의 용서와 복음의 메시지를 간구하게 하였다.

선교는 그들을 영적인 하나님의 나라로 초청하였고, 그 나라는 아무도 그들에게서 빼앗아 갈 수 없었다. 통곡은 분노로 바뀌었고, 기독교 교회는 민족주의 운동의 온상이 되었다.

만세운동 후에 독립 운동가들은 흩어졌다. 한 무리는 1919년 4월 13일 상해로 건너가 대한민국 임시정부를 세웠다. 많은 사람들이 중국 만주로 피신하여 게릴라 그룹을 형성하였고, 동러시아의 붉은 군대와 함께 하였다. 만주의 한 게릴라 그룹 지도자가 김일성이었다. 그는 후에 공산주의화된 북한을 이끌게 된다.

3장

폭풍의 계절

1. 마가렛의 딜레마

1920년부터 모든 독립의 희망이 사라졌을 때, 자신의 아이들을 위한 교육의 열망이 한국인들 중에 상승하였고, 미션 스쿨은 차고 넘치게 되었다. 1921년 진주의 시원여학교에 갑자기 250명이 등록하였다.

그러나 미션 스쿨의 상황은 1910년 정부 학교의 수를 추월하면서 변화가 있었다. 마사타케 총독은 일본을 모델로 하여 공립 남학교를 빠르게 확장하고 있었다.

하세가와 총독은 부임하자마자 1915년 훈령을 내어 중등학교 정책을 세웠고, 호주선교회는 당시에 미국선교회로부터 경상남도 지역을 이양받고 있었다. 선교정책에 따라 진주에 각각 세우기로 한 남녀 중등학교 건립 안은 폐기되었다. 여자 중등학교는 부산에 세우기로 하였고, 남자 중등학교는 마산에 세우기로 하였다. 이 학교들은 중학교 수준으로 시작하도록 하였고, 부산에서는 마가렛이 일신학교를, 마산에서는 로마스 씨가 운영하도록 하였다.

1916년 하세가와가 한국에 도착하자마자 학교를 위한 또 하나의 정책을 바꾸었다. 1868년 메이지유신은 일본 군국정부를 합법적인 왕정으로 복고하였다. 헌법은 종교의 자유를 보장하고 있었기 때문에 일본제국을 확립하는 신사참배는 종교가 아닌 국가에 대한 의무로 모든 공립학교의 필수로 규정하였다.

그러나 이 규정이 신사참배에서 미션 스쿨을 자유롭게 하지는 않았다. 종교교육은 과외수업이고, 필수 과목은 아니었기 때문이다. 모든 과목은 정부가 인정하는 교사에 의하여 일본어로 강의해야 하였다. 기존 학교는 '승인된 학교'로 신청하기 전까지 10년간 유예할 수 있도록 하였지만, 학교가 '승인된 학교'가 될 때까지 졸업생들은 공무원, 경찰 혹은 전문직에 취업할 수 없도록 하였다. 또한 대학으로 진급할 수 없었고, '승인된 학교'로 전학을 가는 것도 불가하였다.

1916년 캐나다인들과 감리교 학교들은 '승인받는 데' 성공하였고, 신사참배를 시작하였다. 마산의 남학교 교장 로마스는 사표를 내었다. 로마 가톨릭은 미국과 호주장로교회와 연합하여 굳건하게 버티었다.

1919년 말 사이토 총독이 권력을 잡았다. 1923년 교육 훈령은 조정되었고, 사립학교들이 '승인된 학교'를 대신하여 '지정된 학교'로 신청할 수 있는 권리를 갖도록 하였다.

이것으로 미션 스쿨이 평등한 위상을 가질 수 있었고, 종교교육을 정규 과목으로 가르칠 수 있게 된 것이다. 호주선교회 교육위원회는 기독교 '중등학교' 건립 계획을 다시 추진할 수 있었다. 부산 동래의 공동체에서 부지를 살 수 있었는데, 만약 다시 학교를 팔 경우에는 같은 공동체에 부지를 다시 되돌리되 매입할 때의 좋은 가격 그대로 한다는 조건이 있었다.

부지와 학교 건물, 기숙사 그리고 장비 등, 전체 비용이 6천 파운드에 다다랐다. 1925년 6월 20일 동래여중등학교가 기쁨 속에 공식적으로 개교되었고, 교장인 마가렛은 교사들을 공립학교에 실습을 보낼 준비를 하고 있었다. 공립학교에서 실습을 하면 정부 등록증을 받거나 유지할 수 있었고, '만세!'를 불렀던 '범죄 기록'을 가진 교사들은 재활을 할 수 있었다. 일본어를 모르는 마가렛은 영어와 음악을 가르쳤고, 한국어 행정을 보았다.

2. 크로니클 편지

아니오. 당신은 동래가 어디에 있는지 모르십니까? 나는 놀랍지 않은 것이 그곳은 작은 동네이기 때문입니다. 그러나 당신은 그곳을 지나갔거나, 들어 본 적은 있을 것입니다. 부산의 남동쪽 항구입니다. 동래는 북동쪽으로 9마일밖에 안 됩니다. 전차로 가면 40분 정도 걸립니다.
동래는 무엇으로 유명하냐고요? 온천의 뜨거운 샘과 해운대의 바닷가 그리고 사찰이 유명합니다. 그리고 여학생들은 동래의 명물 중에 또 하나가 있다고 합니다. 자신들이 자랑스럽게 속하여 있는 일신여학교입니다. 학교가 그리 크지는 않습니다. 140명 정도 등록할 수 있는 학교입니다. 현재는 123명이 있고, 그중 29명은 기숙사생입니다. 그러나 규모에 비해서는 교사들과 설비가 잘 구비되어 있습니다.
1925년 중등반이 초등반에서 분리되었을 때, 우리는 부산진에서는 적당한 장소를 찾지 못하였습니다. 부산진은 우리 선교부가 있는 곳입니다. 그래서 동래로 이주하게 되었고, 이곳에 학교와 기숙사를 세웠습니다. 3년 동안 학교의 설비를 차례로 구비하였고, 운동장을 평평하게 하는 등의 작업을 하였습니다.

그리고 1928년 '승인'을 받기 위하여 신청서를 접수하였습니다. 몇 개월 후 서류는 반환되었고, 보충 사항이 요구되었습니다. 우리는 서류를 보완하여 다시 접수하였습니다. 그리고 세 번째로 서류는 또 반려되었고, 끝없는 노동으로 우리의 근심은 가중되었습니다.

1932년 우리 여학생들이 드디어 시험을 볼 수 있도록 허락되었습니다! 그러나 결과는 실패였습니다. 큰 실망에도 불구하고 또다시 새로 시작하였고, 일 년 후인 1933년 2월 시험을 한 번 더 보았습니다. 희망과 불안 속에 우리는 결과를 기다리고 있습니다. 그리고 4월 12일은 잊어버릴 수 없는 날이 되었습니다. 드디어 학교가 공식적으로 '지정'되었다는 기쁜 소식이 온 것입니다.

기독교 학교로 우리는 예전 어느 때보다 강력한 위치에 있다는 것을 느낍니다. 학교 커리큘럼의 한 부분으로 아침 예배와 성경공부가 공식 인정된 후부터 신앙은 결정적으로 더 중요해졌습니다. 그러므로 우리는 하나님께 감사드리며, 용기를 더하게 됩니다.

1936년 미나미 장군이 총독으로 임명되었다. 신사참배는 필수가 되었다. 제일 먼저 학교에서 그 정책을 시행하였다. 5월에 바티칸은 동경과 협약을 맺으려고 하였다. 그리고 한국의 천주교에 신사참배에 대한 정부의 해석을 받아들이도록 하였다. 그리고 참배의 요청에 응하도록 지시하였다.

만약 불응하면 학교는 문을 닫아야 했다. 장로교 선교사들은 흔들리지 않았다. 진주의 시원여학교 교장 정석록은 사표를 내었다. 그가 신사참배 정책의 첫 희생자가 된 것이다.

1939년 6월, 호주선교회는 정부의 공문을 받았다. 선교부에 속한 모든 학교는 7월 31일 폐교에 맞추어 교장들의 사표를 받도록 지시하는 내용이었다. 11월 마가렛은 호주에서 온 위원 한 명을 안내하고 있었다. 부산진의 일신학교는 1935년 견고한 벽돌로 세워진 2층짜리 건물인데 닫혀 있었고, 그 앞마당에 전경을 막는 최근에 세워진 신사가 서 있었다.

3. 윌리엄 테일러

트랄라곤 레코드,

1921년 8월 19일, 3쪽.

생일

능력 있고 재능있는 진 데이비스 박사는 깁스랜드와 플린더스 노회로부터 지원을 받고 있다. 스미스 목사는 '하나님은 인간을 통하여 역사하신다'라는 주제로 훌륭한 설교를 하였다. 진은 의사로서 그녀의 재능을 헌신하고 있으며, 그리스도가 그들을 위하여 어떤 일을 하셨는지 진주병원의 남성과 여성들에게 전하고 있다. 스미스는 진의 사진을 공개하며 그녀가 하나님의 돌보심을 받도록 침묵으로 기도하였다.

(다음의 글은 한국의 선교에 관한 테일러 박사의 이야기와 목소리를 흥미로운 방법의 문학 형식으로 가공한 것이다.)

1923년의 어느 한 주일 저녁, 한 무리의 방청객이 영국 에든버러의 장로교 선교회관에 모여들었다. 에릭 리들은 회색의 양복 조끼에다 정장을 입고 대학의 넥타이를 매고 있었다. 그가 강단으로 나오자 청중은 조용해졌다.

(리들) 오늘 친교 저녁 모임에 나와 감사합니다. 여러분들이 아는 대로 나의 형제 롭은 의료선교사입니다. 그의 제안에 따라 오늘 저녁 우리는 한 강사를 초청하였는데, 윌리암 테일러 박사입니다. 롭과 윌리암은 에든버러 의과대학 동창생입니다. 이들은 선교 병원의 원장입니다. 롭은 중국 산동에서, 윌리엄은 한국 진주에서 일합니다. 롭은 스코틀랜드장로교회 파송이고, 윌리엄은 호주장로교회 파송입니다. 이제 테일러 박사를 모시겠습니다.

(테일러) 감사합니다. 에릭 씨. 나는 에든버러 의과대학과 병원에 외과 교육을 더 받기 위하여 와 있습니다. 나의 전공은 나병 치료이고, 호주장로교회의 선교지인 뉴헤브리데스 산토섬 호그 항에서 3년 동안 일하였고, 그 후 한국 남쪽의 통영에서 일하고 있습니다. 1921년 통영에 계획하던 나병원 건립을 정부에서 불승인하였고, 그 후 나는 진주의 배돈병원 원장으로 재직하고 있습니다. 진주병원은 외과도 볼 수 있는 원장을 필요로 하였고, 그 이유로 나는 여기에서 재교육을 받고 있는 것입니다. 먼저 한국의 나병 치료에 관하여 말하겠고, 두 번째로 진주의 병원에 관하여 설명하겠습니

다. 언급하는 지명이 어디인지 여기 한국 지도에 핀으로 꽂아 놓았습니다.

부산진의 지방 정부는 미국선교회에 나병원을 시내 멀리 바닷가에 건립하도록 승인하였습니다. 1910년 화강암으로 된 병원이 세워졌고, 30명의 중증 나환자들이 입원하였습니다. 그리고 1913년 호주선교회가 미국선교회에서 병원을 이양받을 때 환자는 80명이었습니다.

이 병원의 새 원장은 노블 맥켄지 목사입니다. 그는 글라스고우에서 의학 훈련을 받았고, 뉴헤브리데스에서 나병을 치료한 경험이 있습니다. 그는 신시내티의 베일리 가족을 통하여 병원 건물 기금 1,500달러를 기증받았습니다. 또한 맥켄지는 사이토 총독에게 지원을 신청하였고, 그는 매년 21,000엔을 약속하였습니다.

맥켄지의 비전은 환자들을 치료하여 그들이 성공적으로 사회로 돌아가 정상 생활을 하는 것입니다. 병원에는 학교가 있어 환자들을 교육시키고 훈련시키며, 일부 교사들은 나환자입니다. 환자들의 취미 활동을 위한 공간과 밭도 있습니다. 30% 이상의 나환자가 헌신적인 기독교인입니다.

성만찬 식을 거행할 때 목사의 손으로부터 빵과 포도주를 받아먹는 교인들을 보고 나는 깊은 감명을 받았습니다. 왜냐하면 그들은 자신들의 손으로 빵과 포도주를 들어 입으로 가져갈 수 없기 때문입니다. 현재 맥켄지는 그들이 자신들의 벽돌 교회를 세우도록 돕고 있습니다. 대부분의 나환자는 잘 움직일 수 있기에 맥켄지는 그들이 정원이 있는 자신들의 집도 그렇게 지을 수 있기를 원합니다. 일본 정부는 한 섬에 나병 집단수용소를 세워 해결하려고 하지만, 한국에서 나병은 여전히 제어되지 않고 있습니다.

나병 환자들의 자녀에 관하여 말하기 원합니다. 그들 일부도 나병을 앓지만, 대부분은 건강한 자녀들입니다. 나병에 관한 오해가 많습니다. 옮을 수 있는 박테리아지만 배양은 느리게 진행됩니다. 이런 이유로 건강한 자녀들이 계속 건강하게 살려면, 나환자 부모들로부터 독립되어 생활해야 합니다. 이것이 어린이들에게 항상 쉬운 일은 아닙니다. 운이 좋은 건강한 어린이들은 고아원이나 유사 기관에 보내집니다. 이때 맥켄지 목사의 부인 메리가 등장합니다. "그들은 고아가 아닙니다! 육체적인 접촉은 노. 그러나 부모의 사랑과 돌봄은 예스입니다. 만약 아버지가 나병환자로 교회당을 지었는데, 아이가 그 교회를 갔을 때 아버지를 멀리서 보고 서로 미소를 짓는다면 가치 있는 일입니다."

메리는 병원 근처에 어린이들을 위한 집을 지을 부지를 보아두었습니다. 그녀는 김칠용과 함께 집 설계를 하였습니다. 그는 이미 첫 번째 병원을 건축하고, 교회당 건축을 도운 사람입니다. 메리는 그녀의 계획서를 호주장로회 나병선교회에 제출하였습니다. 1919년 헤들리 가족은 사망한 자신들의 아들을 기억하며, '건강한 아이들을 위한 헤들리 기념 센터' 건축 비용을 선물하였습니다. 메리가 이 아이들을 위한 사역을 책임 맡고 있습니다. 부산진의 미국과 호주 선교사들이 그녀를 돕고 있습니다. 진 데이비스 박사가 6개월마다 부산지역의 여학생과 여성들을 정기 검진할 때, 그녀는 헤들리 센터의 아이들과 여성 나환자들도 검진하고 있습니다. 헤들리 가족의 재정 기부는 또한 건강한 아이들의 교육에도 쓰이고 있습니다. 메리는 부산진 일신여학교 교장인 마가렛에게 자문도 받고 있습니다. 지금은 건강한 어린이들 중에서 사립학교로 진학하거나 중등학교 혹은 산업학교로 가기도 합니다. 또 다른 선교사 데이지 호킹은 나환자와 그의 자녀들을 위하여 기도를 정기적으로 합니다. 나의 연설 후에 이들의 사진을 볼 수 있습니다.

나병 치료는 아직 알려지지 않고 있습니다. 맥켄지는 의사협의회의 전망 있는 치료 방법을 적용하고 있습니다. 인도가 원산지인 찰무그라 오일이 주요 성분인 약을 주사로 놓는 방법입니다. 이 주사는 특히 초기 단계의 나환자에게 효과적인 결과를 가져오고 있지만, 전반적으로도 좋습니다. 맥켄지가 이 방법을 지난 5년간 사용한 이래로 부산진의 사망률은 급격하게 낮아졌습니다. 어떤 이들은 완쾌되어, 어떤 이들은 나병의 진전이 멈추어 퇴원하기도 하였습니다.

나병센터에서는 몸과 마음 그리고 영 모두 돌봄을 받습니다. '믿음, 오일 그리고 노동'은 치료에 꼭 필요한 것들입니다. 한국 남부의 나환자는 2,000명 정도로 추산됩니다. (테일러는 여기에서 멈추고 리들을 쳐다보았다.)

(리들) 당신의 열성적인 의과 학생들의 눈이 보입니다. 아마 여기서 나병에 관한 질문을 받는 것이 좋겠습니다.

(맥시밀란) 글라스고우의 의과 3학년 맥스밀란입니다. 부산의 그 나병원은 미국선교부가 사용하던 이름을 계속 사용하였습니까?

(테일러) 1913년 병원명은 '바닷가 나환자 피난처'였는데, 후에 '나환자를 위한 바다의 집'으로 바뀌었습니다.

(맥코마스) 에든버러 의과대 조교 맥코마스입니다. 바닷가에 병원이 있

는데, 짠 바닷물이 치료의 한 방법입니까?

(테일러) 좋은 질문입니다. 초기에 바닷물에 목욕을 하는 것을 권장하
였습니다. 그러나 효과는 없었습니다. 바닷가에 병원이 있는 이유
는 의학적인 이유라기보다 전략적인 이유입니다. 만약 나환자 병
원을 진주에 세운다고 하면, 360도의 모든 방향에서 민원이 제기
될 것입니다. 통영의 바닷가에서는 180도의 방향에서만 비난을
듣습니다. 물고기들은 상관을 안 하니까요. 부산진에서는 거의 비
난이 없었는데, 똑똑한 미국인들이 도시에서 벗어난 바닷가 지역
을 선택하였기 때문입니다. 뉴헤브리데스에서는 외딴 섬이 이상
적이지만, 어떤 섬을 택할지는 합의가 안 되었습니다.
이제 나는 진주의 배돈병원 원장 일에 관하여 이야기할 텐데 10분 정
도가 남았습니다. 여기에 진 데이비스 박사와 병원 사진이 있습니다.
병원과 선교부에서 진은 천연두와 가정 폭력을 예방하도록 돕고
있습니다. 물은 염소 처리하고, 하수설비는 재배치하여 다르게 사
용하도록 합니다. 모기 방역도 철저히 하여 알을 까지 못하도록
하고, 물리지 않도록 예방합니다.
진은 위급상황을 대비한 계획도 가지고 있는데, 콜레라나 황열병
같은 유행을 대비하는 것입니다. 콜레라에 긴급히 대응하도록 재
수화 소금도 곳곳에 비치하고 있습니다. 보건에 대한 교육을 모두
받아야 하며, 태풍이나 홍수, 화재 그리고 지진을 대비하여 경각
심을 갖고 있습니다. 1920년에 콜레라가 대유행하였습니다. 진주
의 병원 직원들은 보다 넓은 지역을 다니며 의료 봉사하여야 하였
습니다. 박 간호사는 통영에 임시 병원을 운영하였고, 많은 생명
을 구하였습니다. 이것으로 마을 주민들은 병원을 신뢰하게 되었

습니다.

우리의 수간호사 네피어는 에든버러 출생입니다. 그녀가 마산에서 진주로 옮겨왔을 때, 그녀는 자신의 축음기를 가지고 왔습니다. 진은 그것을 빌려 아침 경건회 후마다 자신의 레코드음악을 틀었습니다.

그리고 직원들은 음악에 맞추어 '매일의 운동'을 하는 것을 즐거워하였습니다. 약제사, 간호사 그리고 환자 보조들은 정기적으로 이 아침 운동에 참여하였습니다. 진은 깁스랜드 교회가 성탄절 선물로 준 돈으로 그 레코드를 샀습니다. 운동의 마지막 부분은 바닥에서 몸을 비트는 동작이었는데, 남자들만 하였습니다.

깁슬랜드의 기부자가 이 모습을 보면, 자신들이 준 돈의 용도에 만족할 것이라고 진은 말하였습니다. 진이 훈련반을 감독할 때, 다른 이들은 치료를 할 것인데, 여러분들은 내가 왜 이곳에 와 외과 의학 훈련을 더 받는지 이해할 것입니다. (박수)

4. 컬

컬이 배가 아프다고 소리쳤다. 그의 누이 진이 휴가차 집에 와 있었는데, 진이 진단하였고, 비버 오일을 처방하였다. 며칠 후 컬은 병원에 입원되었고, 맹장이 터져 복막염으로 사망하였다. 1923년 2월 8일 토요일, 코필드에서 일어난 불행한 사건이었다.

5. 부모와 함께 진주로

시드니 모닝 헤랄드,

1923년 8월 17일 금요일, 13쪽

(동&호주 증기선 회사) E&A 라인 증기선 아라푸라는 토요일 오후 5시 서 써큘라 키 부두 7B에서 일본으로 출발. 승객 명단 중에 데이비스 부부, 진 데이비스 박사, 던, 위더스 그리고 길레스피가 포함됨.

1923년 테일러와 데이비스는 진주로 돌아왔다. 맥라렌은 서울 세브란스에서 전임으로 일하고 있었다. 제시는 서울로 간 것을 기뻐하였는데, 마침내 이화여전에서 교육 사역을 할 수 있었기 때문이다. 빅토리아여선교연합회는 세브란스병원 맥라렌의 정신의학과를 위하여 8개의 침대가 있는 병동을 선물하였다. 이 침대들이 비어있는 날이 없을 정도로 바쁜 병동이 되었다.

진은 배돈병원을 외과에 치과를 포함하여 독립된 부서로 재배치하였고, 엑스레이기를 포함하여 새 기구들을 구하고 있었다. 마침내 그녀는 여성과 어린이들을 위한 의료 사역에 집중할 수 있었고, 테일러 부인의 순회전도를 지원할 수 있었다. 여성 의사가 병원에 있다는 사실로 인하여 모두 자랑스러워하였다.

진주의 사람들이 기독교로 회심을 하면서 배돈병원의 일도 점점 가중이 되었다. 또한 병원의 수술 수준과 부인과에 대한 좋은 소문도 퍼져나갔다. 자동차가 있어서 집을 방문하거나, 순회전도를 나가거나, 앰불런스 봉사도 할 수 있었다.

진은 자신의 부모가 진주에 와 6개월을 함께 살았다. 마가렛도 부산진에서 그들과 6개월을 함께 살았다. 부모 애니와 존은 본능적인 전도자들이었다. 그러나 그들은 언어가 문제였다. 애니는 전도부인과 가가호호 방문하는 것을 즐겨 하였다. 존은 청년들과 성경공부반을 하였고, 그들과 휴가 기간에는 등산도 하였다. 존은 고향에서 진과 헤이스티스 힐을 등산한 경험이 있다. 진은 그에게 진주 지역의 산과 자신의 등산길을 알려 주었다. 그가 좋아하는 등산길은 진이 테일러와 개발한 '투 파이프 워크'였고, '엘리스 레인지'였다.

1924년 7월 31일 호주 멜버른에서는 제인 하퍼 추모예배가 스코트교회 총회 회관에서 열렸다. 투락교회의 하퍼 여사는 빅토리아여선교연합회 초대 회장이다. 하퍼에 대한 여러 내용들이 회고되었지만, 여선교연합회의 정신대로 하나의 중요한 기념사업으로 연결하였다. 당시 부산진의 일신학교는 고등반으로 넘쳐나는 여학생들을 가르치고 있었고, 중등학교 설립이 시급하였다. 교장이었던 마가렛은 멜버른에서 온 한 소식을 듣고 흥분하였다. 제인 하퍼 중등학교 건축을 위한 기금에 관한 내용이었다.

6. 진의 편지

우리가 호주에 있는 여러분들에게 감사하게 생각하고 있다는 것을 꼭 알아주기 바랍니다. 미션 박스를 위한 사랑스런 생각과 그 선물을 보내는 성의에 감사합니다. 가난하고 추워하는 노인들에게 목도리를 나누어 주었습니다. 많은 아기들이 양모로 된 옷을 받았고, 병원의 어린이들은 성탄 나무 아래 놓인 자신들의 선물을 보고 기뻐하며 가지고 갔습니다.

… 12월 중순 병원의 전도회는 토요일 오후 총회를 열었습니다. 불행하게도 이번에는 내가 회원들에게 설교를 하게 되었습니다. 이것이 나에게는 새로운 경험이었는데, 떨려서 써간 것을 그냥 읽었습니다. 우리는 전도의 목적으로 예산이 있었는데, 그날 이 예산으로 무엇을 할지 결정하지 못하였습니다.

그 이후 의령에서 긴급한 요청이 들어 왔습니다. 거창에서 온 한 장로가 노회를 위하여 특별 전도를 한다는 것입니다. 그는 한 여성이 그곳에 가 가르치기 원한다고 하였습니다. 의령의 많은 사람들이 기독교에 대하여 알고 싶어 한다는 것입니다.

그동안 의령은 어려운 지역이었지만, 지금 문이 열리고 있었습니다. 그래서 병원 전도회는 그곳에 여성 전도원 한 명을 한 달간 파송하였습니다. 그 지역에서 우리 병원을 거쳐 간 환자들도 있었고, 그들도 만날 것입니다. 하 부인이 지명되었는데, 병리실 직원의 누이 하은혜입니다. 이봉구의 아내로도 알려져 있습니다. 그녀는 교육도 좀 받았고, 성경학교에서 공부도 하였고, 경험 많은 전도부인과 순회전도 경험도 있습니다. …

병원의 산타클로스가 여러분이 보내 준 선물을 아이들에게 나누어 주었습니다. 어린이 중에 일본 아이 남녀 둘이 있는데, 둘 다 눈에 문제가 있어 입원하여 있었습니다. 치료는 잘 되고 있었고, 병원 생활도 즐거워하였습니다. 그들은 네피어가 가르치는 한국어 찬송도 곧잘 따라 불렀습니다. 소녀는 선물로 곱슬머리의 인형을 받았는데, 분득이가 중국 머리의 인형을 받은 것을 알고 크게 울었습니다. 그래서 다음 날

네피어가 중국 머리 인형으로 바꿔주었습니다. …

　성탄절 새벽송은 4시에 '참 반가운 신도여'로 시작되었습니다. 아침 11시에 예배가 있었으며, 그 후에 어린이들 노래회도 있었고, 선물을 나누어 주었습니다. 저녁에는 청년들의 발표회도 있었습니다.

　우리의 성탄 축하회는 다음 날 둘개에서 가졌습니다. 존의 모친, 양민이의 모친, 김 간호사 그리고 나는 10시 30분에 선물과 과자를 한 아름 안고 떠났습니다. 천사, 목동 그리고 양들이 나오는 찬송가 '한밤에 양을 치는 자 그 양을 지킬 때'가 우리의 발표 중 핵심이었습니다. 두 명의 천사가 무대 뒤에 섰고, 4명의 목동이 그 아래 있고, 세 마리의 작은 양이 발치에 있었습니다. 목동이 첫 절을 부르면, 천사가 2절에서 4절을 불렀고, 목동은 5절과 6절을 불렀습니다.

　며칠 전에는 한 마을에서 급한 연락이 왔습니다. 박 박사가 간다고 하였지만 결국은 나와 홍 간호사, 하 마취사 그리고 강문서가 우리를 도우며 함께 갔습니다. 우리는 특별한 차를 타고 20리를 가서, 산을 오르내리며 10리를 더 걸어갔습니다. 힘들 정도로 빠른 속도로 걸었는데, 안내자는 서두르는 것 같이 보이지 않았습니다. 아이를 낳는 한 산모가 그곳에 있었고, 무사히 아이를 낳았습니다. 그런데 지불하기로 약속한 비용을 받아내기가 어려웠습니다.

　우리는 밤길에 다시 돌아와 찻길로 나왔습니다. 짚으로 만든 횃불을 번갈아 태우며 온 것입니다. 그 마을에는 신자가 없었고, 양반이 사는 마을이었다고 합니다. 이들이 기독교인이 되는 것은 참 어렵습니다.

> 마운트 갬비아 보더 워치,
>
> 1925년 3월 27일 금요일, 3쪽.
>
> 빅토리아여선교연합회 대회, 마운트 갬비아 주일학교 회관, 나라코테, 밀리센트, 페놀라, 글렌코 탄타눌라 그리고 애스플리에서 41명의 대표가 마운트 갬비아 지부의 24명과 만남. 잔액 152파운드.
>
> 존과 애니 데이비스가 12개월의 한국방문을 마치고 방금 귀국함. 그들의 두 딸이 그곳에 선교사로 있음. 그들은 한국에서 진행되는 흥미로운 일에 대하여 보고함. 또한 귀국 길에 북퀸즐랜드도 방문하였음.

진 데이비스의 편지, 진주, 1926년 2월 2일

성탄절 기간은 작년과 크게 다르지 않았다. 어떤 이는 연설을 준비하였고, 어떤 이는 준비가 없었지만, 모두 성탄절의 주제와 그 의미가 무엇인지 생각하였다. 두 명의 여성이 이야기를 하였다. 가장 흥미로운 연설은 변호사의 아내, 여학교의 한 교사 그리고 맹인 걸인이었다. 이 맹인은 그 유명한 김익두에게서 복음을 들었다고 한다. 그는 그때부터 하나님을 믿기 시작하였고, 자신의 직업인 점술가를 포기하였다. 그리고 집을 방문하여 피리를 불어 생활을 이어가고 있다고 하였다. 그는 연설 말미에 '예수 사랑하심을'을 피리로 불렀다.

새해의 활동들

배돈병원의 전도회는 1월에 새해 첫 모임을 가졌다. 그리고 네피어를 회장으로 선출하였다. 열정적인 모임이었고, 전도회가 매월 적은 봉급을 주는 양민이의 모친인 전도부인이 훌륭한 보고를 하였다.

어릴 때부터 맥라렌 부부가 교육을 시킨 맹인 기화는 인기 있는 교사였다. 그녀는 서울의 한 성경학교의 학생이고, 성경에 관한 깊은 지식이 있었다.

흥미로운 환자들

현재 우리 병원에 비구니 한 명이 환자로 있는데, 남자같이 머리를 짧게 깎고 남자 옷도 입었다. 그녀는 쉬운 환자는 아니었고 많은 손길을 원하였는데, 내가 보기에는 심각한 병은 아니었다.

남자 병동에는 두 다리 모두 크게 화상을 입은 환자가 있었다. 현재 한 달째 입원해 있고, 네피어가 우유와 영양가 있는 음식을 먹이고 있지만 여전히 매우 힘이 없다. 그는 오늘 자신도 기독교인이 되고 싶다고 하였는데, 병원의 직원들이 너무 친절하다는 것이었다. 우리 직원에 대한 이 칭찬에 나는 매우 기뻤다.

테일러와 나는 2월 초에 서울의 한 의사 모임에 참석하였다. 나병과 폐결핵이 이번에도 주된 주제였다.

자랑스러운 학교

서울에서 돌아오는 길에 나는 부산진에 들러 그곳과 동래의 여학생들을 검진하였다. 그들 대부분은 건강하였고, 지난해보다 트라코마와 눈병이 적었다. 동래에서 깨끗한 학교 유니폼, 긴 생머리에 생기발랄하고 장밋빛의 예쁜 얼굴을 한 여학생들을 만나 즐거웠다. 밖은 추웠지만 햇빛이 교실로 들어와 따뜻하였다. 넓고 깨끗한 교실도 좋았는데, 동래여학교는 여러분들이 자랑스러워할 만한 학교이다.

7. 진의 일기에서

1926년 북경연합의과대학에서 열린 중국기독교의과협의회대회에 참석하러 가는 길에 진은 서울에 들러 사이토 총독의 메달수여식에 참석하였다. 사이토는 다음과 같이 말하였다. "우리의 황제 요시히토의 아들 히로히토의 대관식을 축하하며, 나환자들을 위하여 위대한 봉사를 한 제임스 노블 맥켄지 목사에게 블루리본 메달과 1,500엔을 수여한다."

진은 맥켄지, 제임스, 메리 제인 그리고 그들의 4명의 딸과 시간을 보냈다. 캐서린과 헬렌은 진이 일신여학교를 방문할 때와 그리고 나환자 요양원에서 만났었다. 그들은 중국 상황과 진이 북경에서 성취하고자 희망하는 것들에 대하여 관심을 가졌다. 진은 그들에게 북경에 관하여 이야기하였다. 헬렌과 캐서린은 한국을 마주하는 중국 본토 제푸(엔타이)의 학교를 막 입학하려 하고 있었다. 영국선교회는 선교사 자녀들을 위하여 이 학교를 운영하고 있었다. 캐서린은 후에 간호사가 되고, 헬렌은 진과 같이 프레스비테리안 레이디스 칼리지를 졸업하고 멜버른대학교에서 교육받아 의사가 된다. 이들은 한국전쟁 때 중국 선교사가 되었고, 그 후에는 곧 그들의 고향인 한국으로 가 선교 활동을 시작하게 된다.

진은 제물포에서 황해를 가로질러 천진으로 가는 증기선을 탔고, 80km의 기찻길로 북경에 도착하였다.

각 선교부에 여선교사 두 명을 배치한다는 초기 선교정책이 마침내 1927년부터 1928년에 성취되었고, 개척자인 알렉산더, 레잉, 호킹, 매카그, 테잇, 레게트 그리고 던에게 감사하였다. 이것이 순회전도의 새 세대를 열었는데, 좀 더 좋은 길과 자동차, 많은 전도부인 그리고 길 위의 편안 잠자리가 그것이었다. 1927년 앨리스 라이트, 본 이름은 앨리스 니븐이 사망하였다.

필자의 노트:

진은 진주에서 감염성이 있는 샘플을 정부의 패혈증 병동으로 보냈다. 진은 두 개의 예를 가지고 있었는데, 1927년 치명적인 매독을 살바센 606으로 치료할 때, 이것이 피에 닿아 감염되지 못하도록 수술적으로 짜내야 하였다. 1928년 8월 진은 휴가차 호주 멜버른으로 돌아왔다.

더 브리즈번 쿠리어,

1929년 8월 20일, 21쪽.

세인트 알반호로 시드니에서 일본으로 가는 승객

한국 선교사들 송별회

많은 사람이 참석함.

장로교여선교연합회 회장 존 톰슨 여사가 어제 브리즈번 크릭 가 세인트 앤드류 회관에 참석한 한국 선교사들을 환영하다.

존과 애니 데이비스, 보어랜드 부부, 네피어, 클라크, 위더스, 던

시드니의 미첼도서관 고문서관에 보관된 진 데이비스 박사의 개인 파일에는 다음과 같은 기록이 남아있다. "북경연합의과대학에 가다. … 1932년 북경의 나병 세미나를 위하여…"

더 아르거스,

1934년 5월 10일 목요일, 12쪽.

선교연합회 연례모임

진 데이비스 박사, 스키너, 스코트는 아직 휴가 중….

퇴임하는 총회장 윌슨 매큘레이 목사는 올해 초 한국을 방문하였다. 그는 여선교연합회가 해외 선교위원회의 불충분한 재정을 보충하고 있다고 하였다. 지난 4년 동안 엄격한 재정을 선교에 적용하고 있었는데, 그는 그 영향을 보았다고 한다. 불충분한 직원과 위험할 정도의 낡은 건물 그리고 불필요하게 불리한 조건 등이었다. 그는 미국선교사들의 증언을 언급하였는바, 각 선교부와 학교에서 일하는 호주 선교사들을 칭찬하는 내용이었다.

매큘레이는 통영의 산업학교와, 버려진 한국 여성들을 훈련하는 에디스 커의 농업학교 계획에 대하여 말하였다. 또한 그는 파리까지 연결되는 부산의 종점 역을 방문하였는데, 이곳은 인신매매가 있는 거점이다. 재정난과 일꾼의 부족으로 인하여 이 거대한 악과 싸우기 어렵다고 그는 말하였고, 그러나 이것은 교회가 무시할 수 없는 도전을 주고 있다고 하였다. …

데이비스 박사의 호소는 진주의 병원에서 필요한 침대보, 베개보, 수건 등에 한정되었다.

더 아르거스,

1934년 6월 20일 수요일, 15쪽.

빅토리아여선교연합회 해외 총무 보고, 캠벨 양

여선교연합회는 버려진 여성들을 위하여 동래에 농업학교를 시작하기로 하다. 잔고 700파운드와 대출 800파운드. 적당한 장소가 물색되면 곧 시작될 것이다.

더 아르거스.
1934년 7월 19일 목요일, 12쪽.
한국으로 돌아가는 선교사 환송회
어제 오후 총회 회관의 모든 자리가 채워졌다. 곧 자신들의 일터인 한국으로 돌아가는 우리 장로교 선교사들을 환송하기 위한 자리였다. 특별한 손님은 4명의 여선교사들이었는데, 그중 3명은 한국에서 오랫동안 사역한 사람들이다. 에이미 스키너는 20년, 스코트는 18년 그리고 진은 16년이다. 레게트는 6년이다.
이 모임은 맥라렌 박사 부부, 트루딩거 목사 부부, 커닝햄 목사 그리고 뉴 목사를 환송하는 자리였다.

진의 한국 선교 네 번째 임기

1935년 진주 배돈병원은 일 년 동안 외래환자를 위한 250번의 엑스레이와 5천 번 이상의 실험실 검사로 기록적인 해였다. 진은 조 박사와 함께 정상적인 진료 외에 간 감염의 원인에 대하여 연구하고 있었다. 조 박사는 간 감염의 모든 환자가 남강에서 잡힌 물고기 회를 먹었다는 사실을 발견하였고, 예외는 없었다.

깁슬랜드 타임즈,

1935년 3월 18일 월요일, 6쪽.

여선교연합회 깁슬랜드 연례 모임.

세일, 스트라트포드, 마프라, 레이크 앤터런스, 번즈데일에서 70명의 대표 참석.

던 선교사 연설 '한국의 언덕과 계곡들.'

1934년 12월 18일 존 데이비스 목사가 사택에서 사망. 참석자 모두 진과 데이비스 부인에게 위로의 인사를 남기다.

허 캡틴과 최 대리
세브란스 의과 연합 센터, 서울
선교연합협의회, 구호위원회

(호킹의 '동방의 한 항구에서의 삶' 일부분을 근거함. 드라마 효과를 위하여 실제 이야기를 대화체로 씀)

8. 1936년 봄

(마가렛) 안녕하세요? 우리가 무엇과 싸우고 있는지 말씀을 드리려고 합니다. 기록을 위하여 먼저 부산 항구 근처의 해안은 여관과 사창가로 밀집해 있다는 것을 밝힙니다. 부산역도 선창가와 이어지고 있습니다. 우리는 여관 주인과 해경과 목단 뚜쟁이들 간의 음모에 반대하고 있습니다. 여관은 성매매의 온상인데, 일본제국하에서

는 합법적으로 운영되고 있습니다.

1929년 10월 경제공황 시작 때부터 일본은 한국과 대만의 젊은이들을 일본의 무기 공장과 선박 공장으로 징집하기 시작하였습니다. 이것으로 그들의 젊은이들은 전쟁에 참여할 수 있는 것입니다. 결혼한 젊은이들을 우선적으로 징집하였습니다. 젊은이가 3개월 동안 일을 잘하면, 그의 아내와 아이들이 일본에 가 합류하도록 하였습니다.

젊은 아내가 일본으로 가는 배를 타려고 부산항에 오면 그녀는 덫에 걸립니다. 여관의 뚜쟁이는 마피아 조직원입니다. 마피아 대장은 해경에 뇌물을 주고 그녀가 창기가 되도록 유도합니다. 일본은 군대를 수년 동안 만주에 보냈고, 뚜쟁이 두목은 여성들을 목단의 조직에 팔아 넘겨왔습니다.

기록에 의하면 한 젊은 여성이 준킨기념병원에 와 도움을 청하였습니다. 그녀는 뚜쟁이 두목에게 속한 창녀였는데, 죽임을 당할까 봐 두려워하고 있었습니다. 그녀가 성병에 걸린 것이 확인되자 그녀는 도망하였고, 해경은 이틀 후에 사망한 그녀의 작은 시체를 항구에서 발견하였습니다.

감사합니다. 이제 송 박사께서 연설하겠습니다.

(송 박사) 데이비스 양, 감사합니다.

안녕하세요? 기차가 올 시간이 되어 나는 플랫폼에 나가 관찰을 시작하였습니다. 기차는 지연되었고, 우리 선교부의 박 씨도 소포를 수령하기 위하여 도착하였습니다. 우리가 차를 마시며 기다리고 있는데, 두 명의 거칠어 보이는 남성이 카페 안으로 들어와 담배와 담배 종이를 사고 빈둥거렸습니다. 그곳에 있는 우리 모두가 두려워하였는데 나와 박 씨, 짐꾼들 그리고 카페 직원들입니다.

"깡패들이다!"

마침 기차가 도착하고 많은 사람들로 혼잡하였습니다. 어떤 이들은 기차로 향하였고, 대부분은 플랫폼 끝에 있는 출구가 있는 곳으로 몰려갔습니다. 카페에 들어오는 사람은 거의 없었습니다. 기차에서 마지막으로 내린 사람은 6살 정도로 보이는 쌍둥이를 데리고 온 젊은 여성이었습니다. 그들의 옷은 수준이 있었고, 여성은 보석을 착용하고 있었고, 서양 스타일의 가방도 메고 있었습니다. 그 쌍둥이는 다른 아이가 카페에서 아이스크림을 먹는 것을 보고 먹고 싶어 하였습니다. 그리고 깡패들은 도와주는 해경 없이도 무엇을 해야 하는지 알아차렸습니다. 그 여성이 쌍둥이와 걷는 동안에 나는 본능적으로 공중전화 박스로 들어갔습니다. 그리고 위급한 상황이니 기차역 출구로 앰뷸런스를 보내달라고 하였습니다. 박 씨도 나를 도와 함께 있었습니다. 그리고 나는 아이스크림을 샀습니다.

여성은 한 손으로는 가방을 들고, 다른 손으로는 아이를 잡고 있었습니다. 그리고 그 아이에게 동생의 손을 꼭 잡도록 말하고 있었습니다. "엄마, 이제 내 차례야. 내가 엄마 손을 잡을 거야." 그들이 출구로 향하여 반 정도 걸어가는데, 깡패 3명이 그녀를 둘러쌌습니다.

"가게 해줘요!"

그들은 이를 드러내며 여성을 위아래로 보았고, 쌍둥이들의 머리를 쓰다듬었습니다. 깡패들은 서로 말하였습니다.

"이 아이들을 노예로 팔면 돈을 많이 받을 수 있을 것 같은데."

"그래. 그리고 얘는 사창가에 팔면 꽤 괜찮게 받겠어."

"이봐요. 아줌마. 차라리 당신이 가지고 있는 것을 우리에게 다 주면 그냥 물러나겠어. 만약 돈이 충분하면 내 친구들에게 이야기하여 당신의 아들들을 그냥 보내주라고 할게. 만약 이들이 당신의 아들을 데리고 가면 나는 당신의 돈과 보석을 갖고, 오늘 밤 당신과 자고 내일 사창가로 팔아넘길 거야."

그녀는 아이들을 꼭 잡고 있었지만, 아이들은 그 남성들의 이야기를 재미 있어 하였습니다. 그녀는 아이들을 배 있는 곳을 향하여 몰고 가려 하였지만, 깡패들은 삼 면으로 길을 막았습니다. 그녀는 보석을 내어주었지만, 깡패들은 가방과 주머니를 보기 원하였습니다. 그녀는 주변을 돌아보며 도움을 찾으려 하였지만, 모두 멀리 떨어져 있었습니다. 아이스크림을 먹는 한 남성을 제외하곤 말입니다.

그때 나는 소리쳤습니다.

"누구 아이스크림을 먹을래?"

나는 아이스크림을 보였습니다.

"냠. 냠. 먹고 싶으면 와서 받아."

갑자기 조용해졌습니다. 깡패들은 잠시 나를 쳐다보며 혼란스러워하였습니다. 저 남자가 왜 아이스크림을 준다고 할까? 쌍둥이가 나의 아이스크림을 향하여 뛰어 왔습니다.

"나와 같이 역으로 가자. 거기에 아이스크림이랑 사탕이랑 인형이 많이 있어. 누가 빨리 뛰어갈 수 있어?"

엄마는 놀라며 소리쳤습니다.

"멈춰요. 멈춰요. 저 사람이 내 아이들을 납치하고 있습니다. 누가 좀 도와줘요."

그제야 깡패들은 내가 그들의 먹잇감을 낚아채고 있다는 것을 깨닫고 나를 쫓아 왔습니다. 쌍둥이는 역에 벌써 도달하였고, 박 씨와 앰뷸런스 직원은 아이들을 몰아 기다리던 차에 태웠습니다.

"야. 재미있다. 엄마 빨리 와!"

쌍둥이가 소리쳤고, 여성도 역으로 뛰어들었습니다. 그때 짐꾼은 역 문에 있던 짐 운반대를 깡패들 앞으로 밀었습니다. 만약 그러지 않았다면 깡패들이 먼저 앰뷸런스에 다다랐을 것입니다. 우리는 그 여성도 차 안으로 밀어 아이들과 함께 넣었고, 문을 닫았습니다. 차가 막 출발할 때 깡패들이 도착하였고, 그들은 세우라고 운전사에게 소리를 치며 창문을 두드렸습니다. 그리고는 그에게 저주와 욕설을 내뱉었습니다. 여성은 그제야 무슨 일이 일어났는지 깨닫는 것 같았습니다.

"아이스크림은 어디 있어요?"

아이는 잊어버리지 않고 조르기 시작하였습니다.

이 여성의 여행증을 보면 그녀의 남편은 일본 군대의 상등병이었습니다. 이날 밤, 부산 주둔군인 3명이 이 여성과 쌍둥이를 배까지 호송하였습니다. 깡패들은 멀리서 그 모습을 지켜보았을 것입니다. 후에 그녀의 남편 상등병은 우리에게 감사의 편지를 보내왔습니다. 그 깡패들이 두목에게 어떻게 보고하였을지는 상상에 맡깁니다. 감사합니다. 이제 호킹 양이 마지막 연설을 하겠습니다.

(데이지 호킹) 우리의 선교 총무는 만주로 가는 기차에서 아마 23살 정도 되는 한 여성의 곤궁한 처지에 관심을 빼앗겼습니다. 그는 그녀 맞은편에 앉았고, 다른 많은 사람들이 처하여 있는 비슷한 이야기를 그녀는 하기 시작하였습니다. 그녀의 이름은 '리'입니다. 우리 선교 지역의 북쪽 농가에서 온 리는 자신의 남편을 만나기 위하여

최소한의 교통비만 가지고 적어준 주소를 향하여 출발한 것입니다. 부산에 도착하여 해경의 조사를 받는데, 그녀의 여행증에 적힌 주소를 확인하기 위하여 남편의 확인 전보를 기다리며 하룻밤을 보내게 되었습니다. 그곳의 많은 여관 주인들이 자기를 '도와주면' 하룻밤을 지내게 해주겠다고 꼬드겼습니다. 아름다운 리는 아무 의심 없이 한 주인을 따라갔습니다.

여관 주인은 아무 도움도 요청하지 않았지만 다음 날 여관비를 청구하였는데, 말도 안 되는 큰 비용이었습니다. 그리고 그녀는 배를 타기 전에 그 돈을 지불해야 하였습니다. 그때 다른 여관 주인이 리에게 그 돈을 갚을 수 있을 만큼의 일자리를 제의하였습니다. 그리고 그녀는 새 옷을 입어야 한다고 하며, 또 빚을 지게 하였습니다. 결국 그녀는 싸구려 술집에서 술을 따르는 일을 하여야 하였고, 부도덕하고 더러운 인생들의 시중을 들어야 하였습니다.

그리고 그물망은 점점 좁혀져 왔습니다. '빚'은 점점 늘어났고, 그녀는 자신도 모르는 사이에 팔렸습니다. 그것은 이미 18개월 전이었고 지금 그녀는 한 뚜쟁이에게 팔렸는데, 북쪽 지방에서 온 그는 리를 사서 나쁜 목적으로 목단으로 데리고 가고 있었습니다.

"그런데 당신의 남편이나 부모에게 도와달라고 편지를 썼습니까?"

우리의 총무는 탄식하며 물었습니다.

그녀는 고개를 저었습니다.

"아니오. 그들은 모릅니다. 그들은 나에 대하여 듣지 못하였습니다. 그들은 아마 내가 죽었다고 생각할 것입니다. 그들이 알아서는 절대 안 됩니다."

기차 벨이 울렸고, 총무는 기차에서 내렸습니다. '만주 어딘가로'

찢겨진 가슴과 절망 속으로 팔려가는 그녀를 안타깝게 떠나보내었습니다.

"지난 4년 동안 우리는 모든 기회와 수단을 동원하여 이런 비극을 널리 알리려고 노력해 왔습니다. 부산항에는 추악한 위험과 무서운 환경이 내재되어 있습니다. 우리는 이 노예장사를 막을 수 있는 기회를 잃지 말아야 합니다. 감사합니다."

그리고 이 발제에 관하여 많은 토론이 진행되었다.

호킹의 이 편지는 1938년 4월「더 미셔너리 크로니클」선교지에 게재되었다. 이 단체는 리의 이야기와 모든 것을 잃을 뻔한 쌍둥이 엄마 그리고 그 깡패들의 계획을 지혜롭게 차단한 송 박사에 관한 이야기를 들었다. 그러나 각 호주선교부는 재정의 부족으로 어려움을 겪고 있는 것이 사실이다. 선교 활동을 확장하기보다 단축할 수밖에 없는 어려운 상황이 오고 있었다.

우리가 어떻게 하면 좋을까? 이 질문은 우리의 이야기를 듣던 미국인이 한 말이다. 재정적인 면에서 좋은 시기는 아니지만, 이대로 두어도 괜찮은 걸까? 그 미국인은 다시 물었다. 쓸 수 있는 '기금'만이 선교사들의 돈주머니이다. 여기저기서 헌금을 받으면 어떨까. 나중에 구세군에게 요청할 수도 있고. 재정을 대면 그들이 여행자들을 돕는 사역을 할 수 있지 않을까. 여성들을 노예장사에서 아니면 아마도 부산항구의 물속에서 구하려면 빨리 행동에 옮겨야 한다. 이날 청중들의 반응은 관대하였다.

… 1936년 11월의 늦가을, 허 캡틴과 최 대리가 부산에 도착하였다. 이 두 명의 작은 체구 여성들은 구세군의 복장을 하고 있었다. 그들

은 부산역과 부산항에서 일어나고 있는 악마의 힘과 싸우기 위하여 온 것이다.

처음에 이 두 여성은 역과 항구에서 일어나는 극악한 '노예장사'의 악행으로 인하여 무시하지 못할 두려움에 떨었다. 한동안 그들은 두 여성을 위협하였으나, 이것은 예상된 일이었다. 두 여성은 정부 담당관에 보고를 잘하였고, 또한 일본어도 할 수 있었다. 허 캡틴은 특별히 일본어로 소통하였다.

이들의 사역으로 인하여 많은 소녀들이 제시간에 구조된 이야기가 많고, 몇 명은 그들에게 감사하면서 기독교인이 되기도 하였다. 여기에 한 이야기를 소개한다.

1936년 12월 11일 겨울밤 10시 반, 캡틴 허는 그 날 밤 일본으로 떠나는 증기선 출입구 통로에 있는 한 젊은 여성이 작은 아이를 데리고 서 있는 것을 보았다. 그녀는 무언가 염려스럽고 심각한 사정이 있는 듯한 모습이었다. 그녀가 캡틴 허에게 말하기를 자신은 24살이고, 자신의 남편은 일본에 있다는 것이었다.

남편은 그녀와 아이를 경상북도 상주에 있는 시부모집에 맡기었으나, 어려움에 빠진 시부모는 집을 포기하고 떠났고 그들만 남았다는 것이었다. 그녀는 자신이 가지고 있던 것들을 모두 팔아 아이를 데리고 부산항까지 올 수 있었다. 여권도 없고, 돈도 없고 그녀는 무엇을 해야 할지 전혀 모르는 상황이었다.

이때 캡틴 허가 그녀를 그 밤중에 발견한 것이다. 이때는 그녀와 아이에게 삶과 죽음의 순간이었다. 경찰과 상의를 한 끝에 그녀는 여권을 받을 수 있었고, 배표도 살 수 있었다. 그리고 그녀는 아이와 함께 남편이 있는 일본으로 떠났다.

일본에 도착한 그녀는 캡틴 허에게 감사와 기쁨의 편지를 보냈고, 지금까지도 허에게 편지를 쓰고 있다. 한국구세군의 윌슨은 다음과 같이 말하였다.

"예. 여러분들은 이 사역을 위하여 캡틴 허를 가지게 된 것은 축복입니다. 만약 내가 캡틴 허 같은 일꾼 30명만 더 있다면, 한반도의 요지 구석구석에 파송할 것입니다."

캡틴 허가 사건을 처리하는 것을 본 항구의 일본 경찰은 존경스러운 마음으로 말하였다. "당신은 경찰보다 낫습니다."

1938년 2946명의 한국인들이 일본의 군대에 자원하였고, 그중 406명이 합격하였다. 1939년, 1940년, 1941년 그리고 1942년에는 각각 613명, 3060명, 3208명 그리고 4077명이 입대하였다.

1939년에는 67만 명의 한국인이 전쟁 산업의 노동자로 일본으로 이주되었다. 1942년에 이르러 20만 명으로 추산되는 한국 여성이 간호사와 회사원으로 기록되었지만, 실제로는 일본제국의 위안부로 매일 한 명이 20명에서 40명 사이의 남성을 성적으로 상대해야 하였다.

9. 폭풍의 계절

배돈병원의 외래환자 대기실은 마치 전쟁 중의 응급실 같았다. 사람들은 충격을 받았고, 어린이는 두려워했고, 아기는 울고 있었다. 피흘리는 사람, 멍든 사람, 의식을 잃은 사람, 뼈가 부서진 사람 등이었다.

수간호사 에드가는 이런 상황에 훈련된 사람이었다. 그녀는 중국의 선교지에서 자라났고, 애들레이드에서 정식 간호사가 되었고, 멜버른에서 디커니스가 되었고, 가뭄 때 이나민카의 호주내지선교회 간호사였다. 그곳 작은 병원에서 그녀는 장티푸스 대 유행에 대처한 경험이 있다.

그리고 지금, 31살의 에드가는 진주의 병원에서 5년간 수간호사로 일하고 있는데, 직원들, 간호사들, 일꾼들 모두 훈련이 되어 있고, 이런 상황에 대처하고 있었다. 윌리엄 테일러와 진 데이비스 그리고 한국인 의사들은 수간호사를 도우며, 수술실 공유와 엑스레이 검토와 병리학 결과도 심사를 하였다. 상황이 좀 안정되자 수간호사는 데이비스 박사의 생존 도구를 나누어 주었는데, 그 속에는 살균제와 재수 화염, 보건과 재난에서의 생존 카드가 들어 있었다.

그러나 또 다른 재난이 진주의 장로교회에 몰려오고 있었다. 일본 형사 감시 하의 노회 모임과 한국 경찰 입회하의 교회 모임에서 모든 해외 선교사들을 교회의 모든 직분에서 물러나도록 한 것이다. 한 남성이 반대하며 일어섰지만 침묵을 강요당하였다. 그리고 커닝햄 목사가 동사목사로 선출되고 보어랜드 목사가 순회전도를 계속하는 것으로 결과는 완화되었다.

커닝햄은 1917년 캐서린 트리취만과 결혼하였다. 캐서린은 아이오아에서 과학 학사와 종교봉사 학사를 받았고, 히로시마의 감리교여학교에서 영어교사를 하였다. 그녀는 진 데이비스보다 진주에 먼저 막 도착하였고, 진과 친구가 되었다.

조직적으로 진행된 선교사의 교회 직분 박탈은 병원 원목인 짐 스터키 목사의 자리도 위협하는 것으로 테일러와 데이비스는 느끼었다. 뿐만 아니라 병원에서 진행되는 전도부인과 전도사들의 사역도 마찬가지였다. 그러나 교회와는 달리 병원에서의 직책에는 이 당시 큰 변화는 없었다.

4장

벽에 쓴 글씨

1. 비엔나

1937년 한국의 호주선교회에는 3명의 의사가 있었다. 찰스 맥라
렌, 윌리엄 테일러 그리고 진 데이비스이다. 이들이 휴가나 출장을 갈
때면 최소 한 사람은 병원에 남아있도록 시차를 조정을 하였다. 테일
러가 휴가를 떠날 때면 보통 데이비스가 원장대리를 맡았다. 그러나
맥라렌의 정신의학은 대신해 줄 의사가 없었고, 그의 휴가철이 다가오
고 있었다.

시그몬드 프로이드는 정신분석학 교수로 세상에 명망이 있었고,
당시 비엔나대학에서 가르치고 연구하고 있었다. 1929년 맥라렌은 평
생 공부의 일환으로 비엔나의 프로이드 아래에서 연구논문을 썼다. 그
때 그는 그 대학에 정신분석 전문가를 위한 집중적인 대학원 과정이
있다는 것을 알았다. 맥라렌은 이준철 박사를 그곳에 보내 대학원 과

정을 하도록 하여, 그가 세브란스에서 부재할 때 대신할 수 있도록 계획하였다. 그러나 이 박사는 독일어에 약하였고, 그와 동행할 사람도 없었다.

맥라렌이 이 문제를 진과 상의를 하였을 때, 원만한 해결책을 찾을 수 있었다. 정신의학 서적을 읽고 있던 진이 만약 이 박사와 함께 비엔나에서 대학원 과정을 공부하면 되는 것이었다. 그 학업 과정과 여행 시간을 가질 수 있는 시간이 허락된다면 말이다. 진이 그 과정을 이수한다면 진도 세브란스 정신의학과 방문교수로 맥라렌과 이 박사를 도울 수 있다는 것도 보너스였다.

진의 편지와 그녀의 일에 관한 기록은 잘 기록되었지만, 의술 훈련과 학업에 관한 내용은 기록이 거의 남아있지 않다. 시드니의 미첼도 서관에 남아있는 그녀의 정신의학 학업 기록은 다음과 같다. "… 그리고 1937년 비엔나에서 연수를 하였다."

진은 평양과 목단으로 가는 기차를 타고 서울에서 이 박사를 만났고, 목단에서는 남만주 철도를 갈아타고 하얼빈까지 갔다. 그곳에서 블라디보스토크로 가는 기차를 탔고, 모스크바로 가는 시베리아행 열차로 갈아탔다. 부다페스트에서 다시 갈아탔고, 파리로 가는 오리엔탈 급행열차를 타고 가다가 비엔나 시내의 칼즈플랏츠에서 하차하였다.

프로이드가 당시 그 대학원 과정을 실제로 가르쳤는지는 확실치 않으나, 그가 학문적으로 책임을 맡고 있었다. 진을 알건대, 이 기간 진은 프로이드와 아마 많은 대화를 하였을 것이다. 이때는 아르누보 시대였고, 현대 예술의 정원이 여행자들의 중심이었다. 프로이드는 그곳 구도시 커피 집들의 단골이었고, '시그몬드 프로이드, 정신분석학의 아버지'의 몽타주도 내걸려 있었다. 이런 분위기가 지식인, 예술가, 작가 그리고 조셉 스탈린 같은 '카페 사회 세트'를 구성하게 하였다.

2. 요코하마에서의 죽음

1938년 여름이었다. 일본 당국은 먼저 기독교회가 신사참배를 하기 원하였다. 진주에서는 목사, 장로, 직원 등이 신사참배를 반대하여 먼저 사표를 내었고, 따로 예배를 드리기 시작하였다. 그러나 사무원 중의 몇은 금방 다시 교회로 돌아왔고, 남은 교인들은 정기적으로 예배를 재개하였다.

테일러 부부는 이 모든 압박에서 벗어나 요코하마에서 휴가를 가지고 있었다. 그러다 9월 23일 금요일 테일러는 갑자기 사망하였다. 61세였다. 그는 그곳에서 장례되고 장사되었다. 테일러 부인 엘리스는 진주로 잠시 돌아 왔다가 호주로 귀국하였다. 이제 장날에 장사꾼과 구경꾼들에게 전도하였던 엘리스를 누군가 대신하여야 하였다.

1938년 진의 보고서에는 232번의 엑스레이 촬영이 있었고, 4,368번의 실험실 검사가 있었다. 1937년 진은 간호사 손옥순과 이영옥을 멜버른으로 연수를 보냈는데, 이는 장차 병원의 수간호사로 훈련시키기 위함이었다.

현재 수간호사 에드거는 자신의 시간 중 많은 부분을 간호사 훈련으로 사용하기로 동의하였다. 한국인 의사들도 이미 좀 더 심도 있는 수술을 진을 대신하여 하기 시작하였다.

1939년 2월 진주교회의 선언서가 진의 책상 위에 놓여있었다. 교회의 소통은 항상 한국어로 되어져 왔는데, 이번 선언서는 일본어로 출력이 되어있었고, 진주경찰서의 비용으로 모든 교회와 경찰서로 보내졌다.

다음은 캐서린 커닝햄의 영문 번역 초안이다.

진주교회가 사랑하는 형제들에게 보내는 선언문

"… 오 사랑하는 형제자매들이여! 우리 교회는 우리의 지친 영혼들에게
휴식을 주기 위하여 희생을 통해 이룩된 긴 역사와 교인 1,000명을 얻은 업적
을 이룬 경남에서 가장 교인이 많은 것으로 알려져 있습니다. 2-3년 전만해
도 우리들은 신사참배 문제로 몇몇 형제들이 구식인 교활한 책동에 따라 이
동양의식을 이해 못 하고 우리 교회를 쇠퇴하게 하여 우리의 안식처소의 문을
닫는 사태로 몰아갔습니다.

… 우리는 이 반도의 영예로운 일본 신민으로서 사명에 따라 하나님의 왕
국을 설립하는 책임을 맡고 앞으로 나아갑시다. … 우리들은 조국을 위하여
일본 국가를 위하여 또 동양의 영원한 평화를 위하여 일본인의 신하로서 일본
인의 올바른 태도로 방향을 바꿉시다. 그리고 신사참배에 기꺼이 동의합시
다.…

형제자매들이여! 우리 동양인들을 그의 아들 예수 그리스도로 말미암아
구원시키려고 동양인으로 도성인신하게 하신 하나님은 지상에 하나님의 왕
국을 설립하게 하신 과업의 짐을 우리 동양인의 양 어깨에 걸머지도록 하셨음
을 기억합시다.…

이후로 우리들은 일본인이 아닌 외국인의 지도나 원조를 물심양면에서
완전히 배척해야 하겠습니다. 우리는 앞으로 일본 국가 활동에 발맞추어 일본
교회를 설립하기를 원합니다. 이런 결과가 빨리 성취 되도록 우리와 같이 기
도하기를 우리들은 기도드립니다.

진주교회가 호주선교회에 보내는 선언문

한국의 장로교회인 진주교회는 이 중요한 시기에 신도들의 손으로 조국을 구하려는 일념으로 경건한 존경을 천황과 조상들 그리고 국가에 공훈이 있는 영웅들에게 드리며, 일본 신민으로 첫 의무를 다하고자 신사에 절을 한다. 세상 앞에 밝게 빛나는 일본의 영 위에 우리의 노력을 다지고, 일본교회를 세우기 위하여 우리는 일할 것이며… 따라서 일본 기독교의 한 길로 나아가는 거룩한 발전에 방해되는 모든 것에 우리는 결연히 반대한다.

3. 배돈병원을 떠나기 전

진에게는 이것이 벽에 쓴 글이었다. 그녀는 1939년 8월부터 1940년 8월까지 휴가가 예정되어 있었다. 진주의 배돈병원을 떠나기 전에 그녀는 '만능박사' 스터키에게 한국인 직원들과 사진을 찍어 주기를 부탁하였다. 병원의 34명 한국인 직원들이 모두 모여 사진을 촬영할 때까지 병원 업무는 10분간 정지되었다. 2명의 의사와 2명의 약제사는 진의 오른쪽에 앉았고, 4명의 시니어 간호사들은 왼쪽에 앉았다. 진을 위한 환송 파티도 여기저기서 열렸다.

진주 배돈병원의 의사와 약제사들
진 데이비스 씀

"마지막 파티가 가장 스타일이 있었다. 두 명의 의사는 서양식 옷을 입고 먼저 왔고, 그다음에는 함 전도사 그리고 모두 흰색의 깔끔한 한국 옷을 입고 왔다. 약제사 정성도와 그의 조수 김만수 그리고 '위니 더 푸'로 이따금 불리는 강문서 총무가 도착하였다.

파티를 열면서 우리는 참석자들에게 사진을 보여주었고, 축음기를 틀었다. 당시 나의 애청곡은 '멜버른으로 여행을 떠나자'였는데, 나는 그 곡을 두 번 듣자고 주장하였다. 참석자들은 모두 영어를 조금 알았고, 그 노래의 분위기를 느낄 수 있었다. 김준기 박사는 비록 우리 병원이 상대적으로 시설과 직원이 부족한 것을 알지만, 정부 병원에 반대하는 선교의 주도자였다.

최근 우리 병원을 찾아온 방문자에게 우리의 수술실을 보여주었는데, 그는 큰 인상을 받지 못하는 것 같았다. 그때 김 박사는 말하였다.

예. 그러나 우리는 어떤 종류의 수술도 할 수 있습니다.

이비인후과의 로우 박사는 감리교인 이다. 정성도, 강문서 그리고 김만수는 배돈병원과 관련되어 잘 알려져 있는데, 어릴 적부터 우리와 함께 하였다. 최소 그중 2명은 오래전 우리의 진주남학교 학생이었다.

한국 관습에 의하면 여성은 소개에서 제외하여도 된다. 몇 사람은 잘 알지 못하지만 게임을 시작하자 모두 열성으로 참여하였고, 문서는 전혀 알아볼 수 없는 동물 그림을 보여주며 즐거워하였고, 만수는 몸을 쓰는 일에 적극적이었다. 성도는 부드럽고 세련되게 자신의 이야기를 다르게 설명하였다. 맥라렌도 당시 진주에 있었기에 스터키가 그를 불러 왔고, 파티에 한층 기쁨을 더하였다."

맥라렌과 데이비스가 진주선교부에 주재하는 두 명의 서양 의사였고, 서로 돌아가며 휴가를 가져야 하였다. 맥라렌은 1940년 휴가가 예정되어 있었고, 진이 그동안 비엔나에서 공부한 자격증을 가지고 세브란스에서 방문 교수를 할 수 있었다. 동시에 숙련된 외과 의사로 맥라렌은 진이 부재할 때 진주로 와 수술을 담당하였으며, 수간호사 에드거가 진을 대신하여 여성들을 진찰하였다. 그러나 진주에서의 변화는 데이비스, 맥라렌 그리고 다른 이들이 선교자원과 운영을 곧 재평가하게 하였다.

더 아르거스,

1939년 9월 14일 목요일, 6쪽.

진 데이비스 박사 멜버른에서 휴가.

진 데이비스 박사는 한국 진주에 여선교연합회가 세운 배돈병원의 원장대리로 재직하고 있다. 그녀에게는 전도원이 있어 입원 환자를 돕고, 외래 환자를 인터뷰하며, 퇴원 환자의 집을 심방한다. 수간호사를 제외하고는 12명의 간호사 모두 한국인이며, 몇 명은 학생이다. 그들은 15살이나 16살에 학교를 마치면 훈련을 받을 수 있는데, 3년 과정을 거치게 된다. 지난 3, 4년 동안에 여성들도 남성 병동에서 일할 수 있게 되었다. 한국에서 간호사는 낮은 계층의 직업으로 여겨지며, 춤추는 여성보다 조금 높은 지위로 간주되고 있다. 여간호사들은 남성 환자들로부터 인정을 못 받고 있다. 남성 간호사들은 제법 괜찮다. 그중 한 명은 이제 의사로 일하고 있고, 다른 이는 약방을 운영하고 있다. 50개의 병상이 있는 병원 전체에서 여간호사가 일할 수 있다는 것은 업무를 크게 일관화시킬 수 있으며, 어려움 없이 책임을 재조정할 수 있다는 것이다.

더 오스트레리안 우먼스 위클리

1939년 10월 7일 토요일

한국에서 일하는 호주 여성의사의 의술.

일본과 중국이 전쟁을 시작하면서 한국에 있는 호주인 의사와 선교사들의 삶이 어려워지고 있다. 전쟁 지역은 아니지만 한국은 일본이 통치하고 있고, 일본에서와 마찬가지로 한국에서도 음식과 필수품 배급이 이루어지고 있다.

딥딘에 사는 자신의 어머니를 방문한 진 데이비스 박사가 진주병원의 원장대리로 일하는 환경을 설명하였는데, 부족한 가죽으로 인하여 신발이 없어 거의 살 수 없을 정도라고 하였다.

멜버른대학을 졸업한 데이비스 박사는 1917년부터 한국에서 일하고 있다.

깁슬랜드 타임즈,

1940년 4월 11일 목요일, 4쪽.

빅토리아여선교연합회 깁슬랜드 지부 연례대회

모웰에서, 수요일

진 데이비스 박사 초청연사

모웰, 세일, 번즈데일, 트라라곤, 마프라, 스트라트포드, 오보스트, 로즈데일, 브리아고롱에서 130명 참석.

4. 진의 보고서

한국의 일본 정부는 2천만 명의 한국인을 충성스러운 일본 국민으로 만들려고 하고 있다. 그들로 하여금 자원하게 하여 중국, 유럽 그리고 남태평양에서의 거룩한 전쟁에 참여하여 천황의 근심을 덜게 하려는 것이다.

그 방법은 충성스런 일본인들이 하는 것을 따라 하도록 한국인을 강제하는 것인데, 습관이 될 때까지 각인하는 것이다. 모든 한국인이 신사참배를 하도록 하고 있으나, 인구 중 3%의 기독교인들은 십계명 중 첫 계명을 어겨가며 참배를 할 수 없다. "나 외에 다른 신을 섬기지 말라." 동경의 천황궁 방향을 바라보며 절하는 것은 두 번째 계명을 저버리고 우상숭배 하는 것이다.

교회나 학교를 책임 맡고 있는 선교사나 지도자는 교인들이나 학생들을 데리고 나와 신사에 참배하도록 요구되고 있다. 만약에 선교사가 거부하면, 그들의 교회나 학교는 폐쇄되고 정부가 인수한다. 그리고 그들은 은퇴하여야 한다.

동래의 하퍼기념학교 교장인 나의 언니 마가렛은 신사에 가는 것을 거부하였고, 학교 이사회는 그녀의 사표를 요구하였다. 새 교장은 자격이 출중한 사람으로, 그는 일본어를 할 수 있고 전체 학생들을 신사로 데려가 참배하게 하였다.

진주선교부의 학교는 폐쇄되었고, 학생들은 공립학교로 이전되었다. 학교의 재산은 군대의 필요에 따라 배정되었다. 진주교회는 동역하던 선교사를 은퇴하게 하였고, 거의 반 이상의 교인들이 개인적으로 예배를 드리고 있다. 교회에 남아 계속 예배하는 교인들은 신사참배를 하고 있다.

헌병과 형사들은 예배에 참석하면서 신사를 모독하는 징조가 있는지 늘 감시하고 있다. '하나님'이나 '천국의 왕'이란 단어들을 사용할 때 히로히토를 지칭하지 않는다면 모독이 될 수 있는 것이다. 찬송가를 선택할 때에도 교인들이 좋아하는 '십자가의 군병' 등을 피해야 하고, 대신에 새 시대가 열린다는 부르기 어려운 '록 오브 에이지' 등을 불러야 하였다.

그러나 주기도문을 암송할 때, '하나님의 나라가 오게 하시며'를 건너뛸 수 없었고, 특히 '나라와 권세와 영광이 영원히 아버지의 것입니다'라고 할 때 헌병들은 분노하였다. 이 모든 내용이 주보에서는 삭제되었다. 신사가 더 세워져야 할 때, 그 비용을 한국인이 부담할 것으로 기대하였고, 장소는 전략적으로 큰 기독교 교회나 학교 맞은편에 세우도록 하였다. 그리고 신사에 다음과 같은 문구를 표시한다.

"모든 종교의 사제들과 기독교 교단의 목사들은 이미 이 신사에 와 절을 하였고, 이것으로 인하여 그들의 교인들은 신앙생활이 더 행복하다."

캠퍼다운 크로니클,

1940년 6월 15일 토요일, 5쪽.

해외 선교주일 프로그램

캠퍼다운, 오전 11시, 진 데이비스 박사; 오후 7시, 조지 앤더슨 목사(해외 선교부 총무).

다음은 진이 이때 보고한 서론이다.

"나의 아버지 존 데이비스가 이 교회의 목사였을 때 나는 아기였습니다. 나의 모친 애니는 그의 설교를 이곳 지역 신문에 기고하였고, 그것을 소중한 기록으로 생각하였습니다."

5. 박봉윤

(이 내용은 마가렛이 쓴 벨 여사의 '입양된 딸'을 근거한 것이다.)

마가렛의 성경은 1907년의 킹 제임스 판인데, 케임브리지 대학 출판사에서 출판한 성경으로 가격은 2실링이다. 이 책은 그녀의 책상 위에 열린 채로 놓여 있는데, 출애굽기 20장이다.

4절: 너는 너를 위하여 어떤 새긴 형상도 만들지 말고 또 위로 하늘에 있는 것이나 아래로 땅에 있는 것이나 땅 아래 물속에 있는 것의 어떤 모습이든지 만들지 말며
5절: 그것들에게 절하지 말고 그것들을 섬기지 말라. 나 곧 주 네 하나님은 질투하는 하나님이니라. 나는 나를 미워하는 자들에게는 아버지들의 불법을 자손들에게 벌하여 삼사 대까지 이르게 하거니와….

1939년 6월이었다. 하퍼기념학교 교장 마가렛은 이 계명을 읽고, '여학생들의 영혼'을 위하여 기도하였다. 한국의 일본 정부는 학교 이

사회에 마가렛을 6월에 은퇴시키라고 요구하였고, 학교는 7월 31일 월요일에 폐교된다고 하달하였다. 마가렛은 그녀의 스타일대로 온화하고, 은혜롭고, 겸손하게 은퇴하였다.

학교 이사회와 학부모들은 학교가 문을 닫는 것을 원치 않았다. 그들은 매매자가 동래의 한 공동체였고, 빅토리아장로교가 매입할 때의 매매계약서를 다시 읽어보았다. 계약서에는 다음의 조항이 있었는데, 학교가 문을 닫게 될 경우 부지와 부지 위에 있는 모든 건물을 다시 동래의 공동체로 매입할 때의 저렴한 가격으로 돌려준다는 것이었다. 결국 5만 엔에 합의되었고, 학교는 원래 소유자에게 돌아갔다.

그리고 학교는 동래고등여학교로 개명되어 종교교육은 끝이 났고, 일본어를 하는 교장이 임명되었다. 학교 전체가 매일 신사에 참배하며 일본 국가를 불렀고, 동방요배를 하였다. 학교는 곧 '승인'된 지위를 가졌다.

학교 이관 중에 학술 행정의 문제가 야기되자, 이사회는 마가렛을 임시 외부 자문관으로 요청하여 1940년 3월 학기 말까지 도움을 받았다. 마가렛의 환송회에는 많은 오랜 친구들이 참석하여 성황을 이루었다. 그녀는 그 자리에서 박봉윤과 그의 남편을 보게 되어 놀랐다. 환송식에 참석하려고 그들은 하동에서부터 온 것이다. 마가렛의 동료들은 다음과 같은 감사의 기록을 남기었다.

마가렛 데이비스가 거의 30년 전에 한국에 왔을 때, 그녀가 우리의 개척자 헨리 데이비스 선교사의 조카라는 것을 듣고 이곳 기독교인들은 매우 큰 관심을 가졌다. 그녀의 한국어 이름을 만들 때 '대'라는 단어를 선택하였는데, 그 의미는 '대신한다'이다. 그녀가 자신의 삼촌이 생명을 드린

곳에 와 대신 일한다는 뜻이다.

우리는 마가렛의 친구로 동역자로 그리고 선교사로 그녀가 30년 동안의 헌신을 마치고 한국 땅을 떠나게 됨을 심히 유감으로 생각한다. 그녀의 충성심과 신실함은 그녀의 탁월한 자질이었다. 많은 한국인들이 마가렛에 관하여 사랑스럽게 말하기를 '그녀는 정말 좋은 듣는 귀를 가졌다'였다. … 그녀의 진짜 사역은 여학생들의 마음에 기독교인의 성정을 심는 것으로, 그녀가 가르친 여학생들의 삶속에 지속되고 있고, 그리스도가 다시 오는 날까지 계속될 것이다.

박봉윤은 환송회에서 마가렛에게 자신의 편지를 호주의 양어머니에게 전달하여 줄 것을 부탁하였고, 마가렛은 응하였다. 마가렛은 멜버른 딥딘으로 돌아가 모친 애니를 만날 생각으로 기뻤다. 휴가를 갖고 있는 동생 진도 아직 그곳에 있을 것이다. 마가렛의 공로를 칭찬하는 연설들이 계속됨에도 그녀는 무엇인가 자신이 한 일이 별로 없다고 느끼었다. 다만 그녀는 한국의 가장 영향력 있는 젊은 여성들에게 영향을 끼쳤고, 주님의 이름으로 미래 한국에 조금 기여했다고 생각할 뿐이었다. 그중 한 명이 박봉윤이었고, 그녀의 이야기는 마가렛을 따라 호주까지 왔다.

13년 전, 작고 두려워하는 14살 정도의 소녀가 부산진의 선교사들에게 도움을 청하였다. … 그녀의 아버지는 너무 가난해서 그녀를 그녀도 모르는 사이에 부잣집 남성의 첩으로 팔았다. 그녀는 공포와 고통 속에 동네의 한 기독교인 집으로 도망하였다. 마가렛은 그녀를 구하려면 신속하고 비밀스럽게 해야 한다고 생각하고, 그날 밤 알렉산더는 그 소녀를 아무도 알아보지 못하게 옷을 입혀 배를 태워 통영으로 데리고 갔다. 그곳에서 그 소녀는 산업반에 입학하였다.

봉윤은 곧 그곳 선교사들의 사랑을 받았는데, 젊고, 똑똑하며, 촉망되는 학생이었다. 그녀는 진주의 시원여학교로 보내어졌고, 그곳 자조부에서 일하면서 자신의 학비와 기숙사비도 충당하였다. 그녀의 바느질은 특별하였다. 그 학교에서 봉윤이 미치는 영향이 드러났는데, 다른 학생들보다 나이가 많았고 신앙 경험이 확실하였다.

시원여학교의 교사였던 디커니스 에디스 커는 1926년 호주로 휴가를 왔다. 빅토리아의 한 여선교연합회 모임에 커는 자신의 이야기를 들으려고 고로케에서 호삼까지 온 친구 벨 부인을 만났다. 커는 이든호프에서 왔는데, 고로케 남쪽에 있다. 커는 벨이 하나밖에 없는 자신의 딸을 잃어버렸다는 소식에 슬퍼하였다. 눈에 눈물이 차오르며 벨이 말하였다.

"에디스, 나는 내 딸을 기억하기 위한 방법을 생각하고 있었습니다. 당신의 오늘 연설은 나에게 대답을 주었습니다. 내가 그 불쌍한 봉윤의 학비를 대고, 그 아이는 나의 '한국 딸'이 되는 것입니다."

어머니 벨과 박봉윤의 관계는 이렇게 시작되어 매우 진실 된 것이었고, 그 유대는 점점 강해져 갔다.

마가렛은 기억하였다.

"벨 부인의 친절함으로 봉윤은 동래의 하퍼기념학교로 진학할 수 있었다. 나는 그곳에서 처음 그녀를 알았고 사랑하게 되었다. 조용하지만 놀랍도록 강인한 학생으로 진주에서 그녀는 다른 학생들에게 선한 영향을 미쳤다. … 반에서 그녀의 학업은 상위권이었다. 그녀의 바느질도 훌륭하였다. 주일학교 교사로 그녀는 성공적이었는데, 오! 그녀가 한 마을에서 아이들을 언덕의 소나무 아래 모아 놓은 모습이 생생하게 생각이 난다.

봉윤은 성경의 한 이야기를 아름답게 전하고 있었고, 아이들은 그 이야기를 듣느라고 얼굴을 앞으로 내밀며 집중하였다. 4년 동안의 중등학교를 마치면 그녀의 다음 행적은 무엇일까? 우리는 벨 부인이 봉윤을 충분히 도와주어, 그녀가 부족함이 없다는 것을 안다."

자신의 호주 어머니에게 보내는 편지에서 봉윤은 유치원 교사로 훈련을 받기 원한다고 하였고, 벨 부인은 즉시 그녀가 1935년 서울의 이화여전에서 공부를 할 수 있도록 학비를 두 배로 보냈다. 마가렛은 또 기억하고 있었다.

"봉윤은 우리 부산진 유치원의 원장이 되었다. 그녀는 1937년 7월까지 신실하게 그곳에서 일하였다. 그러나 그 전 해에 나는 진주의 친구로부터 편지를 받았는데, 그녀의 둘째 아들 보라가 봉윤과 결혼하기를 원한다는 것이었다! 그는 자신의 여동생이 시원여학교에 다닐 때 봉윤과 서로 알았던 것이다. 처음에 봉윤은 주저하였으나 결국 결혼을 승낙하였다. 그들은 1937년 3월 결혼하였다.

봉윤은 봄 학기의 일을 다 마치고 하동의 정부 학교 교사로 발령이 난 남편을 따라 그곳으로 갔다. 그 환경에서 기독교인으로 사는 것이 어려움에도 불구하고, 그녀의 남편은 신앙의 원칙에 충실하였고, 하동교회의 목사에게도 큰 도움을 주었다.

마가렛은 호주로 돌아 가 시간을 내어 봉윤의 편지를 전하려고 고로케에 있는 벨의 집 대문을 두드렸다. 그러나 뜻밖의 일이 벌어져 있었다. 벨이 일주일 전에 사망한 것이다. 봉윤의 편지 내용은 무엇이었을까?

"친애하는 어머니에게, 종달새가 우는 따뜻한 봄날은 지나갔습니다. 지금은 나무에 잎이 무성하고, 그 그늘은 짙고 시원합니다. … 진작 편지를 못 쓰게 되어 죄송합니다.

결혼 선물로 어머니가 보내주신 오르간을 감동적으로 받았습니다. 이런 선물을 받기에 저는 한 일이 없습니다. 어머니의 차고 넘치는 은혜와 사랑은 저로 하여금 저의 가치 없음과 그리스도의 사랑을 더 깨닫게 해줍니다. 저는 그 먼 거리에 떨어져 있는 어머니와의 즐거운 교제는 이 땅의 평범한 교제가 아니며, 우리를 돌보고 하나로 묶는 그리스도의 사랑임을 압니다. 저의 신앙은 어머니의 사랑으로 더 강하여졌습니다. 보내신 오르간을 잘 사용하며, 어머니를 생각하며 잘 간직하겠습니다. 오르간이 입은 없지만 그 소리는 항상 나에게 어머니에 관하여 말하여 줍니다.

저의 결혼식 날에 어머니를 많이 생각하였습니다. 저의 아버지도 그날 오셔서 처음으로 기독교 결혼식을 보았습니다. 지난 10년 동안 집을 떠나 살 때 저의 아버지는 저를 교육시키지 않았지만 저는 교육을 받았습니다. 그는 그 사실을 알았고, 또 기독교의 거룩한 결혼식을 보고 깊은 감명을 받았습니다. 그리고 예수를 믿기로 결단하였습니다.

그 후 아버지가 교회에 출석하신다는 편지를 받았습니다. 그 편지를 읽을 때, 제 눈에서는 감사의 눈물이 차올랐습니다. 저는 성경과 찬송가를 사서 아버지에게 부쳤습니다. 어머니가 뿌린 좋은 씨가 이제 열매를 맺고 있습니다. 그리고 열매가 계속 열릴 것으로 믿습니다."

6. 2600년

일본 달력에 따르면 2600년이었다. 일본 정부는 중일전쟁과 러일

전쟁을 거룩한 첫 번째와 두 번째 전쟁으로 명명하고 있었다. 그리고 현재 계속되는 중국과의 전쟁을 세 번째 거룩한 전쟁으로 여기고 있다. '팔굉일우'(전 세계가 하나의 집) 이념은 일본인들의 정신에 프린트 되어 있었고, '대동아 공영권'은 천황의 은혜 아래 통합된 우주적인 형제애로, 항거하는 적들을 물리치는 무력의 정당화였다.

여기에 대하여 프랭크 보어랜드 선교사는 다음과 같이 언급하였다.

"일본 제국 안에서의 공산주의는 지하로 내려갔다. 모든 수단과 방법을 동원하여 대제국 건설을 위하여 내적인 자원을 끌어모으는 자랑스러운 국가주의가 지배적인 정신이다. 일본은 종교적인 동기를 국가 정책의 창끝으로 이용하고 있다."

영국의 전쟁이 다가오고 있을 때, 마추오카는 무솔리니에게 접근하였다. 1940년 9월 27일 일본은 독일과 이탈리아와 삼자협약을 하였는데, 만약 공격을 당하면 서로 도와준다는 동의서였다. 2600년의 축제는 삼자협약을 수용하였고, '대동아시아 번영권'을 힘의 축으로 국제적으로 인정받았다.

일본은 호주인들이 영국 시민권을 가졌던 이 당시를 이용하여 반영국 정서를 한국인들에게 심었다. 이것으로 인하여 한국의 정치인들은 선교사들의 영향을 배척하였다. 기독교 예배는 지하로 내려갔고, 선교 재산은 군사적 목적으로 국가화되었다. 진주만 공격 때까지 해외 선교사들은 추방되거나 감옥에 갇히었다.

7. 마지막 환송

더 아르거스

1940년 8월 6일 화요일, 6쪽

멜버른의 생활

환영과 환송

어제 오후 빅토리아여선교연합회는 총회 회관에서 모임을 갖고, 최근 한국 선교지에서 귀환한 마가렛 데이비스, 스키너, 위더스를 환영하였다. 또한 이 자리는 일 년 동안의 휴가를 마치고 배돈병원으로 귀환하는 진 데이비스 박사를 환송하는 자리였다.

더 쿠리어 메일

1940년 8월 17일 토요일, 9쪽

세인트 앤드류장로교회 회관, 크릭 가

일 년 동안의 휴가를 마치고 한국으로 돌아가는 진 데이비스 박사는 브리즈번의 장로교 방문자로 환영을 받았다. 그녀는 한국에서 진행한 일들을 보고하였다. 지난 17년 동안 외래환자는 매해 9,800명에서 20,000명으로 증가하였고, 입원환자는 287명에서 980명으로 증가하였다.

해외 선교부 총무에게 보내는 진의 편지
배돈기념병원, 진주, 조선

친애하는 캠벨 양에게,

나는 9월 20일 진주에 도착하였습니다.

돌아보면 많은 친구들이 나를 스펜서 스트리트 역에서 환송하여 주었습니다. 시드니에서는 워드 부인이 기금을 모으기 원하는 작은 모임에 나를 안내하였습니다. 브리즈번에서는 톰슨 부인이 안내하여 시골 여성들에게 강연을 하였고, 파푸아뉴기니의 라불로 가는 도중에는 대영제국도 통제하지 못할 거대한 파도를 만났습니다. 마닐라에서는 후톤 양과 다른 손님들과 즐겁게 지냈고, 홍콩에서는 베티 페이튼을 5일간 방문하였습니다. 상해에서는 빌론다키 부부의 친절함이 있었고, 무케의 해관에서는 19개의 짐을 모두 풀어 보여야 하였고, 그곳 일본여관에서 하룻밤 잘 쉬었습니다. 그리고 4시간 반의 기차 여행으로 모지에 도착하였고, 흔들리는 작은 밤배로 부산으로 왔습니다. 마침내 이곳에서 친구들과 행복하게 조우하였습니다.

"여호와께서 그들이 바라는 항구로 인도하시는도다"(시편 107:30).

9월 20일 아침에 좋지 않은 소식이 있었습니다. 우리 병원 3명의 직원이 잡혀갔고, 여전히 구금되어 있습니다. 서기, 전도사 그리고 '외부인'인데 이들은 이날 아침 전국적으로 잡혀간 천 명 중의 세 명이라고 들었습니다.

난방 시설은 확충되었고, 예전 냉각 설비가 새로 설치된 설비와 같이 현장에 있어 비록 불만족스러웠지만 우리는 편안한 겨울을 지낼 것을 기대하였다. 동경의 테넨스 씨가 엔지니어였고, 스터키 목사가 준비하고 관리를 하였습니다.

리 양과 그녀의 어머니는 병원에서 멀지 않은 곳에 집이 있습니다. 간호 학생들의 필요한 숙소는 우리 집 옆의 학교 기숙사에 있고, 현재까지는 그것으로 충분합니다. 5명이 살고 있는데, 한 여성이 음식을 책임지고 있습니다. 5명 중 2명은 부산진 나환자의 건강한 아이들의 집 출신이고, 한 명은 마산에서 왔고, 한 명은 거창에서 왔고, 마지막은 순회목사였던 고 김도식의 딸입니다….

두 대의 차를 편안히 댈 수 있는 큰 차고는 스토브와 건조대 틀이 있는 건조실로 사용되고 있는데 세탁 직원들이 좋아하는 공간입니다.

또한 우리의 실험실과 엑스레이 기사는 더 많은 경험을 위하여 평양에서 일하였기에, 지금은 에스레이를 더 잘 운영하고, 실험도 잘합니다. 10월 18일에는 3명의 간호사가 그들의 학업을 모두 마치어 우리에게 자격증을 받았습니다. 그들은 일본 정부 등록을 위한 시험을 보러 부산에 가 있습니다.

진 데이비스

진이 진주에 도착하였을 때 제일 먼저 눈치 챈 것은 '차가 없어졌다'는 것이었다. 차는 집을 방문하거나 응급 환자들의 앰뷸런스로도 사용되었었다. 스터키 선교사는 다음과 같이 설명하였다.

"데이비스 박사님, 군대의 요청으로 한국 경찰이 차를 가지고 갔습니다. 여하튼 연료 배급도 없었습니다. 마지막 등록은 테일러의 이름으로 되어 있었는데, 그 자리에 선교부 서기인 레인의 이름으로도 등록해 주지 않았습니다. 레인은 차를 앰뷸런스로 유지하려고 하였지만, 정부 병원에 앰뷸런스가 있습니다.

매카그가 자신의 차를 병원에 빌려 주었는데, 연료 배급이 거의 없어 사용되지 못하였습니다. 그녀는 그녀의 마지막 연료를 사용하여 부산진으로 갔고, 그곳에서 라이트 목사와 다음 달 말 결혼을 할 것입니다."

진이 대답하였다.

"나는 나귀를 타고 갇혀있는 우리의 친구들을 방문하겠습니다. 우리는 그들의 가족이 음식과 담요를 가지고 갈 수 있도록 하여야 할지 모릅니다. 구치소의 바닥은 매우 차갑습니다. 그들은 그곳에 이미 4개월간 있습니다. 미션 박스에 다른 옷들이 있는지 궁금합니다."

진은 자동차와 좋은 길 그리고 편안한 잠자리와 수가 늘어 난 전도부인으로 인하여 전도 사역이 어떻게 변하게 하였는지 생각하였다. 그 결과 후에 부임한 레잉, 호킹, 매카그, 테잇, 던 그리고 아우만 등이 덕을 보고 있었다. 그러나 이제 다시 베시 무어의 시대로 돌아온 것 같았다. 나귀를 타고 홍수로 불어 난 물을 건너야 하였다.

에드거는 다음과 같이 보고하였다.

"데이비스 박사님, 당신이 떠나 있을 때 일본 정부가 한국인 80%의 이름을 일본식으로 '자발적으로' 바꾸게 하였습니다. 이것이 우리 병원 의료 카드 관리에 큰 어려움을 주고 있고, 많은 시간을 낭비하게 합니다."

진이 한숨을 쉬었다.

"대체 그들이 어떻게 그런 일을 하였습니까?"

에드거가 대답하였다.

"그들은 명령서를 발부하였고, 만약 일본식으로 바꾸지 않는다면 학교에 등록도 할 수 없고, 배급을 포함한 관공서의 도움도 받을 수 없게 하였습니다. 처음에 한국인들은 이런 방법의 동화정책에 반발하였지만, 자신들의 아이들이 차별을 받을까 봐 대부분 순응하고 있습니다."

스터키는 더 나쁜 소식을 전하였다.

"교회당과 학교 건물도 모두 군사 목적으로 지정되었습니다. 그러므로 데이비스 박사님, 누군가는 남아야 합니다. 우리가 모두 철수하면 우리의 모든 재산을 그들이 점령할 것입니다."

진이 병원으로 돌아왔을 때 모두들 왜 기뻐하였는지 이유가 분명하여졌다. 진이 휴가차 떠나 있을 때, 수간호사 에드거는 병원 행정을 모두 한국인에게 넘기고 있었고, 이영복 간호사가 새로 온 간호학생들을 감독하는 것을 바쁘게 지켜보았다. 손과 이 간호사는 멜버른에서 대학원 과정을 밟고 돌아왔다. 이 간호사는 현재 배돈병원의 수간호사 훈련을 받고 있고, 손 간호사는 세브란스의 학술적 위치로 배치되었다.

진의 마음의 목표는 성취되었다. 배돈병원은 이제 100% 한국인이 운영하게 된 것이다.

스터키 부부는 물론 진을 다시 보게 되어 기뻐하였다. 진이 돌아왔기에 그들은 이제 자녀들과 함께 휴가를 떠날 수 있었다. 거창의 던도 휴가 때가 돌아왔고, 스터키 가족과 함께 호주 집으로 돌아가 성탄절을 지내는 계획을 하고 있었다. 스터키의 아내 제니가 말하였다.

"다시 돌아와서 감사합니다. 데이비스 박사님. 덕분에 우리는 이 달에 휴가를 떠날 수 있게 되었습니다. 동시에 박사님을 위하여 우리가 할 일이 있습니까?"

"예. 스터키 부인. 있습니다. 내일 하루를 저에게 주십시오. 외출할

옷을 입으시고요."

진이 대답하였다.

다음 날, 제니가 등장하였을 때, 노새 두 마리와 당나귀 한 마리가 짐을 이고 있었다.

"대체 우리가 어디를 가는 것입니까?"

제니가 물었다.

"우리에게 아직 한국어와 일본어로 된 성경책이 많이 있습니다. 이제 곧 더 이상 필요하지 않습니다. 스터키 부인. 당신과 내가 이 지역 경찰서와 일본관공서에 성경책을 가져다줄 것입니다. 자동차 없이 가지고 가 그들을 놀라게 해줄 것입니다."

경찰과 군인들은 진의 성경책을 거부 없이 받았다. 그들은 그녀가 여성과 어린이들을 위하여 눈먼 맹인같이 봉사하고 있다는 것을 알고 있었기 때문이다.

1940년 10월, 영국영사관은 호주 선교사들에게 한국에서 떠나라고 충고를 하였다. 그러나 호주선교회 임원회는 그들에게 출국을 독려하지 않기로 결정하였다. 그러나 11월의 임원회는 '만약 이 위기 속에서도 개인적인 소명으로 남기 원하는 회원만' 남는 것으로 조정하였다.

1940년 11월 17일이었다. 진과 캐서린은 그 전 주에 서울에서 열렸던 조선예수교장로교 29차 대회의 의사록에 관하여 대화하고 있었다. 의사록은 일본어로 되어있었지만, 캐서린이 일부분 영어로 번역하여 문서로 가지고 있었다. 그녀는 아이오아에서 온 이학사의 객관적인 억양으로 말하였다.

"1938년 27회 대회에서 '신사에 참배한다'는 교회의 결의와, 1939년 28회 대회에서 '전국적인 운동에 참여하고, 유럽과 미국선교사들을 추방한다'는 결의를 일본이 유도하였습니다. 그리고 지금 1940년 29차 대회에서는 새 규정으로 힘 있는 중앙위원회를 선출하여 그들이 우리를 한국에서 몰아내려 하고 있습니다."

진이 번역된 것을 읽었다.

"이제 분명해졌습니다. 나는 3주 전 한 주교의 성명 '사상의 올바른 안내'에 고개를 갸웃했습니다. 그는 개인주의를 이기적인 것으로, 자유는 약한 자를 멸망시키는 것으로 반대하였습니다. 그는 또한 감리교 회가 병역의 의무를 이해하고, 많이 자원하게 하고, 공산주의 간첩 활동을 막는 것을 앞장서서 홍보하였습니다. 커닝햄 부인, 당신의 가족이 휴가를 떠날 때, 아무것도 남기고 가지 마세요. 나중에 후회할 수 있습니다. 미나미 총독이 한국의 전체 장로교회를 통치하는 것은 스스로 독약을 마신 것으로 나는 생각합니다."

8. 게이조 니본 신문

게이조 니본 신문

1940년 11월 7일

삼십만 명의 교인이 있는 조선장로교회는 전체주의 연합을 형성하였다.

이 모임은 천황요배로 시작하여 천황 군대를 위하여 기도하였고, 일본 국가를 불렀고, 제국 시대의 2,600번째 기일을 위한 제국의 규칙을 읽었다. 곽 목사가 행사 연설을 읽었고, 부지사 오노가 연설하였고, 조 목사가 결의안을 읽었다. 모임은 2,600번째 기일 노래와 세 번의 '반자이' 그리고 학생들의 연주로 모두 마치었다. 그리고 모든 장로교인은 조선 신사로 가서 절하였다.⋯ 위대한 결의를 한 제국은 대동아 공영의 확보와 세상의 새 질서를 위하여 앞장서 나아갔다.

1941년 1월, 동래의 이삼남은 멜버른의 마가렛에게 편지를 보내었다. 그리고 5월, 마가렛은 새 일을 시작하였는데, 「더 미셔너리 크로니클」 편집인이 된 것이다. 그녀는 자신의 첫 크로니클 선교지에 이 편지를 번역하여 실었다. 다음이 그 일부이다.

동래의 농업학교

현재 종교교육을 하는 것은 이 나라 어디에서나 실제로 불가능합니다. 그럼에도 우리는 아직 자유가 있습니다. 우리는 우리의 교장인 커에게 감사합니다. 그녀는 자신의 먼 나라의 산과 물을 건너 이곳 낯선 곳까지 왔습니다. 편한 잠자리, 입에 맞는 음식 그리고 친구들과의 즐거움은 그녀에게 없습니다. 그녀는 우리의 소음과 난잡한 집 안에서 우리와 함께 살며, 매일 지도합니다.

아침 일찍부터 커는 염소, 토끼, 돼지 그리고 닭들을 돌볼 뿐 아니라, 자신의 학생들을 옳은 길로 인도하여 예수의 제자를 만들려고 쉼 없이 노력합니다. 안녕히 계십시오.

이삼남, 1월 23일

에디스 커는 빅토리아 위메라의 이든호프 부근 파타의 농장에서 태어났다. 그녀는 멜버른 컨티뉴에이션 스쿨에서 교육을 받았고, 초등학교 교사가 되었다. 1917년 자신의 약혼자가 전쟁 중에 사망하자, 그녀는 로란드 하우스에서 디커니스 훈련을 받았다. 그녀는 1921년 진주여학교 교장으로 한국으로 왔고, 1924년 마산의 의신여학교 교장으로 일하였고, 1928년 통영에서 상처받고 소외되고 장애를 입은 여성들을 위한 산업학교와 자조 프로그램을 운영하였다. 커의 음악, 시, 자수 그리고 그림 능력은 산업훈련을 위한 중요한 기반이었다. 그녀는 연장된 휴가 중에 1933년 멜버른대학교에서 문학학사를 받았다.

멜버른시 콜린 가에 있는 산업선교 상점을 방문하였을 때, 그곳에는 그녀의 학생들이 만든 물건들을 판매하고 있었다. 그러나 그녀는 곧 경제대공황으로 판매가 줄어드는 것을 보았고, 재고가 넘치기 시작하였다. 산업 상점이 경제적인 이유로 문 닫을 위기에 처하였던 것이다. 이 현실은 통영의 산업반에 엄청난 문제가 될 것이었다.

1935년 커는 부모들에 의하여 창기로 팔린 소녀들과 버려진 소녀와 아내들을 돌보기 위하여 동래에서 농업학교를 시작하였다. 빅토리아여선교연합회는 커의 농업학교 프로젝트를 지원하기 위하여 1,500파운드를 모금하였다. 지역 공동체는 땅과 가건물을 지원하였고, 정부는 농장을 시작할 수 있는 닭과 달걀 공급을 계약하였다.

농장의 프로그램은 학교 수업과 예배 그리고 농장 노동이 균형을 이루었다. 1939년 7월 31일 철권의 미나미 총독이 미션 스쿨을 폐교시킬 때, 커의 농업학교는 폐쇄에서 벗어날 수 있는 복지 기관으로 구별되었다. 그럼에도 레거트의 말에 의하면, "커는 자신의 소녀 몇 명을 결혼시켜 보냈다." 그리고 그녀는 농장 프로그램을 관리할 적절한 한국인을 찾았다.

1941년 철수 명령을 받은 커는 호주로 돌아 와 오몬드 칼리지 신학과에 입학하였다. 동시에 그녀는 큐에 있는 감리교여학교에서 가르치며 생활하였다. 1946년 그녀는 호주장로교회 신학학사 첫 여성 졸업생이 되었다. 그러나 여성의 목사 안수 신청은 논쟁을 불러일으켰는데, 결국 총회에서 그녀의 안수 신청을 부결하였다.

그 후 2년 동안 커는 뉴질랜드 더니든의 디커니스 훈련소 교장을 하면서, 여성 목사 안수를 지지하는 책자를 1948년 출판하였다. 1949년 그녀는 이화여자대학교의 교수로 초청을 받았지만 건강검진을 통과하지 못하였다.

커는 호주로 돌아 와 에센돈의 펜레이 장로교 여학교에서 가르쳤고, 1950년에는 발라렛의 클라렌돈 장로교 여 칼리지의 교장이 되었다. 이 학교는 마가렛과 진이 다니고, 그들의 모친 애니도 다닌 학교였다. 그 후 1955년 그녀는 6년간의 임기로 로란드 하우스 디커니스 훈련원에서 신학을 교수하였다.

필자와 필자의 아들 조단은 에디스 커에게 감사하다. 그녀와 조지 앤더슨이 공저한 『호주장로교 한국 선교역사 1889-1941』로 인함이다. 역사의 기록이자 유용한 점검표이다! 그녀가 안수받아 우리의 목사가 되었다면 그것은 영광된 일이었을 것이다.

9. 나환자 요양원

1940년 말, 600명의 나환자가 나환자요양원에 있었고, 24명의 건강한 아이들이 건강한 아이들의 집에 있었다. 이 두 곳은 아직 선교사들이 돌보는 몇 안 되는 기관이었고, 마틴과 아이린 트루딩거 부부가 돌보고 있었다.

1941년 4월 트루딩거 부부가 한국을 떠날 때, 그들은 이 기관을 라이트 부부에게 맡겼으나, 해안가에 있던 요양원이 해양 방어 군대시설로 넘어가는 때였다. 정부는 나환자의 수를 600명에서 180명으로 줄였고, 나머지 420명은 정부가 지정한 한 섬으로 보냈다.

1941년 성탄절, 나환자요양원에 미션 박스가 도착하였을 때, 나환자들은 상자 안에 목도리, 양말, 침대보, 바셀린, 비누, 세정기 등이 들어 있는 것을 보고 즐거워하였다.

1940년과 1941년 동안 호주의 로버트 멘지스 수상(벨레 멘지스의 조카) 정부는 호주연합당과 호주농촌당을 통합한 시대였다. 당시 항공과 외교부 장관이 존 맥이웬이었는데, 폴 하스럭은 동경주재 영국영사관의 시니어 외교관이었다. 이 영사관에서 1940년 10월부터 호주 선교사들을 한국과 일본에서 철수시키라고 권고하고 있었다.

1940년 12월 스텔라 스코트와 캐서린 맥켄지가 한국으로 입국하려다 다시 호주로 돌아왔다. 이것으로 인하여 해외 선교위원회와 여선교연합회가 1941년 1월 24일 연합모임을 가졌고, 한국에 전보를 쳤다.

"꼭 해야 할 일 있거나, 그곳에 남는 것이 도움이 된다고 믿지 않는 한 모두 철수하라."

10. 세계 여성 기도의 날

1887년 세계 여러 교단의 기독 여성들은 세상의 선교지와 자신들의 교회를 위하여 기도의 날을 가졌다. 이 기도의 날은 미국의 한 평신도여성이 세상의 변혁을 가져올 수 있는 지구의 자매들을 위하여 시작하였다. 서로 기도하기보다 함께 기도하여 기도의 거대한 힘으로 새로운 세상을 선언하였다.

1921년 미국은 세계 여성 기도의 날을 사순절 첫 금요일로 정하였다. 1922년에는 캐나다도 동참하였다. 북미의 여성들은 1927년 세계 여성 기도의 날 팸플릿을 많은 나라에 배부하였다. 모토는 '계몽된 기도와 기도의 실천'이었다. 참여하는 나라들은 돌아가며 이 날의 주제를 정하여 왔다. 1930년에는 김활란 박사가 '예수님만 바라보며'라는 주제를 선택하였다.

1932년부터 이 기도의 날은 세계적인 운동이 되었고, 매년 정해진 국가가 주제를 정하고, 회원 국가들을 위하여 팸플릿을 만들어 배부하였다. 팸플릿은 주제를 정한 나라의 여성들이 현재 당면한 도전과 문제를 설명하고, 그들의 문화와 기술로 극복하는 내용을 담고 있다. 배부하기 전에는 내용이 잘 계몽된 기도가 있었다. 이 기도의 날은 사순절 첫 수요일이었다. 주관한 국가와 주제를 보면, 1940년은 영국이었는데 영국 여성들이 자신들의 군인들을 떠나보내며 '고요와 믿음은 당신의 힘이 될 것이다'를 주제로 정하였다. 1933년은 '나를 따르라'의 주제로 공산주의와의 전쟁 속에 있는 대만의 기독 여성들을 위한 기도의 날이었다.

일본이 중국의 도시를 점령하자, 상해는 1941년 주관 국가의 도시로 선택되었다. 이 해는 50여 개국의 기관들이 기도의 날을 기다리고 있었다. 이 해는 또한 일본 제국주의 정부가 한국 기독교인들에게 하나님 나라와 그리스도 대신 신사참배를 하도록 강요하고 있었다. 팸플릿이 준비되었고, 배부되기 시작하였다. 8개 나라의 대표들이 모인 위원회는 이번 주제를 '나라가 임하옵시며'로 정하였다.

진은 한국에 있는 일본인들이 이 주제를 신성모독으로 여길 줄 알았다. 그녀는 문제가 발생할 것을 예견하였지만 어떤 방법으로든 문제는 생길 것이고, 찬송가 '믿는 사람들은 군병 같으니'보다 더 심각할 수 있었다! 호주선교회는 한국말로 번역된 그 팸플릿을 배부할 준비가 잘 되어있었다.

호주 선교사 중 팸플릿을 배부할 사람은 통영에서는 알렉산더, 마산에서는 테잇과 리체, 동래에서는 커, 거창에서는 아우만, 부산에서는 호킹, 레게트, 트루딩거 부인 그리고 진주에서는 에드거였다.

알렉산더는 배를 타고 남해의 섬에 건너가 '베시 무어 교회'들에 팸플릿을 배부하였다. 그녀는 지역의 항구를 사용하는 일본제국 해군이 중국과 접전이 있다는 사실을 몰랐다. 한 달 후에 일본 헌병이 한국 경찰에 그녀를 체포하도록 명령하였다. 테잇과 리체는 마산에서 체포되어 섬들을 포함한 마산에서 팸플릿을 배포하게 된 배경에 대한 심문을 받았다. 다른 이들도 조사를 받았고 구류를 당하였다.

일본의 입장에서 보면, 이것은 항상 선교사들과 관계되는 사건이었다. 그들은 국가의 권위보다 기독교의 권위를 더 높게 주장할 뿐 아니라, 그 내용이 신성모독과 치안 방해인데 심지어 금지된 한국어로 된 팸플릿이었다. 이 횡포한 여성들이 지금 천황의 세 번째 거룩한 전쟁에 반국가적인 공격을 하고 있는 것이었다.

11. 1941년 회고

호주 멜버른의 빅토리아여선교연합회 회장 마조리 홈즈 그리고 총무 애니 토드는 해외 총무 엘리자베스 캠벨을 통하여 전해 온 회보를 보고 있었다.

1941년 3월 10일 월요일

한국에서 기대하지 않았던 전보가 왔다. "호킹과 데이비스는 3월에 항해. 선교는 계속된다."

임원회는 호킹과 데이비스가 새 정보를 가지고 도착할 때까지 기다리기로 결정하였다.

3월 28일 금요일

애니 토드는 또 하루의 바쁜 날을 준비하고 있었다. 그녀는 아침 해가 드는 자신의 의자에 앉아 「더 에이지」 신문을 보았다. 7면에 이르자 그녀는 캠벨에게 전화를 하였고, 그녀도 그 소식을 「더 아르거스」 전면에 실린 내용을 읽고 있었다. 캠벨은 홈즈에게 전화하였는데, 그녀는 지난밤의 「더 썬 뉴스-픽토리알」을 읽었었다. 홈즈는 그 신문을 빨리 다시 넘겨보았지만 「더 썬」은 아직 그 소식을 싣지 않고 있었다. 이들은 ABC 라디오 뉴스에 귀를 기울였다.

"어제 홍콩의 호주 언론 보도에 따르면 지난 수요일 아침 영국과 미국 개신교 여성 선교사 15명이 전쟁에 반대하는 음모로 한국 전역에서 체포됐다고 보도하였다. 여성들은 반전 기도회를 개최하며 팸플릿을 배포하려 하였는데, 그 내용이 극도로 반국가주의적이고 반전쟁적인 성격이라고 주장하였다. 이 전단지는 중국에 대한 일본의 전쟁을 적대적이고 세속적인 것으로 묘사하고 있다.

오늘 아침 '동경'의 보도에 따르면, 일본의 아사히 게이조 특파원은 지난 수요일 이 문제에 대하여 잘못 보도한 것을 사과하였다. '총독이 15명의 여인과 함께 체포되었다'로 보도되었는데, 사실은 '총독이 15명의 여성을 체포하였다'의 오타였던 것이다."

4월 1일부터 15일

테잇은 3일 동안의 심문 후에도 여전히 구치소에 있었다. 커와 다른 이들도 심문을 받았고, 알렉산더도 여전히 구치소에 있다. 이 사건의 결과로 미국과 영국 연방국에서 온 선교사들에게는 더 이상 일본 비자가 승인되지 않았다. 이것으로 인하여 호주 선교사들을 다시 한국으로 보내는 것은 부정적이었고, 호주에서 휴가 중이던 스키너, 위더스, 던은 한국 귀환을 보류하고 시골에서 사역을 시작하였다. 그러나 동래와 통영에 필요한 분기별 재정은 계속 송금하였다.

4월에 한국을 떠나라는 전보를 트루딩거 부부, 테잇, 커 그리고 리체에게 보냈다. 제시와 레이첼 맥라렌, 호킹, 진 데이비스는 멜버른에 도착하였다.

4월 16일

해외 선교위원회와 여선교연합회 연합 모임이 다시 열려 호킹과 데이비스 박사를 인터뷰하였는데 한국의 호주선교회 서기에게 다음의 전보를 보내기로 하였다. '두 임원회가 모든 상황을 다 고려하였는 바, 여선교연합회 선교사들은 한국을 모두 떠나 지시를 따라야 하고, 다른 선교사들은 총회의 결정에 대비하여 준비하여야 한다.'

이때 당시의 토론은 1941년 5월 1일 「더 미셔너리 크로니클」에 회의록과 함께 공개되었다.

많은 기도와 슬픔 없이 이 결정이 이루어지지 않았다. 그러나 우리는 씨를 뿌릴 수 있었던 지난 50년 동안의 평화롭고 성공적인 해를 가졌다. … 만약 문이 다시 열리면 우리는 다시 돌아갈 것이다. … 한국이 하나님의 마음속에 여전히 소중한 것을 우리는 안다.

마조리 홈즈(회장), 엘리자베스 캠벨(해외 총무), 애니 토드(총무)

5월

해외 선교협의회 총회, 멜버른 콜린 가의 스코트교회, 1941년 5월 7일. 엘리자베스 캠벨, 총무.

협의회는 최근의 사건들을 평가하였다. 또 전보가 왔다. "테잇과 리체는 지연되고 있음. 라이트 부부와 레인 부부는 남기 원함."

제시 맥라렌이 인상 깊은 연설을 하였다. 이 연설은 나중에 「메신저」에 발표되었다. 위더스는 '뿌려진 씨는 열매 맺는다'라는 주제로 연설하였다. 진 데이비스는 김 박사에게 진주의 병원을 명목적으로 세를 주었고, 김 박사가 원장이 되어 기독교 병원으로 계속 운영될 것이라고 말하였다. 그리고 5월 25일에는 한국의 첫 선교사였던 메리 데이비스가 코필드 자택에서 사망하였다.

더 미셔너리 크로니클

1941년 7월 1일, 3-4쪽

메리 데이비스 추모사 – '가정을 사랑하고 가정을 만든 여인'

바바라 애니 데이비스

메리 타보 데이비스는 뉴질랜드 왕가라이에서 1853년 6월 28일 태어났다. 그리고 그녀는 다른 이들을 위한 오랫동안의 헌신된 봉사를 마치고 1941년 5월 25일 코필드에서 더 높은 곳으로 올라갔다. 그녀는 기회가 있는 곳 어디서나 목회하였던 여성이라고 진실하게 말할 수

있다. 12명의 아이(9명의 아들과 3명의 딸)가 있는 가족의 세 번째로 그녀는 가정을 운영하는 특별한 은사를 가졌고, 그 은사를 충실히 실행하였다. 그녀와 그녀의 두 자매, 메기(나이트 부인)와 사라(케인 부인)는 자신들보다 어린 8명의 남동생들을 돌보느라 바쁘게 살았다.

메리의 어머니는 대부분 시간 병약하였고, 그녀는 살아있는 동안 정신적인 강인함과 실제적인 지혜로 가정의 중심이었다. 부친인 영국 쉬르스베리의 찰스 데이비스와 모친인 스코틀랜드 글라스고우의 마가렛 샌드먼은 그들의 첫 아이들이 아직 어릴 때 뉴질랜드로 이주하였다. 부친은 변호사로 건강이 안 좋았고, 더 활동적인 생활과 온화한 기후를 찾아 아내의 모친과 아이들 그리고 신실한 종들과 함께 뉴질랜드 북섬으로 왔다. 오클랜드 부근 아름다운 마을 왕가라이의 한 땅에 그들은 정착하였다.

그곳에 사는 동안 가족들의 건강은 나아졌고, 메리, 사라, 헨리 그리고 존이 출생하였다. 그곳에서의 삶을 즐기는 동안 상황이 바뀌어 빅토리아로 이주할 결심을 하게 된다. 부친은 멜버른에 와 변호사 일을 시작하였고, 더 큰 제닝스 앤 쿠트 회사에 의하여 합병되었다. 그리고 부친의 사망 후 두 번째 아들인 헨리 데이비스가 그 사무실에서 견습생을 하였다.

메리의 8명 남동생들이 자라는 동안, 사라와 함께 그녀는 격렬한 시간을 보내었다. 큰 오빠 찰리와 메기는 결혼하여 집을 떠나갔고, 가정이 아직 어릴 때 그녀의 부친은 폐렴으로 사망하였다. 이 말은 아들들이 돈을 벌어야 한다는 의미였고, 자신들의 공부를 하는 동안 사무실, 은행, 사업장에서 일을 해야 하였다. 두 명의 딸들이 가정을 꾸렸고, 사라는 작은 학교를 시작하였다. 그리고 남동생들은 후에 학교(코필드 그래머)의 교장, 장로교 목사, 교사, 의료인 그리고 사업가로서 특별한 일들을 하였고, 그들의 헌신적인 메리는 멜버른, 한국, 뉴질랜드, 남깁슬랜드에서 그들의 집을 돌보았다. 그녀의 마지막 날들은 코필드 터너 가에 있는 그녀의 하나 남은 남동생 레슬리 데이비스 박사의 집에서 보냈다.

교회와 선교지에 관한 그녀의 관심은 절대로 시들지 않았고, 그녀는 많은 사람들의 구조자였고, 축복받은 사람이라 말할 수 있다. 그녀는 남인도에서 오랫동안 선교하는 동생 사라와 편지를 주고받으며 그녀를 지원하였다. 헨리와 함께 한국에 간 후 그녀는 그 땅에 대한 관심도 지대하였고, 헨리의 사망 후에도 그곳에 남아있으려 하였다. 그러나 그녀도 그곳에서 심한 병을 앓았고, 그 이유로 그녀는 멜버른으로 돌아왔다. 당시 그녀의 남동생 윌리가 그녀를 마중하러 홍콩까지 갔었다.

메리는 항상 그녀의 조카들에 관하여 관심이 많았고, 그들을 격려하고 최선을 다하여 도왔다. 훈련된 간호사인 그녀의 조카 중 한 명은 메리의 마지막 시간에 계속하여 그녀를 돌보았고, 그것은 그녀에게 큰 위로가 되었다. 메리가 어디에 살던 그녀는 항상 가장 가까운 장로교 여선교연합회 회원이 되었고, 기도와 말의 은사로 많은 도움을 주었다. 그녀의 집은 항상 많은 친구들을 환영하였고, 그들은 그곳을 자신들의 집같이 여기었다.

메리는 선교와 관련하여 한국에 간 첫 호주 여선교사였고, 그녀의 동생 사라는 인도에 간 첫 호주 여선교사라는 사실이 흥미롭다. 하나님은 흔쾌히 주는 자를 사랑하며, 이 가정의 많은 구성원들은 하나님의 사역을 위하여 마음과 가슴의 은사를 자신의 나라와 이웃 나라를 위하여 나누었다.

1941년 6월

6월 첫 주에 전보가 날아들었다.

"마산의 테잇과 리체는 지연되고 있음. 트루딩거 부부와 커는 이번 달 도착함."

6월 28일에 6명의 독신 여선교사들이 멜버른에 도착하였다. 부산 항에서 한국 교인들은 마틴 루터의 찬송 '내주는 강한 성이요'를 부르 며 이들을 떠나보냈다.

여선교사 에드거, 레게트, 리체 그리고 왓킨스는 멜버른에서 여선 교연합회 회원들과 인사를 나눈 후, 각자의 집으로 돌아갔다. 제시 맥 라렌은 자신이 좋아하는 간호사와 친구들을 만났고, 딕슨은 맥라렌의 집이 있는 큐의 베리 가 4번지에 머물렀다. 딕슨은 1926년 제시가 심 장 발작을 두 번 일으킨 후 그녀를 서울에서 일 년 동안 돌보았었다. 아우만은 스펜서 스트리트 기차역으로 가 무어토아로 가는 기차를 탔 는데, 그곳에는 오랜 편지 친구인 잭 로버트가 있었다. 진 데이비스는 북퀸즐랜드의 아우루쿤, 모닝톤섬, 마푼에서 두 달간 임시로 일한 후, 서호주 킴벌리 지역 의료 선교와 오지 선교를 위하여 그곳으로 떠났다.

7월

> 더 데일리 뉴스. 퍼스.
> 1941년 7월 8일 화요일.
> 진 데이비스 박사, 최근 한국에서 돌아와 말하다.
> 한국은 '전쟁을 준비하고 있다.'
> 일본은 한국에서 전쟁을 준비하고 있다. 백인들은 그 나라를 떠났
> 다. 많은 군대가 만주로 보내지고 있으며, 그곳은 소련과 북한을

접경으로 하고 있는 지역이다. 일본은 한국을 전쟁의 기지로 사용
하려 하고 있다. 정전을 연습하고, 공습을 대비한 피난처를 준비하
고 있다.

한국은 전략적으로 중요한 지역이고, 기찻길이 관통하여 만주를
통과하고, 시베리아로 연결된다. 모든 것이 배급제가 되었고, 한
국인들은 전쟁이 시작될 것으로 생각하고 있다.

세 번 경고하였다.

그들은 후폭풍을 두려워하고 있었다.

영국 영사는 우리에게 한국을 떠나라고 세 번 경고하였다. 전쟁이
터지면 우리는 떠날 수 없고 구금될 것이라고 그는 말하였다. 일본이
홍콩을 적대하여 움직일 것으로 기대하였고, 그러면 우리는 길이 막힐
것이었다. 영국 배들은 일본 해양으로 운행을 안 할 것이고, 그러면 우
리는 일본 배를 타고 홍콩으로 가야 할 것이었다.

외국인 중에 미국인들만 남고 있다. 그들도 어서 떠나라는 강한 경
고를 받고 있다. 한국의 생각은 미국인은 남을 것이라는 것이다. 군대
들은 승승장구하고 있으며, 사람들은 저항할 힘이 없다. 큰 불만이 사
람들 사이에 일었고, 아마도 그들 중에 공산주의로 전향할 사람들이
나올 것이다. 경제적으로도 매우 열악한 상황이다.

일본인들은 한국에서 항상 간첩이나 반항하는 자들을 찾고 있다.
두 명의 미국선교사들이 체포되었고, 그들에게 10달간의 구금령이 내
려졌다.

해안가 큰 도시들마다 방어 시설이 있는데, 요새화된 지역에 경고

를 보내고 있다. 한국은 만주에서 뻗어 나온 반도인데 중국과 일본을 이어준다. 지난 300년 동안 공물을 바쳐오다가, 1895년 독립하였고, 1910년 일본에게 합병되었다. 만주를 공격하기 위한 교두보이다. 일본인들은 한국인들을 그곳으로 이주하게 하였고 자신들은 그곳에서 일하지 않는다. 자신들이 가기 싫은 만주로 많은 한국인들을 노동자로 내모는 것이었다. 한국인은 몽골족이다. 소련-만주 접경지는 지난 4년 동안 조용하였다.

8월부터 11월까지

8월. 테잇과 알렉산더가 전보를 쳤다.

"한국을 떠날 수 있다. 그러나 머무르기 원한다."

9월. 라이트가 부산에서 전보를 쳤다.

"알렉산더와 테잇은 떠나기 원치 않음. 테잇은 마산에, 알렉산더와 레인 부부는 통영에, 맥라렌은 진주에, 라이트 부부는 부산에 있음."

라이트가 다시 전보를 쳤다.

"알렉산더와 테잇은 9월 27일 요코하마를 떠난다. 우리는 갈 수 없다."

10월. 10월 18일 트루딩거는 멜버른에 도착하였다.

11월. 11월 17일 테잇과 알렉산더가 멜버른에 도착하였다. 항해의 바닷길이 혹심하였고 불편하였다고 한다. 이들은 9월 27일 저녁 안휘호를 타고 요코하마를 떠났다. 류큐제도 근처에서 기압계가 정상 압력보다 93%가 떨어졌고, 시속 160km의 태풍 가운데 있었다. 파도가 너무 높아 각 방이 모두 바닷물로 차오를 위험에 노출되었다. 홍콩과 싱가포르에서 1주 동안 정박하여 잠을 자며, 그곳 교회 친구들의 환대를

즐겼다. 서태평양과 인도양을 배회하는 18척의 독일 공격정이 안휘
호를 공격하지 않았고, 그들은 감사하였다.

12. 적국의 외국인

라이트 부부와 레인 부부는 한국의 선교회의 일을 계속하며 각 선
교부에 임명할 믿을만한 한국인 관리인을 찾고 있었다. 선교 재산을
관리하고, 세를 받고 세금도 내주고 하는 관리인이 필요하였지만, 그
러나 그들의 일은 점점 축소되고 있었다.

1941년 12월 8일 「메신저」에 의하면, 이 날 일본이 필리핀과 진주
만을 공격할 때, 일본 형사들이 맥라렌은 진주에, 레인 부부는 통영에
그리고 라이트 부부는 부산에 구금하였다. 레인 부부는 75km의 거리
를 경찰의 배로 부산으로 옮겨졌고, 부산경찰서의 라이트 부부와 합류
하였다. 그들은 감시자의 감시하에 부산의 라이트 사택에 가택 연금되
었다. 사택의 뜰은 채소와 염소를 키울 수 있을 정도로 넓었다. 사택
안에는 감시인이 거할 수 있는 방과 심부름을 하는 소녀도 함께 있었다.

세계 1차 대전 때 군인이었던 맥라렌은 적국의 외국인 신분으로 일
본 기사도였는데, 알몸 검사를 받고 맨발로 77일 동안 구금당하였다.
그는 다른 범죄자들과 더러운 구치소 방을 함께 썼으며, 어떤 가구나
사생활이나 위생이나 대화도 일체 허락되지 않았다. 신사 위에 일본
국가 정책을 세우는 것은 잘못된 것임을 맥라렌은 조서에 썼다. 그러
므로 그는 치안 방해를 고백한 것이 되었고, 다시 조사받지 않았다. 미
국선교사들은 심문과 고문을 받았다. 1942년 3월 5일, 맥라렌은 호송
을 받아 부산 라이트의 사택으로 옮겨와 가택 연금당하였다. 그곳에서

그는 다시 보건 생활을 할 수 있었고, 레인 부인의 간호로 자신의 상처와 발진을 치료받을 수 있었다.

그 후 3개월 동안 이 다섯 명의 호주인들은 반영국 선전을 들어야 하였고, 창밖으로 군대들의 승리의 행진을 보아야 하였다. 한국인 신도들과 비밀스런 메시지를 이들은 주고받았고, 몰타 회담이 승리하고 있음을 듣고 있었다. 당시 수백 명의 가톨릭 선교사들은 동경과 바티칸 사이에 이루어진 삼자 간 합의에 따라 한국 선교를 지배하고 있었다. 그러나 이 다섯 명의 투쟁은 후에 장로교회가 선교의 네트워크를 다시 시작할 수 있는 문을 열어주었다.

호주 선교부는 호주 정부의 맥어윈을 통하여 부에노스아이레스에 있는 영국대사관과 협력하였고, 또한 동경에 있는 스위스대사관을 통하여 그 다섯 명이 집으로 돌아올 수 있도록 작업하였다.

그리고 1942년 6월 2일, 그들에게 추방 명령이 떨어졌다. 안내원이 그들을 부산항으로 데려갔고, 증기선으로 시모노세키까지 그리고 기차로 420킬로를 달려 고베까지 가 그곳에 7월 말까지 연금되었다. 그리고 그들은 또 다시 기차로 420킬로를 달려 요코하마로 갔고, 그곳에서 본국으로 송환되는 많은 사람들과 같이 배에 올랐다. 승객의 수는 1,000명까지 늘었는데, 상해, 사이공, 싱가포르 등에서도 송환자들을 태웠다. 싱가포르 영국 관리들의 무능력에 실망한 미국선교사들이 말라야에서도 떠나는 중이었다.

남중국해로 돌아와 보면, 배는 방카와 빌리톤 섬 사이 순다해협을 통과하여 인도양으로 항해하였다. 포르투칼 모잠비크의 라우렌코 마키스에서 이 다섯 명의 호주인들은 두 주일을 기다려 다른 배로 옮겨 탔으며, 편안한 숙소가 있는 더번까지 가는 기차 길로 안내할 사람을 기다렸다. 이들은 충분한 돈을 가지고 있었으나 멜버른으로 부터 갑자기 비용이 더 도착하였다. 10월에 그들은 마지막 항해를 시작하였고, 인도양과 남태평양을 건너는 먼 거리를 지나 1942년 11월 16일 멜버른 항에 도착하였다. 작은 무리의 가족들이 항구에서 그들을 만났고, 그들의 도착을 알리는 뉴스 보도 전에 그들은 조용히 집으로 돌아갔다.

13. 거룩한 종

한국교회는 다음의 가사 속에 남겨지게 되었다.

"참 종교는 눈에 보이는 것의 영역을 넘어선다. 그 근원은 어디에도 찾아볼 수 없다. 종소리가 공기를 통하여 들리지만, 그 종이 어디 있는지 모르는 것처럼, 종교도 그렇다."

세계 2차 대전 전, 한국으로 간 78명 호주 선교사 중에 9명이 해방 후인 1947년 한국으로 다시 돌아갔다. 그리고 1950년부터 1952년의 한국전쟁 후에 45명의 새 선교사들이 한국으로 갔다.

그 여성들이 하였다. 그리스도를 위한 백만 구령 운동을!

5장

마가렛과 진의 마지막 날들

1. 마가렛 데이비스 추모사

1960년 2월, 마가렛은 여선교연합회의 「더 미셔너리 크로니클」의 편집인으로 19년 봉사하고 은퇴하였다. 그녀는 건강의 문제로 고군분투하고 있었다. 그러나 그녀의 곁에는 동생 진이 있었다. 1963년 6월 23일 일요일, 마가렛이 사망하자 장로회여선교연합회 중앙위원회는 수요일에 총회 회관에서 모임을 갖고, 다음과 같은 추모사를 읽었다.

마가렛 데이비스(은혜와 매력)
장로회여선교연합회 중앙위원회 위원들은 자신들의 사랑하는 선교사이자 동역자인 마가렛 샌드먼 데이비스의 사역과 일생을 하나님께 감사하며 기록으로 남기기를 원한다. 그녀는 이 땅의 사역에서부터 더 높은 봉사로의 불리움을 받았다.

마가렛은 자신의 부모인 존과 애니 데이비스의 집, 알란스포드 목사관에서 태어났다. 그녀의 할아버지 헤이스티 목사는 우리의 개척자 중 한 사람이었고, 헨리 데이비스 목사는 빅토리아교회에서 한국으로 간 첫 선교사였다. 고모는 인도 선교지에서 일하기도 하였다.

마가렛은 일찍이 자신의 삶을 그리스도에게 드렸고, 코럼부라에 있는 자신의 아버지 교회에서 매우 어린 성만찬 참여자였다. 그녀를 유아 때부터 잘 아는 사람은 그녀에 관하여 좋은 것 외에는 아는 것이 없다. 그녀는 장로교 레이디스 칼리지와 멜버른대학교에서 교육을 받았고, 그곳에서 문학석사와 교육학 디플로마를 받았다. 그리고 디커니스 훈련원에서 수개월 훈련도 받았다.

마가렛은 그녀 가문의 선교사 전통을 이어받아 1910년 영국선교사로 한국으로 갔다. 그곳 동래에서 그녀는 제인 하퍼 중등학교를 책임 맡았다. 정치적인 이유로 학교는 1938년 폐교되었고, 그녀는 호주로 돌아왔다.

마가렛은 고향에서도 온 마음을 다하여 사역하였다. 그녀는 장로교여선교연합회 임원회를 수년 동안 하였고, 「더 크로니클」의 편집인이었고, 기도모임위원회 위원장이었다. 그녀가 임종을 맞았을 때 그녀는 볼윈 지부의 지부장이었고, 또한 목사관 딸들의 협의회 회장이었다.

마가렛의 관심은 자신의 교회 안에 국한되지 않았다. 그녀는 세계 여성기도의 날 위원회와 초교파 여성협의회의 여선교연합회 대표였다. 기독교인으로서 그녀의 확고한 성격과 사랑의 봉사로 충만한 일생은 오래 기억될 것이다. 많은 사랑을 받은 그녀는 많은 그리움을 받을 것이다. 우리는 그녀의 동생 진과 다른 가족들을 하나님 아버지의 위로에 맡긴다.

마가렛의 장례식은 세인트 에이든교회에서 열렸으며, 그녀는 장로교 레이디스 칼리지 건너 편 버우드 공동묘지에 자신의 모친 곁에 묻혔다.

2. 플라잉 닥터 진

1956년 진은 의료선교사로 남호주의 원주민 마을에서 일하였다. 그녀는 마라링가의 원자폭탄 시험장 언저리에서 살았다. 진은 그녀의 새 병원에 서서 벽이나 창문의 막힘없이 아름다운 에나벨라 계곡과 계곡 너머 머스그레이브 산맥까지 볼 수 있었다. 그리고 오래지 않아 선교지역을 둘러쌓고 있는 그 산들의 정상까지 등산하였다. 가장 높은 우드로프산은 1,440미터로, 53세의 진은 그녀의 계속되는 운동력을 보여주었다.

산의 정상에서 그녀는 머스그레이브 산맥의 웅장함이 210km까지 뻗어나는 것을 볼 수 있었는데, 그레이트 빅토리아 사막과 남쪽까지, 그리고 깁슨 사막과 북쪽으로 뻗어 있었다.

진의 또 다른 선교는 뉴헤브리데스의 빌라병원 원장 프레이저 박사를 대신하여 일하는 것이었다. 진은 그곳에 조금 일찍 도착하여 작은 배를 타고 북서쪽으로 100km 떨어진 마레쿠라로 갔다. 이곳은 작은 섬인데 의사가 없는 곳이었다. 프레이저 박사는 진이 어디 있는지 몰랐다. "마레쿠라 섬의 동쪽 해변에서 의사가 절실히 필요하다고 들은 것이 마지막이었다."

진은 이미 그 지역 두 명의 조수들과 200명의 환자를 진찰하였고, 현재는 페놋 근처의 700m 화산 지역에서 급한 의료 부름에 응답하고 있다고 기록되고 있었다.

진은 또한 플라잉 닥터(비행기를 타고 다니며 오지지역을 방문하는 의사)였다. 낙타를 타고 다니는 의사였고, 나귀를 타고 다니기도 하였고, 차 운전도 하였고, 산을 오르는 정글 의사이기도 하였다. 지역의 조수들을 동행하여 다니는 진은 그녀의 왕진 가방을 메고 산속의 밀림으로 들어가기도 하였다. 어떤 때는 4시간의 밀림 속 등산을 통해 환자를 만나기도 하였다.

그녀 나이 56세의 강인함이었다. 그곳 오지의 환자를 병원으로 옮기는 것은 위험한 일이기 때문이다. 복막염으로 발전하기 전의 맹장 수술 환자를 위하여 진은 수술 도구를 챙겨 산속으로 떠났다. 그리고 수술 후 3시간 후에는 저녁의 수술을 위하여 다시 진료실로 돌아왔다. 진은 집에 있기를 희망했지만 프레이저 박사의 휴가를 위하여 일을 대신하였다.

1956년 진은 다음의 일을 기다리며 집에 있었다. 그녀는 육체적으로나 정신적으로 어느 때보다도 준비되어 있었다고 느끼었다. 단데농 산에 올라가 주님의 부름을 기다리고 있었다.

3. 진 데이비스 추모예배

1981년 6월 15일, 필자는 진의 생애의 마지막 날에 관하여 작곡가 고(故) 월 톰슨 그리고 생전에 피아노를 사랑한 피아니스트 조단 그레이와 영적인 대화를 하였다. 우리 모두는 동의하기를 진은 다음 소절의 멜로디를 취할 것이지만, 그 가사는 남기고 떠날 것이라 하였다.

예수가 우리를 부르는 소리 그 음성 부드러워.
지니, 당신은 피곤해요. 집으로 오세요.
간절히 부르는데 왜 지체하고 못들은 체합니까.
오라 오라, 지니 집으로 오세요.

"스트라트돈" 예배당, 1981년 6월 19일
짐 스터키 목사의 고별사
엘리스 진 데이비스 박사, 멜버른대학교 이학사, 의학사.

(이 모임에 참석한 아기가 조단 그레이이다.)

우리는 오늘 지난 월요일 92세로 부름을 받은 진 데이비스 박사의 일생과 신앙을 기념하기 위하여 모였습니다. 먼저 나는 진의 일생을 요약하겠는데 매우 불충분할 것입니다.

진은 1889년 3월 9일 버닝용에서 존과 애니 데이비스의 딸로 출생하였고, 토마스 헤이스티 목사는 그녀의 외할아버지이자 버닝용의 초대 목사이었습니다. 그녀의 큰삼촌 헨리 데이비스 목사는 한국의 첫 호주 선교사인데 진이 태어난 해에 한국에 도착하였습니다. 그는 다음 해인 1890년 천연두와 폐렴으로 사망하였습니다.

진은 먼저 자신의 지역 학교에 다녔고, 그리고 클라렌돈여학교, 그 후에는 프레스비테리안 레이디스 칼리지에서 공부하였습니다. 그녀는 1909년 멜버른대학교 의과대학에 입학하였고, 1914년 졸업하였습니다. 그리고 1915년 의사로 등록하여 2년 동안 왕립 여성 병원에서 경험을 쌓았습니다.

1910년 한국으로 간 언니 마가렛을 따라 그녀도 1917년 한국으로 의료선교를 떠났는데, 그해 성탄절 다음 날 출발하여 1918년 1월 한국에 도착하였습니다.

휴가를 제외하고 진은 진주의 배돈기념병원에서 의사로 그리고 때로는 병원장으로 섬겼습니다. 1941년 한국의 일본 정부는 한국인이 병원을 운영할 것을 주장하였고, 진은 사표를 내고 호주로 돌아왔습니다.

전쟁이 시작되었고, 진은 서부 호주의 더비에 임명되었습니다. 그녀는 코카두섬의 철수를 지원하였고, 그 와중에 팔이 부러졌지만 스스로 자신의 팔을 맞추고, 어뢰를 맞은 배에서 구출된 군인들을 돌보았습니다.

1942년 그녀는 에나벨라 선교사로 떠났고, 1944년에는 뉴질랜드 나병선교회로부터 뉴헤브리데스의 나병에 대한 조사를 의뢰받았습니다.

후에 그녀는 다시 북퀸즐랜드의 원주민 공동체에서 일하였고, 마지막에는 1970년대 초 스트라트돈에서 은퇴하였습니다. 그녀는 2년 전 건강이 나빠질 때까지 이곳 공동체의 적극적인 회원이었고, 지난 월요일 세상을 떠나갔습니다.

우리 모두 개개인마다 진에 대한 기억이 있습니다. 프랭크 커닝햄은 대학 시절까지 거슬러 올라가 기억하기를 엘스턴위크 사택에 종종 초청되어 밤을 새웠다고 합니다. 그때 진에 대한 기억은 그녀의 쾌활함과 웃음이었는데, 네. 다른 사람들도 기억하는 손으로 입을 가리고 낄낄거리는 웃음도 포함됩니다.

1918년 진이 한국에 왔을 때, 커닝햄은 그녀를 다시 만났습니다. 그는 다시 생각해 보니 진은 여전히 쾌활하였지만, 일에 대한 책임으로 그녀의 웃음이 조금 줄어든 것을 느꼈다고 합니다.

제시 맥라렌도 이 모습을 눈치채고 있었습니다. '한국에서 여성 의사가 받는 끔찍한 긴장' 탓이라고 그녀는 말하였습니다. 나는 어제 멜버른대학교 여성 졸업자 명단에서 진이 어디쯤 있는지 살폈는데, 이곳에서도 힘들었을 텐데 한국에서는 더 말할 나위 없었을 것입니다.

데이비스 박사는 정말 일본에도 가야 하였고, 의술을 펼치기 전 요구되는 등록을 위한 시험을 보아야 했기 때문입니다. 오늘날에도 수술실의 여성 의사가 부족한데, 커와 앤더슨의 책에 의하면 "많은 해 동안 여성과 어린이 환자 치료와 수술은 대부분 데이비스 박사의 우선 책임"이었습니다.

1925년 멜버른의 위원회는 의료선교사에 한하여 각 임기마다 2달간의 공부휴가를 승인하였습니다. 진은 도전적인 사람으로 이 기간을 1926년에는 북경연합의과대학에서 기독교 의과 연합회 세미나에 참석하였고, 1932년에는 상해의 컨퍼런스와 나병 세미나 그리고 1937년에는 비엔나에서 연수를 하였습니다.

데이비스 박사는 원장이었던 테일러 박사와 16년 동안 함께 일하였는데, 1938년 그가 사망하자 그의 자리를 이어받았습니다. 이 기간 동안 병원은 크게 성장하였고, 그녀가 은퇴하기 바로 전까지만 하더라도 4개의 부서를 계획하고 있었습니다. 의과, 수술과와 부인과, 이비인후과 그리고 치과였습니다.

진주와 진주 밖의 많은 사람들에게 배돈병원은 비신자들에게 복음이 진실이라고 설명하는 돌봄의 증거였고, 그것으로 인하여 그들은 그리스도의 사랑을 알게 되었습니다. 진 박사는 그러므로 단순히 의사가 아니었고, 그녀는 복음전도 선교사였습니다.

한국인과 호주인 병원 직원들이 함께한 여러 단체 중에 전도회가 있었습니다. 이 단체 두 명의 주요 지도자는 병원에서 일하는 전도부인과 남성 전도사였는바, 병원에서 기독교에 관심을 보인 환자들의 시골집까지 방문하여 관계를 이어갔습니다. 이 단체는 또한 여러 마을에 조직된 어린이와 어른을 위한 주일학교에서 가르치는 일을 하였을 뿐 아니라, 마을에 교회가 세워지면 재정적으로 돕는 일까지 하였습니다.

신사참배 문제로 그 사역이 제한되었을 때, 제니가 기억하는 대로 진은 그녀를 데리고 지역의 여러 경찰서를 방문하여 경찰들에게 성경을 나누어 주었다고 합니다. 더 신기한 일은 진이 주는 성경을 경찰들이 모두 받았다는 것이고요.

이 모든 이야기는 진이 얼마나 강인한 여성이었는지 보여주며, 자신에게는 엄격하고 스스로를 낮게 평가하였는지 말하여 줍니다. 그녀의 동료 중 최소한 처음에는 그녀에게 경외심이 있었다고 합니다. 한 친척은 다음과 같이 말하였습니다.

"그녀는 인생의 초기에 자신의 원칙을 정하였다."

예를 들어 그녀는 광신적인 절제의 지지자였습니다. 아무리 맛있어도 프랑스 겨자 소스는 사용하지 않았는데, 그 속에 샴페인이 들어 있기 때문이었습니다! 이 모든 이야기가 좀 엄격하게 들리지만 그녀는 그렇지 않았습니다. 그녀는 자신의 동료들을 친구로 만들었기 때문입니다.

진은 등산을 좋아하였고, 선교사들과의 대화 속에 다양한 산과 계곡을 언급하였습니다. 에드거 마이너나 메이저(수간호사 엘시 에드거의 이름), 더 엘리스 산맥(그녀 자신의 이름) 그리고 테일러 박사의 '두 개의 파이프 등산로' 등이었습니다.

어린이들도 진을 사랑하였습니다. 커닝햄의 두 아들은 그녀와 자전거 타기를 좋아하였습니다. 한국에서 낳은 나의 세 아이도 진이 받아 세상으로 나왔습니다. 진은 우리와 종종 식사를 함께하였고, 전기 축음기를 좋아하였는데 우리가 보낸 길버트와 설리반 레코드를 즐겨 들었습니다.

호주와 뉴헤브리데스에서는 진과 거의 함께하지 못하였습니다. 그녀는 남 호주 원주민위원회와 함께하였고, 세이브 더 칠드런 기금과 시골교회 지원회를 종종 방문하였습니다. 에나벨라에서 진을 만난 낸시 셰퍼드는 진의 90살 생일을 위하여 특별히 애들레이드로부터 왔습니다.

뉴헤브리데스 수도 빌라의 녹스 제이미슨 박사는 자신이 휴가를 떠났을 동안 진이 그의 일을 대신하였는데, 그는 진의 일을 높이 평가하였습니다. 또한 그녀는 그곳에 있을 동안에 교도소를 방문하여 죄수들을 만나기도 하였습니다. 진이 마침내 스트라트돈에서 은퇴하게 되었을 때, 그곳에서도 큰 존경을 받았다고 들었습니다.

진이 공헌한 일을 심하게 요약하였습니다. 그녀가 한 일을 축소하여 말하려니 심장마비가 올 정도입니다. 그리고 그녀는 지금 우리에게서 말없이 사라졌습니다.

진은 에너지가 넘치고, 도전적이고, 복음적이고, 변치 않는 신념을 가진 강한 여성이었습니다. 책임과 의무를 다하는 사람이었습니다. 그녀는 자신의 주인과 교회, 한국인, 뉴헤브리데스인 그리고 호주의 여러 원주민들을 최선으로 섬겼습니다.

엘리스 진 데이비스로 인하여 하나님께 감사드립니다.

작가의 노트: 진은 자신의 몸을 의료 실험에 기부하였다.

부록: 감사와 참고도서

〈Acknowledgements 〉

I acknowledge the inspiration of Jordan Gray, diary notes and photographs from his mother Gervase, and the insights of Jane Burn, daughter of Laurie Davies.

I acknowledge Josephine Paterson, late English mistress at PLC for Margaret and Jean's writing skills. Much of the text is their Voice telling their story.

For sources, photographs, film footage and permissions I am grateful to Christine Palmer PCV archivist South Yarra; Dora and John Dallwitz, coordinator of the Ara Irititja Project; Brendan Nelson and the Australian War Memorial Archive; Jane Dyer, PLC archivist and expert researcher; Margaret L Ruwoldt, Manager Information Strategy and Planning, Baillieu Library, Melbourne University; Heather Jackson, archivist, Clarendon College; Suzie Russell, Library of South Australia; Rebecca (anon.) at the Mitchell Library Sydney; Andrew Smith, Presbyterian Church Research Centre, Knox College, Dunedin, NZ; Jill Tomlinson and Lala Gittoes, the Pacific Leprosy Foundation, Christchurch, NZ; Dianne Parker, St Paul's Presbyterian archivist Brisbane; Noel Adsett, archivist at St Andrew's Uniting Church, Brisbane; Christine Gordon, National Assembly Archivist of the Uniting Church of Australia; Tim Lething, State Records Office

WA; Paul Machira, archivist, Scotch College Melbourne; Dr Myong Duk Yang in Korea, and Warren Doubleday Ballarat Tramway Museum.

Others have been generous with their advice and permissions: Edie Wright on Kunmunya, Rev Dr John Brown, Rev Alan Stuart and Rev Jacob Yang on Korea, Nancy Sheppard on Ernabella (Pukatja); Marilyn Warren, Chief Justice of Victoria, on Jordan Gray; the staff at Scots' Church Melbourne; and the Uniting Church congregations at Toorak and Deepdene.

I am indebted to the expertise of Drs Susan Evans, Evange Klonis and Albert Thomason (medical); Desley Miller (psychology); Ross Dunlop (physics); Marion Bennett (music), Beverly Sands (Vanuatu); and Roly Sussex (Scots' spelling).

As usual, Andy McDermott, CEO of Publicious, delivered expert cover design and professional publishing, production and distribution services; auditor Tony Culberg proof read the first draft; and Eugenie Garske sampled readability.

Tania Weymouth researched Ballarat, Alexia Kirkegaard freed my time by attending to on-going book orders and office duties, and Larraine Marchment keyed longer extracts. Jessie Henderson lent me her copy of the very rare 'Alitjinya'.

⟨Works Consulted⟩

The Age (Melbourne) newspaper, as acknowledged in text.

The Ballarat Courier 24/3/1927.

Aussie Towns – Port Victoria.

Australian Dictionary of Biography, Volume 11 (MUP), 1988, Neil Gunson, Paton Francis, Hume
    Lyall (Frank) (1870-1938), accessed on-line 21 April.

Baring-Gould, Sabine, Onward Christian Soldiers, lyrics, 1865.

Broome, Richard, Aboriginal Australia, Allen & Unwin, 3rded. 2002.

Brown, John, *Witnessing Grace*, Publishing House, The Presbyterian Church of Korea, 2009.

(The) British and Foreign Bible Society, *The Holy Bible*, Cambridge University Press, 1907.

Buninyong Historical Society, Reverend Thomas Hastie 1813-1898, 6 page summary.

Buninyong Historical Society, Newsletter, April 2009.

Campbell, Elizabeth M, *After Fifty Years: A Record of the work of the P.W.M.U. of Victoria*,
    Spectator Publishing Co, 1940.

Chung, Henry, *The Case of Korea*, Routledge, 2010.

Clark, Allen D., *Avison of Korea*, Yonsei University Press, 1931.

Clarke, Jan & Cochran, Margaret, *The Lamp Burns Brightly*, Walter & Chester, Ballarat,1970.

Cline, Sally & Gillies, Midge, *THE arvon BOOK OF LITERARY NON-FICTION*, Bloomsbury,
    2012.

Dickey B, *The Dictionary of Evangelical Biography*, Evangelical History Assoc, Sydney,1994.

Durie, Mark, St Mary's Vicar's Blog, April 21, 2008, passim.

Enge, Harald A, *NUCLEAR PHYSICS*, Addison-Wesley Publishing, 1966.

Fitzpatrick, Kathleen, *PLC Melbourne The First Century 1875-1975*.

Gale, J S, *History of the Korean People*.

Gillan, Helen Rose, *VANUATU VICTORY*, Spectrum Publications, 1988.

Gillies, Midge, *Writing Lives: Literary Biography*, Cambridge University Press, 2009.

Gunn, John, *CHALLENGING HORIZONS QANTAS 1939-1954*, UQP 1990.

Hastie, Thomas, *A Voice from the Bush*, Edinburgh, 1877.

Head, Alison & Loxton, Nell, *ONE HUNDRED YEARS AT DEEPDENE 1915-2015*, Kanda
    Head, 2015.

Hamilton, Robert, *A Jubilee History of the Presbyterian church of Victoria*, M L Hutchinson,
    Melbourne.

Hilliard, Winifred, *The People in Between, The Pitjantjatjara People of Ernabella*, Hodder
    & Stoughton, 1967.

Jebb, Mary Anne (ed.) *MOWANJUM*, 2008, Mowanjum Aboriginal Community and Mowanjum Artists Spirit of the Wandjina Aboriginal Corporation on behalf of Worrorra, Ngarinyn and Wunambal peoples.

Jones Alan, *Port Vincent: Shipping Port to Pleasure Resort*, Port Vincent Progress Association,1994.

Kerr Edith A & Anderson George, *The Australian Presbyterian Mission in Korea 1889-1941*, A.P. Board of Missions, 1970.

Lepers' Trust Board New Zealand, *LEPROSY SURVEY, NEW HEBRIDES*, Christchurch, 25 June,1951.

(The) Messenger 1900-1965

Love, JRB, *Stone-Age Bushmen of Today*, Blackie Blackie and Son Ltd, London & Glasgow,1936.

McMenamin Dorothy, *Leprosy and Stigma in the South Pacific*, McFarland & CoInc, 2011.

(The) Missionary Chronicle 1906-1977 including 1937 November, Centenary Souvenir of Women's Work, passim.

Norman, JE deB & GV, *A PEARLING MASTER'S JOURNEY*, Self Published, 2007.

O'Connor, Frank, *The Lonely Voice*, Melville House,1963.

Parry, Suzanne, *Women Medical Graduates and Mission Service*, Health & History 2000 2:27-51.

Patchwork, *Presbyterian Ladies College East Melbourne*, 1919.

Paton, Frank HL, *Glimpses of Korea*, Brown Prior Melbourne, 1911.

Police Gazette of Western Australia, May 14, 1941, 182.

Porter, Muriel, *Australian Dictionary of Biography*, Vol 15(MUP), 2000.

Presbyterian Ladies' College, Melbourne, *A PICTORIAL HISTORY PRESBYTERIAN LADIES' COLLEGE MELBOURNE 1875~2005*, 2009.

Reid, MO, *The Ladies Came to Stay*, Authorised by the Council of the College, Brown Prior Anderson.

Rigby – Philip, *The Australia Atlas*, The Jacaranda Press,1977.

Sheppard, Nancy, illustrations by Donna Leslie, Alitjinya Ngura Tjukurmankuntjala, Simon & Schuster, Australia, 1992.

Sheppard Nancy, *SOJOURN ON ANOTHER PLANET*, Self, 2004.

SOUTH AUSTRALIA REPORT OF THE ABORIGINES PROTECTION BOARD YEAR ENDED, 30TH, JUNE,1937-1958.

State Library of South Australia, *South Australia's Maritime History*.

The Royal Flying Doctor, Flinders Ranges Research, -16.

Thompson-Gray, John, Japanese Blitz on Darwin, February 19, 1942, Self published.

Thompson-Gray, John, *Love Luck and Larceny memoirs from Broome 1942*, John Thompson-Gray Pty Ltd, 2015.

Toplady, August M, *Rock of Ages*,1776.

Trove –Citations under 'PRESS' as quoted in text.

Tynan, Elizabeth, *Atomic Thunder*, Newsouth Publishing, 2016.

Ward, Dr Roland S., *ROBERT ALLAN & HIS BEQUEST*, The Presbyterian Banner, March 2006, passim.

Webber, Horace, *YEARS MAY PASS ON, Caulfield Grammar School 1881-1981*, Bellcourt Books.

Wikipedia reference lists – Lake Wendouree – Central Australia Railway – Maralinga – Daisy Bates.

Wright, Edith, F*ull Circle: From Mission to Community*, Freemantle Arts Centre Press, 2001.

State Library of NSW personnel file – Davies EJ & New Hebrides Leprosy Survey.

Letters.